Wie man aus Trümmern ein Schloss baut

Dörte Maack

Wie man aus Trümmern ein Schloss baut

Die Geschichte meines Erblindens und
wie ich wieder Lebensfreude fand

Patmos Verlag

VERLAGSGRUPPE PATMOS

PATMOS
ESCHBACH
GRÜNEWALD
THORBECKE
SCHWABEN
VER SACRUM

Die Verlagsgruppe
mit Sinn für das Leben

Bibliografische Information der Deutschen Nationalbibliothek
Die Deutsche Nationalbibliothek verzeichnet diese Publikation in der Deutschen
Nationalbibliografie; detaillierte bibliografische Daten sind im Internet über
http://dnb.d-nb.de abrufbar.

Verlagsgruppe Patmos in der Schwabenverlag AG, Ostfildern
www.patmos.de

Umschlaggestaltung: Finken & Bumiller, Stuttgart
Druck: CPI books GmbH, Leck
Hergestellt in Deutschland
ISBN 978–3-8436–1260–9 (Print)
ISBN 978–3-8436–1293–7 (eBook)

Inhalt

Für meine Mutter Marga

Prolog

Wir stehen in Hamburg am Bahnsteig, Martin, die Kinder, der Hund und ich. Zwei unfassbar große Koffer, zwei winzige Koffer – einer mit Nixen- und einer mit Batmanmotiv – und zwei kleine bunte Tagesrucksäcke stehen um uns herum. Die Lautsprecher knacken: »Auf Gleis 7 fährt jetzt ein: der ICE nach München über Hannover und Würzburg. Die Wagen der ersten Klasse befinden sich im Abschnitt A bis C, die Wagen der zweiten Klasse im Abschnitt D bis G.«

»Mist, geänderte Wagenreihung. Kommt mit!«, ruft Martin.

»Lila, voran, Tempo«, gebe ich leise meiner Blindenführhündin das Kommando.

Der Zug fährt ein und kommt zum Halten. Wir rennen am Bahnsteig entlang, Martin voran, alle anderen hinterher. Wir erreichen einen Einstieg. Hoffentlich den richtigen, denke ich. Martin hievt die Koffer und Rucksäcke in den Zug. Danach wagt zuerst Eileen, dann Emil den Schritt über den bedrohlichen Abgrund zwischen Zug und Bahnsteigkante. Konzentriert klettern die Kinder die Stufen hoch in den Zug hinein. »Lila, hopp«, rufe ich, und meine Hündin springt mit einem großen Satz in den Zug. Danach taste ich mit den Füßen nach den Stufen. Geschafft. Wir sind im Zug – aber noch nicht im richtigen Wagen. Schwer bepackt wühlen wir uns durch zum Wagen 9, Plätze 62 bis 65, den vier Plätzen mit Tisch im Großraumwagen. Schnell stecken wir unser kleines Revier ab. Wir wuchten die großen Koffer und Rucksäcke nach oben in die Gepäckablage, verstauen die kleinen Koffer und Rucksäcke, die Hündin und ihr Führhundgeschirr kommen unter den Tisch. Wir füllen den verbliebenen Platz mit Knabbergemüse, Trinkflaschen, Malbüchern, Buntstiften, Memory-Karten und dem Player mit den Kinderhörspielen.

»Papa, wo ist mein Schnitzmesser?«, »Schnuffel, hast du die Reisepässe der Kinder eingesteckt?«, »Mama, wann kriege ich endlich ein Eis?!«, plappern alle durcheinander, während Lila eine Sitzreihe weiter nach vorn robbt. Hier knistert es interessant und Menschen lassen leckere Kekskrümel zu Boden fallen.

Ich muss jetzt dringend pinkeln. Wo ist mein Blindenstock? Er ist tief verbuddelt zwischen Sandspielzeug, Hundefutter und Badeklamotten. Martin kann mich nicht hinführen. Das Risiko, die Kinder alleine zu lassen, wäre zu groß, denn dann würde die gesamte Familiendynamik, die wir gerade erfolgreich in den Zugfahrmodus gebracht hatten, gefährlich ins Wanken geraten. Ein Begleitservice für mich ist ausgeschlossen, aber auch nicht nötig, befinde ich. »Bleib du bei den Kindern, ich geh' mal kurz zur Toilette«, werfe ich Martin zu, bevor ich mich auf den Weg mache. Was soll auf diesen fünf Metern schon schiefgehen?

Ich folge dem Gang des Großraumwagens an ein paar Sitzreihen vorbei. Der Gang ist so eng, dass ich trotz heftiger Schaukelei des Wagens nur unwesentlich aus der Bahn geworfen werde. Am Ende des Ganges öffnet sich eine Schiebetür mit einem leise surrenden Geräusch ganz automatisch. Ich gehe hindurch und folge weiter dem Teppichboden. Links ertaste ich die kühle Fensterfront. Jetzt verändert sich die Akustik und ich merke, dass die beiden Ausstiegstüren links und rechts von mir sind. Ich bin also auf dem richtigen Weg, gleich muss die Zugtoilette kommen. Liegt sie rechts oder links? Im Gang ist niemand, den ich fragen kann. Ich taste nach der rechten Wand. Kaum berühre ich diese Wand, öffnet sich mit einem schnarrenden Geräusch wieder eine Schiebetür. Das ist ja richtig klasse: Ich habe die Toilette schon gefunden und sie ist frei! Ich trete schnell durch die Tür und bin irritiert. Das kann nicht die Toilette sein. Toilettenräume im ICE sind eng und schmal. Verglichen damit stehe ich in einem großen Saal. Die Schiebetür hinter mir steht noch weit offen. Eine männliche Stimme von links unten sagt etwas, das klingt wie »Banster sie nicht schlonk Tür infekt ... äh hmm versetzt, nein ...!« Ich folgere blitzschnell: Dieser offensichtlich sehr kleine Mann mit der nuscheligen Aussprache steht vor der eigentlichen Toilettentür in einem Vorraum. Er wartet, weil die Kabine noch besetzt ist. Mit meinem charmantesten Lächeln wende ich mich dem fremden Mann zu und frage sehr freundlich: »Oh, warten Sie hier auch?« Im nächsten Satz würde ich ihm erklären, dass ich blind bin und man mir das nicht gleich ansieht, da ich keinen

Blindenstock dabeihabe, was wiederum daran liegt, dass ich nur wenige Schritte von hier entfernt mit meiner Familie sitze. So plante ich den weiteren Verlauf unserer Unterhaltung, doch so weit kommen wir nicht. Der kleine Mann wurschtelt hektisch irgendwas und eilt wortlos mit schnellen Schritten aus der großen Türöffnung davon. Ich finde das ziemlich unhöflich. Vielleicht dauerte ihm das Warten zu lange oder er befürchtete, dass ich mich vordrängeln möchte? Ich warte noch einen weiteren Moment ab. Es tut sich nichts und in der Toilettenkabine ist auch nichts zu hören. Ich suche links nach dem Türgriff der Kabine. Was ich finde, überrascht mich: Dort, wo eben noch der kleine Mann zu mir sprach, ist keine Tür, dort ist die Toilettenschüssel. Schlagartig ist mir klar, dass der Mann nicht klein war. Er hat auf der Toilette gesessen. Ich bin in der geräumigen Rolli-Toilette. Hier ist der Absperrmechanismus für Nicht-Eingeweihte nicht ganz einfach zu bedienen und der Mann hat es offensichtlich nicht verstanden, die Tür abzusperren.

Da erreiche ich blindes Huhn nun mein Ziel mit so viel Leichtigkeit und bringe einen ahnungslosen Mitreisenden in eine echte Scheißsituation. Ich schließe lächelnd die immer noch weit geöffnete große Schiebetür und drücke auf den speziellen Schließknopf. Unsere Italienreise fängt richtig gut an, denke ich.

Zwanzig Jahre nach der Diagnose »unheilbare Augenerkrankung – Erblindung unausweichlich« kann ich von Herzen über meine Blindheit lachen. Ich bin angekommen in einem farbenfrohen Leben, das für mich lange absolut unerreichbar zu sein schien.

Ungeküsste Frösche

»Nie wieder Pinneberg«, hatte ich Ende der 80er-Jahre voller Übermut nachts an eine Häuserwand gesprüht. Ich hatte das Abitur in der Tasche und war so wahnsinnig froh, endlich aus der Kleinstadt rauszukommen. Nach einer Party war ich nicht ganz nüchtern, hatte eine Spraydose mit roter Farbe dabei und kam mir damit so cool wie eine Berliner Hausbesetzerin vor. Meine Sprühaktion brachte es sogar ins Pinneberger Tageblatt. Nicht, weil in Pinneberg zuvor noch nie jemand eine Wand besprüht hätte, sondern weil am nächsten Tag Kommunalwahl in Schleswig-Holstein war. Die Bürgermeisterwahlen interessierten mich gar nicht, aber die von mir ganz zufällig ausgewählte graue Betonwand war, so stand es im Lokalblatt, eine Mauer des Pinneberger Rathauses. Das war eine Verwechslung des Redakteurs, denn wie fast alle Bauten in Pinneberg war dieses Rathaus ein unscheinbarer Zweckbau der 60er-Jahre und kaum von anderen Gebäuden in der Innenstadt zu unterscheiden. Im Tageblatt hielt man meine persönliche spätpubertäre Befreiungsaktion für eine gezielte politische Tat einer noch unbekannten Pinneberger Untergrundgruppe. »Irgendwann musste hier doch mal etwas Interessantes passieren«, hatte der Redakteur vermutlich gehofft.

Die harmlose Kreisstadt Pinneberg in Schleswig-Holstein war immer schon das liebste Spottobjekt der benachbarten Hamburger, obwohl keiner so richtig weiß, wie genau es dazu kam. Vielleicht liegt es am Autokennzeichen. Das PI auf dem Nummernschild steht aus Sicht der Großstädter für »Provinzidiot« oder vielleicht auch für »pennt immer«. Pinneberg gilt in Hamburg als Inbegriff der Langeweile und Hässlichkeit. Als Pinneberger muss man irgendwie mit diesem Stigma klarkommen. Man belügt sich selbst ein bisschen und tut so, als gehöre man zu den Weltstadtbewohnern. »In nur zwanzig Minuten bist du mit der S-Bahn mitten in der City«, war damals wie heute der Lieblingssatz eines Pinnebergers. Mit »City« ist dann natürlich nicht die kleine Pinneberger Fußgängerzone gemeint. Zur weiteren Stärkung des geschundenen Selbstbewusstseins sucht man sich als Pinneberger seinerseits gern Spottopfer. Früher fand man sie in den umliegenden Dörfern. Die Pinneberger definierten deren bäuerliche Bevölkerung als die eigentlichen Provinzidioten, die Prisdorfer zum Beispiel. Prisdorf ist das Dorf, in dem ich aufgewachsen bin und das bis zum Abitur meine Heimat war.

Ich lebte in einem großen schmucken Bauernhaus mit einem riesigen Heuboden, mit Kuhstall, Schweinestall, Hühnerstall. Ein gutmütiger Collie, viele Katzen in allen Farben, ein großer Gemüsegarten und zwei Streuobstwiesen mit Bäumen zum Draufklettern, ein kleiner Fluss hinter dem Haus und saftige grüne Wiesen voller pastellfarbenem Wiesenschaumkraut und tiefgelben Sumpfdotterblumen. Das war in rosiger Rekonstruktion meiner Kindheitserinnerungen das norddeutsche Bullerbü. Ich war Lisa mit blonden geflochtenen Zöpfen. Wie sie hatte auch ich zwei Brüder. Nur waren sie viel älter als Lasse und Bosse bei Astrid Lindgren und mussten deshalb schon sehr viel auf dem Hof mitarbeiten. Aber ich war nicht nur die wohlbehütete, brave Lisa, ich war auch die eigensinnige, wilde Pippi, die viel allein spielte: In der Wildnis pflückte ich bunte Blumensträuße, baute ein Floß, saß in den Bäumen, kuschelte die Katzenbabys oder übte Saltos im Heu. Gegenüber wohnte Tommy, der im richtigen Leben Bernd hieß. Er war so alt wie ich, hatte blonde strubbelige Haare und Sommersprossen. Beide waren wir nicht im Kindergarten und verbrachten sehr viel Zeit miteinander. Gemeinsam badeten wir als Nackedeis in der Kuhtränke auf der Hausweide, heirateten heimlich im Kuhstall mit zwei der roten Plastikringe, die die Hühner am Bein trugen. Manchmal haben Bernd und ich uns geprügelt. Ich war stärker und konnte kratzen wie eine Katze. Das tat weh und Bernd lief dann weinend nach Hause zu seiner Mutter. Wir haben unsere Wunden geleckt, schnell alles vergessen und uns noch am selben Tag wieder vertragen.

Die beste Zeit war der Sommer. Dann war unser großer Gemüsegarten ein üppiges Paradies. Alles, was reif war, erntete ich und stopfte die farbenfrohe Beute direkt in meinen Mund: Himbeeren, Stachelbeeren, Erbsen, junge Karotten und Radieschen und natürlich die Erdbeeren. Manchmal musste ich beim Strohfahren, beim Kühehüten, Kälbertränken oder bei der Milchkontrolle ein bisschen mithelfen.

Meine beiden Brüder waren vierzehn und sechszehn Jahre älter. Mit mir hatte keiner mehr gerechnet. Ich war nicht geplant und für mich gab es keine Pläne. Später würde der ältere meiner Brüder sagen: »Wir wurden noch erzogen, aber Dörte wurde verzogen«, und würde damit meinen, dass ich sehr viel Freiheit und kaum Grenzen erfahren habe. Ich würde später sagen: »Ich habe mich selbst erzogen«, und würde damit meinen, dass die Erwachsenen zu beschäftigt waren, um sich um mich zu kümmern.

In unserem Haus waren die beiden Weltkriege noch nicht lange her. Einige Fenster in den alten Holztüren hatten einen Sprung. Das war passiert, als die benachbarte Bahnstrecke bombardiert wurde. In den großen dunklen Eichenschränken und Truhen, in denen ich an langen Wintertagen so gern wühlte, fanden sich Uniformen, Säbel und Orden. Auch im Kopf meines Vaters und besonders im Kopf meiner Großmutter schien der Krieg noch ganz nah zu sein.

Als meine Mutter mit mir schwanger war, hoffte sie auf ein Mädchen. Meine Großmutter glaubte nicht daran und sagte: »Mädchen wachsen auf diesem Hof wohl nicht.«

Sie war schon mit Anfang zwanzig Mutter von drei Söhnen und Witwe. Ihr Mann kam aus dem ersten Weltkrieg nicht zurück. Auf dem Rückweg von der Krim bekam er die Spanische Grippe. »Ernst, wir kommen doch jetzt nach Haus«, hatte ein Kamerad ihn ermutigen wollen und er antwortete: »Ihr kommt alle nach Haus, aber ich nicht mehr.«

Er wurde in Griechenland bei Saloniki begraben und musste seine junge Frau mit den Kindern und dem großen neuen Hof allein lassen.

Die drei Söhne mussten in der Landwirtschaft früh sehr hart arbeiten. Obwohl er fast noch ein Kind war, musste auch der jüngste Sohn, der später mein Vater werden sollte, den schweren Ackergaul oft allein anschirren. Einmal schlug der bockige Gaul heftig aus und traf meinen Vater in den Bauch. Aus Angst vor den Kosten wurde kein Arzt gerufen. Ein Nachbar brachte den schwer verletzten Jungen schließlich im letzten Moment noch ins Krankenhaus. Es war allerhöchste Zeit: Er wäre fast innerlich verblutet. In einer langen Notoperation wurde ihm die Milz entfernt und sein Bauch wieder zusammengeflickt.

Der zweite Weltkrieg nahm meiner Großmutter dann zwei ihrer Söhne. Ihr ältester Sohn, der den Hof hätte übernehmen sollen, kam aus Russland nicht zurück. Ihr mittlerer Sohn, der als einer der ersten aus dem Dorf in Hamburg Abitur gemacht hatte, war ein Offizier der Luftwaffe. Er wurde mit seiner Propellermaschine abgeschossen. Nur mein Vater musste wegen der Folgen seiner Operation nicht in den Krieg ziehen. Er war der Einzige, der meiner Großmutter blieb. Sie sagte später bei schlimmen Ereignissen immer: »Wer weiß, wozu das noch gut ist.«

Meine Brüder bekamen die Namen ihrer gefallenen Onkel, deren gerahmte Fotos in Schwarz-Weiß über dem Sofa meiner Großmutter hingen. Ich bekam nicht so einen gebrauchten altmodischen Namen wie meine Geschwister. Meine Brüder wählten »Dörte« für mich aus. Sie fanden den Namen damals total schick und modern. Sie konnten nicht wissen, dass keine Mädchen außerhalb von Norddeutschland und auch dort keine, die nach 1970 geboren wurden, so heißen würden.

In der Grundschule lernte ich Mädchen kennen und spielte immer weniger mit Bernd. Meine neuen Freundinnen waren die Töchter der Zugezogenen. Sie lebten mit ihren Familien in Einfamilienhäusern in den Neubaugebieten. Sie hatten Zentralheizung, große Fenster ohne Gardinen und Möbel aus hellem Holz. In ihren Wohnzimmern standen offene Bücherwände und Stereoanlagen. Viele hatten Partykeller mit Tresen und Barhockern und im Garten hatten manche sogar einen Swimmingpool. Meine Freundinnen hatten Väter, die morgens im Anzug zur Arbeit fuhren und abends wiederkamen. Sie hatten Mütter mit Kurzhaarfrisuren, die mit dem Auto zum Supermarkt fuhren, Tennis spielten und in modernen Einbauküchen lange Spaghetti kochten oder Artischocken zubereiteten.

In den Ferien fuhren meine Freundinnen mit ihren Eltern mit dem Wohnwagen nach Frankreich, mit der Segelyacht nach Schweden oder flogen mit dem Flugzeug nach Spanien. Als mir mein Bullerbü langsam zu klein erschien, fing ich an, die anderen um ihre Ferienabenteuer in den fernen Ländern zu beneiden. Dass die anderen mich wegen des Heubodens, der Kletterbäume und der Katzenbabys beneideten, war mir nur ein schwacher Trost.

Immer öfter sagte ich zu Hause Sätze, die mit »Die anderen haben auch alle …« anfingen, und meine Mutter antwortete mir dann immer in ihrer einfühlsamen, warmherzigen Art: »Das mag sein, aber wir sind nicht die anderen.«

Sie hatte verdammt recht. »Leider«, fand ich. Trotzdem hatte ich mit den Kindern der anderen eine sehr gute Zeit. Annette, Anke, Steffi, Berrit, Kirstin und ich liefen Nachmittage lang Schlittschuh, bauten Verstecke im Wald und verkleideten uns oft. Wir turnten, tanzten, spielten Handball und Tennis im TSV Prisdorf. Am besten war es mit Annette. In einer Osternacht standen wir um Mitternacht auf, gingen stumm zu einer Quelle, um uns dort zu waschen. Das würde ewige Schönheit bringen, hatten wir irgendwo über diesen aufwendigen Osterbrauch gelesen. Wir fanden nur den Graben neben den Bahngleisen, wuschen uns trotzdem und waren sicher, dass wir nun immer schön sein würden. In den Wiesen der Pinnau-Niederung suchten wir nach Fröschen, um sie zu küssen. Keiner verwandelte sich in einen Prinzen. Das machte aber nichts, denn es gab ja noch unzählige ungeküsste Frösche und sicher würden wir irgendwann den richtigen Frosch finden.

Unsere Lehrerin in der Dorfschule war Frau Allègue. Sie war eine kluge, sehr strenge Frau und ich habe sie sehr gemocht. Obwohl mir die Vorbereitung durch den Kindergarten fehlte, war Schule für mich von Anfang an leicht. Ich war im Unterricht ein stilles Kind, erledigte aber alle schriftlichen Arbeiten meist fehlerfrei. Meine Lehrerin leitete auch die kleine Dorfbücherei. Am Ende der vierten Klasse hatte ich dort jedes Kinderbuch mindestens einmal durchgelesen.

Frau Allègue bestand schließlich darauf, dass ich auf das Gymnasium gehen sollte. Mein Vater war überhaupt nicht begeistert, fand das generell und besonders für Mädchen überflüssig. Zum Glück konnte sich meine Lehrerin mit ihrer Autorität bei ihm durchsetzen.

Frau Allègue hatte einen klaren Blick für die Möglichkeiten, die in den ihr anvertrauten Kindern steckten. In mein Poesiealbum schrieb sie ein Zitat von Johann Wolfgang von Goethe, das mir bis heute viel bedeutet: »Ursprünglich eignen Sinn lass dir nicht rauben! Woran die Menge glaubt, ist leicht zu glauben.«

In meiner Straße wohnte in einer Doppelhaushälfte Katja. Bei ihr zu Hause war alles ganz besonders doll anders als bei mir. In ihrem Wohnzimmer hing eine Grafik, die Wolf Biermann mit einer unbekleideten Frau mit drei Brüsten zeigte. Das kannte ich so nicht. In unserem Wohnzimmer, das wir »Gute Stube« nannten, hingen norddeutsche Landschaften im Eichenrahmen. Katjas Mutter war Lehrerin und eine sehr eindrucksvolle Person. Im Sommer sonnte sie ihre üppige Fülle splitternackt auf der Terrasse. Sie leitete eine Theatergruppe in unserem Sportverein. Das war neu. Mit uns Kindern spielte Katjas Mutter die Stücke des Grips-Theaters, einem emanzipatorischen Kindertheater aus Berlin. Wir sollten uns mit kreativen Schimpfworten wie »Du vollgeschissener Turnschuh!« anbrüllen und Lieder mit Mutmachparolen singen:

»Trau dich, trau dich. Andern geht's genauso schlecht – Trau dich, trau dich. Kämpft um euer Recht!«

Ich war nicht gut darin. In Gegenwart vieler Menschen war ich ein sehr stilles Mädchen und verstand außerdem nicht, um welches Recht wir da eigentlich kämpften.

Katja lud mich immer zu ihrem Geburtstag ein. Als sie zwölf wurde, war sie in der 6. Klasse. Ich war elf und gerade in die 5. Klasse gekommen. Wir waren beide auf demselben Gymnasium in der Stadt, in Pinneberg.

Katja hatte auch Jungs aus ihrer Klasse eingeladen. Einer hieß Percey. »Percey – so heißen die Jungs im Dorf nicht. So heißt man nur in der Stadt«, analysierte ich.

Ich fand Percey toll und wollte, dass er mich auch toll findet. Zuerst versuchte ich ihn mit Hula-Hoop zu beeindrucken. Ich konnte das so lang wie keine: Zehn Minuten am Stück kreiste der rote Plastikreifen um meine Hüften! Später spielten Percey und ich mit ein paar anderen Geburtstagsgästen Wortfix. Man musste eine Karte ziehen, auf der zum Beispiel »Ein Fluss mit …« stand. Dann musste man eine Scheibe drehen. Wenn sie zur Ruhe kam, zeigte sie einen Buchstaben. »Ein Fluss mit K«. »Krückau«, rief ich sofort, und nachdem Katjas Mutter bestätigte, dass dies tatsächlich ein winziger Nebenfluss der Elbe in der Marsch war, durfte ich die Karte behalten. Weil ich so viel wusste, hatte ich am Ende den höchsten Kartenstapel von allen vor mir liegen.

Ich war total gut in diesem Spiel und Percey würde mich toll finden – das war gewiss.

Percey schaute mich an und sagte: »Ich glaube, du bist eine Hexe.«

»Warum?«, fragte ich.

»Weil du so schlau bist … und so hässlich.«

Do wat du wullt, de Lüüd snackt doch

»Bitte schreibt alle auf, die ihr in unserer Klasse für Außenseiter haltet«, forderte unser Klassenlehrer uns auf. Kornelius Thuma war gerade mit seinem Referendariat fertig und die 5d war seine erste Klasse. Er hatte lange Haare, trug meist einen übergroßen handgestrickten Pullover und saß mit Vorliebe auf der Lehne seines Lehrerstuhls mit den Füßen in den Birkenstocksandalen auf der Sitzfläche. Eine gute Klassengemeinschaft war ihm wichtig und er hielt die öffentliche Diskussion der möglichen Außenseiter anscheinend für eine geeignete Maßnahme. Es verunsicherte mich, dass mein Name auch an der Tafel stand. War ich jetzt eine Außenseiterin? Es war kein Trost, dass die Namen der halben Klasse dort standen. Für alle, die zu dick, zu dünn, zu groß, zu klein oder sonst irgendwie anders waren als die meisten, war der Übergang in die große weiterführende Schule schwierig. Wir alle suchten unseren Platz und fingen an zu vergleichen. Dazuzugehören war alles, bloß kein Außenseiter sein! Mein Fall wurde diskutiert und schließlich wurde mein Name von der Tafel gewischt. Ich hatte zu viele Freundinnen aus der Grundschule, die zu mir hielten. Das hatte Gewicht, auch wenn meine neuen Pinneberger Mitschüler befanden, dass ich nach Bauernhof roch. In Prisdorf hatte das niemanden gestört, im Gegenteil. Mein Vater war sehr stolz auf unseren ertragreichen Hof und andere Kinder kamen immer gern zu uns zum Spielen. »In Pinneberg ist es ein Makel, vom Bauernhof zu kommen«, begriff ich. Ich stank und ich war hässlich. Dabei war ich eigentlich gar nicht wirklich hässlich, doch objektiv betrachtet, hatte ich ziemlich uncoole Klamotten, einen blöden Haarschnitt und eine wirklich sehr hässliche Brille.

Der Wechsel auf das Gymnasium läutete zugleich das Ende meiner Kindheit ein. An den langen Winterabenden fühlte ich mich jetzt oft sehr einsam. Ich konnte mich nicht mehr allein ins Spielen vertiefen und hätte jemanden zum Reden gebraucht. Stattdessen saß ich mit meiner alten Oma vor dem Fernseher, während meine Eltern bis acht Uhr abends im Stall arbeiteten.

Wie sehr mich der Start auf dem Gymnasium verunsicherte, war mir nicht bewusst. Ich bekam Bauchschmerzen, die langsam so stark wurden, dass ich für zwei Wochen ins Krankenhaus kam. »Guck mal, wir haben uns Monchichis gekauft«, kicherten meine beiden besten Freundinnen Annette und Kirstin fröhlich, als sie mich im Krankenhaus besuchten. Diese affenähnlichen Püppchen aus Japan waren der letzte Schrei auf dem Spielzeugmarkt. Ihre neuen Monchhichis machten die beiden zu einer verschworenen Einheit. Ich hatte keinen Monchhichi und war außen vor.

Die Ärzte konnten nichts in meinem Bauch finden und entließen mich ohne Befund. Die Schmerzen einer Kinderseele konnten ihre Apparate nicht messen. Doch auch ohne Behandlung ließen meine Bauchschmerzen langsam nach. Ich verstand immer besser, was wichtig ist, um dazuzugehören. In Sport war ich gut, damit konnte ich leicht punkten. In anderen Fächern flogen mir die guten Noten einfach zu und ich ließ andere gern abschreiben.

»Oh mein Gott, wie süß Robbie wieder guckt«, seufzte Kirstin jedes Mal, wenn die neue Bravo rauskam. Genau wie Annette war sie verrückt nach »The Teens«, einer Boyband aus Berlin. Die fünf Jungs waren kaum älter als wir und stürmten mit ihrer LP *Teens & Jeans & Rock'n'Roll* die Charts. Wie meine beiden Freundinnen tapezierte ich die Wände meines Kinderzimmers mit Postern der Band, lebensgroßer Starschnitt aus der Bravo inklusive. Eigentlich interessierte ich mich nicht besonders für die Band und ihre Musik, aber ich tat so, als wäre ich genau wie die anderen in einen dieser Jungs verknallt. Dazuzugehören hatte seinen Preis. So zu tun als ob, ließ sich nicht vermeiden.

In der 7. Klasse wurden wir neu zusammengewürfelt. Wie ich wählten auch Kirstin und Annette Französisch und gingen weiterhin in dieselbe Klasse. Unsere Dreierkonstellation als beste Freundinnen brachte jeder von uns über viele Jahre Freude und Kränkungen zugleich. Im ständigen Wechsel war immer eine von uns außen vor. Eigentlich harmlose kleine Intrigen und Machtspielchen belasteten uns.

Ein niedrig dosiertes stetiges Gift. Wir konnten nie offen darüber reden. Es war eben nicht so einfach, wie Herr Thuma sich das vorstellte.

In der neuen Klasse wurden meine Noten noch besser und ich erhielt eine Auszeichnung als Klassenbeste. Das freute mich nicht sehr, denn gute Noten waren nicht mein Bestreben, nur mein Glück. Mein einziges Bestreben war es, dazuzugehören und cool zu sein. Dafür durfte man auf keinen Fall eine Streberin sein. Ich fing an, in der Schule aufmüpfig zu werden: ein bisschen den Unterricht stören, ein paar Streiche. Das brachte Ansehen und machte meine Noten auch nur wenig schlechter. Meine Eltern ließen mich machen und mischten sich nicht ein. Meine Erfolge nahmen sie ohne Überschwang zur Kenntnis, regten sich aber auch kaum über die vereinzelten blauen Briefe mit meinen Schandtaten auf.

»Do wat du wullt, de Lüüd snackt doch!«, sagte meine Oma häufig. Das hörte sich bei ihr nicht resigniert an, sondern eher nach einem Plädoyer für Eigensinn. Von dieser Haltung war ich noch ganz weit entfernt, machte mich aber langsam auf den Weg. Bei der Wahl von Frisuren und Klamotten experimentierte ich wild, fand aber lange keine Linie. Der Schlabberlook der Ökos gefiel mir zwar an anderen, aber nicht an mir, und der markenbetonte, glattgebügelte Look der Popper war mir viel zu schnieke.

In der 10. Klasse sollten wir wieder etwas über andere aufschreiben. Wir zogen einen Zettel mit einem Namen und sollten diese Person beschreiben. Unsere Beschreibungen hingen wir anonym an eine Pinnwand. Jeder sollte dann die zutreffende Beschreibung für sich heraussuchen. Meine war nicht dabei. Am Ende hing da nur noch ein Blatt: selbstbewusst, kreativ, viele verrückte Ideen, sportlich, überdreht, ausgefallene Klamotten …

»Das beschreibt dich doch perfekt«, fand Frau Hadersbek, unsere Deutschlehrerin. So ein Quatsch, ich war schüchtern, talentfrei, unattraktiv und schlecht gekleidet … Vor allem die Jungs in meiner Klasse sahen das ganz sicher so, glaubte ich. Trotzdem war ich ihnen nicht vollkommen egal. Sie hielten mir kollektiv eine Standpauke, als ich auf der Klassenfahrt in München mit einem einheimischen Jungen namens Klaus knutschte. Ich hatte noch keine Übung und unsere Schneidezähne stießen dauernd zusammen. Aber Klaus schien mich trotzdem sehr zu mögen. Im Biergarten trafen wir seine Freunde, die über meinen norddeutschen Vornamen schallend lachten. Klaus lachte nicht, sondern meinte mitfühlend: »Ja, aber deine Eltern haben dich doch sicher nicht so genannt.« Er konnte sich offenbar nicht vorstellen, dass »Dörte« etwas anderes als ein Spitzname war. Nach der Knutscherei wurde ich in der Jugendherberge ins Zimmer meiner Mitschüler zitiert. »Du hast die Ehre unserer Klasse beschmutzt«, war ihr Vorwurf. Auch unser Lehrer Herr Kaminski war wenig amüsiert über mein bayerisches Abenteuer und erteilte mir einen offiziellen Tadel.

Die Oberstufe mit ihrem Kurssystem war für mich eine Befreiung. Alle Klassen mischten sich und im gesamten Jahrgang fand ich viele neue Freunde. Ich wurde Jahrgangssprecherin und im Jahr darauf mit Annette, Melanie, Harald und Carsten in einem sogenannten »Kollektiv« zur Schülersprecherin gewählt. Es war die Zeit der großen Friedensdemos gegen die Stationierung neuer Atomraketen. Wir waren voller Engagement dabei. »Weine nicht, wenn der Reagan fällt, er ist ja nur ein Westernheld. Alles, alles geht vorbei, auch die Pershing 2« und »We shall overcome …« sangen wir auf Hamburgs Straßen. Wir feierten viel, knutschten, tranken und kifften ein bisschen. Sex and Drugs and Rock 'n' Roll … Schlimm? Nein, nur ein ganz kleines bisschen schlimmer als der Durchschnitt.

Weil meine Eltern nie Urlaub machten, ich aber die Welt sehen wollte, begann ich früh, selbst Reisen zu organisieren. Mit dreizehn Jahren plante ich eine Radtour nach Dänemark mit meiner Cousine Susan und meinen Freundinnen Annette und Pascale. Die Jugendherbergen buchte ich per Post und Handys gab es noch nicht, dennoch klappte alles prima. Das Schlimmste, was uns auf dieser Tour zustieß, war der Diebstahl unserer großen Packung Schmelzkäseecken in der Jugendherberge auf Ærø. Der Anfang war gemacht und es folgten viele weitere Radtouren und später Reisen mit Interrail-Tickets und per Anhalter quer durch Europa. Mehrmals waren wir in Portugal, schliefen am Strand und lebten fast ohne Geld ganz herrlich.

Die Welt war voller Abenteuer und voll von wunderbaren Menschen. Was wir taten, war nicht immer ungefährlich und wir hatten manchmal mehr Glück als Verstand. Einige Male half uns unsere eigene Gewitztheit aus brenzligen Situationen heraus, andere Male half uns nur noch das rechtzeitige Eingreifen eines Schutzengel-Sonder-einsatzkommandos. Risiken nahmen wir nicht ernst. Meine Mutter wusste, dass ich mich nicht aufhalten lassen würde, machte sich aber Sorgen. »Erzähl mir bitte nicht alles, sonst kann ich nicht ruhig schla-fen«, bat sie mich. Mein Vater sagte nichts dazu. Er hatte sich schon bei der Erziehung seines zweiten Sohnes die Finger verbrannt, denn lange Haare und Rockmusik waren Ende der 60er-Jahre für einen Bauern-sohn nicht akzeptabel. Mein Bruder zog mit sechzehn Jahren im Streit von zu Hause aus. Mein Vater wollte nicht noch ein Kind verlieren und ließ mich einfach in Ruhe.

Auf einem Trip per Anhalter mit meinem Mitschüler Christian lernte ich in München Paul Brady kennen. Ich hatte zunächst keine Ahnung, dass der nette Typ ein bekannter irischer Singer-Songwriter war. Ein paar Tage später in Wien sprach uns ein Schauspieler an. Er fand uns junge Vagabunden niedlich, lud uns in ein teures Restaurant ein und schenkte uns zum Abschied hundert Mark. »Mit Geld ist das Leben viel lustiger«, meinte er. Es war Dietrich Siegl, der in der Lin-denstraße den Tennislehrer Stefan Nossek spielte. Meine Mutter liebte »Lindenstraße« und hielt mich später stets über das Schicksal des Ten-nislehrers auf dem Laufenden. Irgendwann schoss Klausi Beimer ihn aus Versehen mit einem Luftgewehr blind und dann lief er auch noch vors Auto. Zum Glück war das nur ein Fernsehschicksal.

Es gab so unendlich viel Spannendes außerhalb der Schule zu ent-decken. Um in der Oberstufe weiterhin richtig gut zu sein, hätte ich in einigen Fächern stur büffeln müssen, aber das gefiel mir nicht. Ich war nur noch richtig gut in den Fächern, die mich wirklich interessierten. Ich beschäftigte mich voller Enthusiasmus mit dem Nationalsozialis-mus und mit Feminismus, hielt hierzu haufenweise Referate. Meinem Klassenlehrer aus der 5. Klasse, Herrn Thuma, begegnete ich in der Oberstufe als Geschichtslehrer wieder. Er hatte immer noch lange Haare und wir waren jetzt per Du. »Wie willst du mich eigentlich im mündlichen Abitur prüfen? Ich weiß doch jetzt mehr als du«, fragte ich ihn kurz vorm Abi. Das meinte ich ernst, denn wie konnte er so viel spezielles Wissen über »Frauen im Nationalsozialismus« haben wie ich?

Am meisten liebte ich meinen Deutschleistungskurs und deren Lehrerin Frau Kotarowski. Ich bewunderte sie, denn sie war unglaublich gebildet und stilvoll. Dabei hatte sie auch noch einen feinen Sinn für Humor und war trotz allem sehr dezent. Am allermeisten mochte ich das Halbjahr, in dem es um »Politische Rede« ging. Wir analysierten berühmte Reden und sollten schließlich eine eigene Rede schreiben und vortragen. Auf der Suche nach einem passenden Thema hörte ich im Radio einen Beitrag über die Pläne einer amerikanischen Schule, Schüler zu regelmäßigen Cannabistests zu zwingen. »Würde so etwas an unserer Schule geschehen, würde ich als Schülersprecherin zum Boykott dieser Tests aufrufen!«, war ich sicher. Ich hatte mein Redethema! Ich schrieb mit Feuereifer an meiner Rede gegen Generalverdacht, Kriminalisierung und Überwachung. Das Ergebnis war brillant, fand ich. Mein flammendes Plädoyer beeindruckte Frau Kotarowski dann auch total. Leider ganz anders, als ich es erhofft hatte. Sie führte im Anschluss an den Unterricht mit mir ein sehr ernstes Gespräch unter vier Augen: »Dörte, hast du ein Problem mit Drogen? Brauchst du Hilfe?« Nein! Nein und darum ging es doch auch gar nicht! Ich wusste noch nicht, dass man nie sicher sein kann, wie die eigenen Gedanken bei anderen ankommen. Mir fehlte die Erkenntnis, dass es am besten ist, sich nicht von der Meinung anderer abhängig zu machen und den eigenen Weg zu gehen. So blieb mir nichts anderes übrig, als meine Begeisterung für die öffentliche Rede kleinlaut an den Nagel zu hängen.

Ein sehr besonderer Kurs in meinem Abiturjahr war der Religionskurs bei Frau Höfmann. Ich hätte diesen Kurs, wie es fast alle anderen taten, einfach abwählen können, aber meine Lehrerin lockte mich mit dem Versprechen: »Wir werden uns mit feministischer Theologie auseinandersetzen.« Da konnte ich nicht ablehnen und saß ein weiteres halbes Jahr wöchentlich zwei Stunden nur mit Thomas, Stefanie und Frau Höfmann zur Besprechung theologischer Themen zusammen. Die Literatur zur feministischen Theologie verschlang ich gierig und natürlich würde ich dazu ein Referat halten. Zu meiner Überraschung wollte auch unser Schulleiter Herr Hallberg dieses Referat hören. Keine Ahnung, was den älteren Herrn am Feminismus interessierte. In meinem Referat ging es um die These der Forschung, dass die ersten Menschen glaubten, Kinder entstünden durch die Frau allein. »Dies glaubte man deshalb, weil zwischen der Zeugung und den ersten deutlichen Anzeichen einer Schwangerschaft so viel Zeit liegt, dass der Zusammenhang nicht offensichtlich ist«, erläuterte ich diese These. An dieser Stelle hatte mein Schulleiter eine Zwischenfrage, die mich bis heute irritiert: »Also, der … ähm … Beischlaf wurde aber trotzdem vollzogen?«

Ich antwortete sachlich: »Ja, davon ist auszugehen.«

»Pinneberg ist einfach nur total hinterm Mond. Nichts wie weg von hier!«, dachte ich immer häufiger.

Trunkene Tage

»Berufswunsch: Journalistin, Poetin, Weltreisende, Barbesitzerin, Unternehmerin und ich will Zirkus machen«, war neben meinem Namen in der Abi-Zeitung zu lesen. Diese Liste hatte ich spontan erstellt und wäre mehr Platz gewesen, hätte sie noch viel länger sein können. »Wer kommt wohl als Erstes ins Gefängnis?«, war eine der Abstimmungsfragen für dieses Blatt. Als Mitglied der Redaktion zählte ich die Stimmen der Befragung aus und staunte. Die Namen, die bei dieser Frage am häufigsten genannt wurden, waren: Laurenz, Sundeep und Dörte. Laurenz und Sundeep machten irgendwas mit Drogen, aber warum sollte ich auf einer Anklagebank sitzen? Ich hatte nur eine Rede über einen fiktiven Drogentest gehalten und einmal im Übermut eine Farbspraydose im öffentlichen Raum benutzt. »Ich bin viel zu harmlos, um in den Knast zu kommen«, war ich sicher. Ich konnte nicht ahnen, dass ich viel später tatsächlich in eine Justizvollzugsanstalt kommen würde, und das auch noch begleitet von einem Fernsehteam.

»Solange ich mich nicht entscheiden kann, was ich werden will, ist es am besten, Studentin zu sein«, dachte ich und schrieb mich erst einmal für Germanistik und Anglistik ein. Die Uni war eine totale Enttäuschung: viel zu verkopft und trocken. Trotzdem ging ich fleißig in die großen anonymen Vorlesungen und Seminare, bestand Klausuren, schrieb Hausarbeiten und sammelte ordentlich Scheine. Wozu das gut sein könnte, würde sich gewiss irgendwann zeigen.

Neben der Unterstützung durch meine Eltern verdiente ich meinen Lebensunterhalt als Kellnerin. »Aushilfe gesucht«, hatte ich schon in der 11. Klasse auf einem Aushang im Fenster einer Eisdiele am Altonaer Spritzenplatz gesehen. Ich hatte sofort im Laden nachgefragt und Rolf Tamm, der Inhaber, hatte mich gleich dabehalten. Meine Karriere hatte ich beim Abwasch begonnen. In den kommenden Wochen, Monaten und Jahren hatte ich mich über Fenster links (Außer-Haus-Verkauf nur bei gutem Wetter), Fenster rechts (Außer-Haus-Verkauf an allen Tagen), Kellnerin 2, Kellnerin 1 bis zur »Leitenden Buffetkraft«

hochgearbeitet. Nun war ich in diesem Eiscafé während meiner Schichten für alles, von der Bestellung über die Personaleinteilung bis hin zur Abrechnung, verantwortlich. Rolf war sehr selten da und wir als sein Team brachten den Laden zum Brummen. Wir waren jung, unbeschwert und entscheidungsfreudig. »Sie finden den Kuchen zu trocken? Kein Problem, ich bringe Ihnen einen anderen«, »Sie finden, dass die Eiskugeln zu klein sind? Kein Problem, ich mache sie größer«, »Sie haben nicht genug Geld? Kein Problem, ich mache es günstiger.« Wir pfiffen auf die betriebswirtschaftlichen Vorstellungen unseres Chefs, der darauf beharrte, dass eine Kugel Eis das Gewicht von vierzig Gramm unter keinen Umständen überschreiten dürfe. Wir machten alle Kunden glücklich. Das sprach sich rum und der Eisladen wurde Kult. Na ja, so viel Kult, wie ein Eiscafé Venezia mit Spaghetti-Eis und Krokantbecher eben sein kann. Ich liebte diesen Job sogar dann, wenn ich an langen, heißen Sommertagen nach Mitternacht völlig verschwitzt und verklebt noch die Stühle anketten und die Sahnemaschine reinigen musste. »Mir kann gar nichts passieren«, dachte ich mir. »Ganz egal, ob ich auf die Nase falle, ich kann mich immer gut mit Kellnern über Wasser halten.«

Ich zog nach dem Abitur in eine große WG mit taxifahrenden Musikern und anderen kreativ-chaotischen Typen in die Eulenstraße. Andreas, einer meiner Mitbewohner, zeigte mir, wie man mit drei Bällen jongliert. Das faszinierte mich vom ersten Augenblick an und ließ mich lange nicht los. Am Sportfachbereich der Hamburger Uni gab es Kurse für Jonglieren und Akrobatik. Das war in den 80er-Jahren ganz neu und genau richtig für mich. In der Akrobatikgruppe wurden wir schnell zu einer eingeschworenen Gemeinschaft. Schon bald buchten uns Stadtteilfeste für Auftritte. Den Applaus für unser amateurhaftes Können nahmen wir als Ansporn. Wir trainierten, so oft es ging, fuhren für Workshops nach Holland, wo die Partnerakrobatik der Como Brothers schon weit verbreitet war. Bei den Jongliertreffen gab es einige, die als Jongleure schon sehr erfolgreiche Straßenkünstler waren und für bezahlte Auftritte gebucht wurden. Weil die neuen Zirkuskünste noch eine Nische waren, konnten auch blutige Anfänger wie ich schnell Teil der bunten Familie werden. Ich hatte total Feuer gefangen, lernte auch noch Einradfahren und las alles, was ich über Zirkus in die Finger bekommen konnte. Für meine ersten beiden Auftritte wurde ich von mir selbst engagiert: Für den Geburtstag meines Vaters in unserem Wohnzimmer und für die Hochzeit meiner Cousine Gabi im Saal einer Gastwirtschaft in der Elbmarsch. Im Frühsommer 89 verbrachte ich ein paar Wochen in Lausanne bei Pascal, einem belgischen Architekten, mit dem mich eine leidenschaftliche Affäre verband. Mindestens genauso leidenschaftlich wie diese Liebesgeschichte waren meine ersten Auftritte als Straßenkünstlerin auf der Promenade des Genfer Sees. Das war sehr mutig und zugleich sehr naiv. Ich ging an die Sache genauso ran, wie ich es als Kind von Pippi Langstrumpf gelernt hatte: »Das habe ich noch nie vorher versucht, also bin ich völlig sicher, dass ich es schaffe.« Meine Jonglierkunst war kaum besser als mein Schulfranzösisch. Beides hatte einen sehr eigenwilligen Charme und dennoch schauten die Leute mir zu, klatschten Beifall und warfen danach reichlich Geld in meinen Hut. Ich war ganz besoffen davon. Auch das Liebesabenteuer mit Pascal machte mich trunken. Das war immer noch neu für mich. In Pinneberg hatte ich kein Glück in der Liebe. So oft war ich in Jungs verliebt, die umgekehrt nicht in mich verliebt waren. Zielstrebig guckte ich mir immer wieder den einen aus, der sie alle hätte haben können. Leider entschied der sich dann immer für eine andere. Jenne war eine Ausnahme. Mit ihm hatte ich vorm Abi ein paar schöne Monate. Er war ein bisschen übergewichtig, obwohl er Sport als Leistungskurs hatte, außerdem hatte er rote Haare und schlimme Neurodermitis. Das machte ihn nicht weniger begehrenswert und ich fand ihn sehr sexy. Ausstrahlung fand ich anziehender als nur Optik. Ich suchte keinen Posterboy, also nicht so ganz unbedingt.

Jenne erzählte mir oft von einer Gruppe Blinder, die er in einem Sommercamp in England kennengelernt hatte. Er erzählte von Dave, einem blinden Gitarristen, der Spaß daran hatte, bei Kneipenbesuchen sein Glasauge in Biergläsern von nichts ahnenden Leuten zu versenken. Nachdem Jenne das Abi im zweiten Anlauf schaffte, studierte er in Dortmund Blinden- und Sehbehindertenpädagogik. »Ist ja ganz interessant mit diesen lustigen Blinden, aber das hat mit mir gar nichts zu tun«, dachte ich unbeeindruckt und Jenne und ich verloren uns sowieso bald aus den Augen.

Außerhalb von Pinneberg drehte sich das ganze Dating- und Matingthema für mich total um. Die Welt war plötzlich voller attraktiver Männer, denen ich gefiel. Ich war verwirrt, konnte es nicht glauben. Wunderbar strubbelige, dunkelhaarige Männer, so verwegene, großherzige Abenteurer mit jungenhaftem Charme standen plötzlich auf mich. Mir gefielen diejenigen, die sich geschmeidig bewegen konnten und Intelligenz, Leidenschaft und Humor ausstrahlten. Ich mochte die Jungs mit Turnschuhen, alten Jeans und Lederjacken. Die Angeber mit den fantasielosen Statussymbolen wie Uhren, Autos oder teuren Klamotten interessierten mich dagegen überhaupt nicht.

Ständig knisterte es in alltäglichen Begegnungen, überall elektrisierende Augenblicke. Pausenlos war ich verliebt und berauscht davon, dass mein Begehren jetzt fast immer erwidert wurde. Pascal war lange der Schwarm meiner Mitbewohnerin Carina, einer atemberaubend hinreißenden Schwedin. Sie war die sexuell umtriebigste Frau, die ich kannte. »Das ist nur so lange so, bis ich Pascal bekomme«, gestand sie mir. Sie bekam ihn nie. Nachdem ich in eine neue WG gezogen war, begann er heftig um mich zu werben. Kurz bevor er in die Schweiz zog, fingen wir eine stürmische Liebesgeschichte miteinander an. Carina nahm mir das zum Glück nicht übel. »Er hat sich einfach anders entschieden«, meinte sie und heiratete Hals über Kopf einen Jurastudenten im zwanzigsten Semester mit Potenzstörungen.

In der Liebe hatte ich jetzt zwar Glück, aber keine Ahnung, wie es geht. Ich rannte immer einfach drauflos, egal ob für kurz oder ein bisschen länger. Immer loderte mein Herz. Zeiten im siebten Himmel, kleine und größere Dramen wechselten sich ab. »Bei dir muss es immer gleich mit Liebe sein«, beschrieb meine Freundin Dunja später ziemlich treffend mein romantisch-verklärtes Balzverhalten.

So intensiv die Zeit von Pascal und mir war, so schnell war sie auch wieder vorbei. Nach Lausanne hatte ich endgültig genug Drama, wollte einfach auch mal eine ganz normale feste Beziehung. »Aber wie geht das?«, fragte ich mich.

Felix lernte ich beim Jongliertreff in der Uni kennen. Er spielte mit seinem Jonglierpartner Nils in der Mitternachtsshow des Schmidt Theaters. Das Varieté-Theater auf der Reeperbahn hatte gerade erst eröffnet. Die frechen Shows wurden von Ernie Reinhardt in der Kunstfigur der alternden Diva Lilo Wanders, die später einem breiten Fernsehpublikum bekannt wurde, moderiert. Felix und Nils betteten ihre Jongliernummer in das biblische Gleichnis von den Talenten ein: »Auch wenn du nur eine Keule hast, du kannst sie immer noch auf der Nase balancieren«, meinte Felix, während er genau das vorführte. Es war ein bisschen bizarr, von der Bühne des verruchten Theaters etwas über ein christliches Gleichnis zu hören. »Hach, herzallerliebst, geradewegs aus dem Konfirmandenunterricht auf die Bühne«, seufzte Lilo Wanders in der Abmoderation. Felix kam aus Bad Godesberg und war für ein Lehramtsstudium mit den Fächern Mathe und Physik nach Hamburg gekommen. In der Godesberger Kirchengemeinde hatte er mit einer Jugendgruppe die Teestube organisiert. Vermutlich brachte er von dort die Idee mit dem Gleichnis mit.

Er wohnte in einer WG am Altonaer Bahnhof und kam wie viele andere manchmal bei meinem Eiscafé vorbei, denn für Freunde machten wir natürlich immer besonders viele und besonders große Eiskugeln.

Ein paar Wochen nach meinem Debüt als Straßenkünstlerin in Lausanne fuhren wir mit einer Truppe von zwanzig Akrobaten und Jongleuren aus Hamburg und Nijmegen in einem alten Reisebus nach Frankreich. Wir entwickelten eine große Straßenshow, tourten durch die Städte an der Atlantikküste und traten zum krönenden Abschluss in Paris vor dem Centre Pompidou auf. Am ersten Tag dieser Tour brach mein Nasenbein. »Ein Zahnarzt fiel mit seinem Hintern auf meine Nase«, schilderte ich später den Unfall. Und das stimmte wirklich. Kai war ein junger Zahnarzt und ehemaliger Leistungsturner, der Teil unserer Truppe war. Bei den Proben stand er im gegrätschten Handstand, als ich mit einer Flugrolle über ihn sprang. Leider sprang ich zu knapp, riss ihn um und er landete mit seinem Steißbein auf meiner Nase. »Jo, die is ab«, befand Kai sachlich, als er am nächsten Morgen die Nase in meinem blauverquollenen Gesicht befühlte. Im Krankenhaus ergab das Röntgenbild, dass der Bruch ohne Weiteres heilen würde und ich nach ein paar Tagen weiterturnen könnte. Zum Glück, denn die Tour und das Leben in der Truppe hätte ich auf keinen Fall verpassen mögen.

Felix und ich kamen uns in Frankreich ganz langsam näher und irgendwann richteten wir unsere Schlafplätze im Bus nebeneinander ein. Frisch verliebt mit großartigen Menschen im sonnigen Frankreich Zirkus machen: Für mich hätte es nichts Schöneres geben können.

Als Felix und ich nach dem Rausch der Tour das erste Mal allein in seinem WG-Zimmer saßen, fragte er schüchtern: »Ich habe meiner Mutter erzählt, dass ich eine neue Freundin habe. Siehst du das auch so?« Ja, das sah ich auch so. Nun musste ich nur noch lernen, wie feste Beziehung geht. Felix wusste das, er war kein Mann für Affären. Über seinem Schreibtisch hingen die Fotos von Karin und Ingrid, seinen beiden verflossenen Freundinnen. Das fand ich erstaunlich. Selbst wenn ich gewollt hätte, hätte ich von meinen Lovern gar keine Fotos aufhängen können. Ich hatte schlichtweg keine. Felix und ich waren in vielen Dingen verschieden, aber die Leidenschaft für Zirkus hatten wir schon mal gemeinsam. Das war ein Anfang.

Wir fallen nicht

Als Jongleure waren wir von der Lust am Gelingen angetrieben und wussten, dass sich auf dem Weg dahin scheitern nicht vermeiden lässt. Wir warfen Dinge in die Luft, fingen sie auf oder sahen sie zu Boden fallen, immer wieder, so lange, bis wir das neue Muster beherrschten. Gemeinsam mit vielen anderen Akrobaten und Jongleuren mieteten wir eine Fabriketage in der Bleicherstraße auf St. Pauli und trainierten dort fast jeden Tag.

Während ich bunte Bälle warf, warfen meine Mitbewohner mit Steinen und sorgten für Krawall und Remmidemmi in unserem Stadtviertel. Während ich batikbunt gekleidet in meinem Zimmer auf dem Schlappseil balancierte, hörten Hartmut und seine Kumpel den Polizeifunk ab und zogen ihre schwarzen Straßenkampfrüstungen an. Am 1. November wurde die Flora, ein einst prunkvolles und nun zerfallendes Gebäude, besetzt. Später traten Felix und ich in der »Roten Flora« mit unserer Jongliershow auf. Für uns zählte nicht das besetzte Gebäude, sondern dass wir dort auftreten konnten, wo in den 1920er-Jahren die besten Artisten der Welt ihre Galashows präsentierten. Die Flora hatte zu Enrico Rastellis Zeiten mehr Glamour, aber er jonglierte auch besser als wir.

Am Abend des 9. Novembers kam ich aus unserer Trainingsetage zurück in meine WG am Pferdemarkt. Uwe und Martina saßen vor dem Fernseher und schauten die Tagesschau. Auf dem Bildschirm sah man Menschen auf einer Mauer tanzen. Dann wurde ein Mann eingeblendet. »Das trifft nach meiner Kenntnis ... ist das sofort, unverzüglich«, stammelte er. Das war SED-Politbüromitglied Schabowski. Wir starrten fassungslos auf die Bilder. Die Grenze war offen, die Berliner Mauer wurde eingerissen. Von jetzt auf gleich war die Welt eine völlig andere. Wir saßen auf dem Sofa und schauten einfach zu, wie Weltgeschichte passiert. Einfach so. Später am Abend zogen wir auf die Reeperbahn und entdeckten dort einen ersten Trabbi – mit Blumen geschmückt. »Lasst uns nach Berlin fahren. Wir müssen das miterleben«, versuchte ich meine Mitbewohner für eine spontane Berlinreise zu begeistern. Am nächsten Tag fuhren Martina, Uwe, seine Freundin Birgit, Felix und ich mit Uwes altem Ford Richtung Berlin. Unterwegs überall Party: bunte Transparente, geschmückte Autos, jubelnde Menschen. In Berlin schliefen wir bei Felix' Schwester in Kreuzberg. An vielen Ecken wurde das Begrüßungsgeld ausgegeben, hundert Deutsche Mark für jeden Besucher aus der DDR. Die Stadt vibrierte, eine neue Zeitrechnung begann. Die linksautonome Szene war völlig verwirrt. War jetzt endlich eine Diktatur gestürzt worden? Hatte jetzt der Kapitalismus endgültig gesiegt? Vermummte Menschen liefen den Kudamm auf und ab und riefen sinnlose Parolen: »Begrüßungsgeld ist nicht genug, knackt die Banken, das ist gut!«

Mitten im Sturm des Wandels fühlte ich mich geborgen und sicher. Felix mochte Abenteuer, solange man sie kontrollieren konnte. Ich mochte Kontrolle, solange noch genug Abenteuer übrig blieb. Alles fügte sich gut zusammen. Im Winter flogen wir auf die Kanarischen Inseln, machten Urlaub auf Gomera und Straßenshows auf Teneriffa und Gran Canaria. »Ihr seht aus wie das blühende Leben«, sagte Felix' Mutter zu uns. Ich glaube, genau das machte auch unsere Straßenshows aus. Wir waren nicht routiniert-professionell. Wir waren ein nettes junges Studentenpärchen. Es war wahrscheinlich unsere unaufdringliche Harmlosigkeit, mit der wir die Herzen unserer Zuschauer gewannen. Im Frühjahr waren wir in Erfurt für ein Straßenkunst-Festival engagiert. Auch der Osten hatte Freaks, Puppenspieler und richtig gute Straßenmusiker. Wir staunten über unsere Klischeevorstellungen und über die Realität. Für unsere Shows taten wir uns mit einer Kontorsions-Gruppe aus Ostberlin zusammen. Die biegsamen, wasserstoffblonden Mädchen in ihren knappen Glitzeranzügen hatten unglaubliche Kunststücke drauf. Sie beugten sich nach hinten und steckten dann lächelnd den Kopf durch die eigenen Beine wieder nach vorn. So etwas konnte Felix nicht. Ich auch nicht. Aber wir konnten mit dem Publikum spielen. Die Kontorsionistinnen und wir ergänzten uns ganz prima.

»Wir machen das nur zum Spaß, aber je mehr Geld ihr uns in den Hut werft, umso mehr Spaß macht uns das«, erklärte ich zum Abschluss der Shows unseren Zuschauern. Sie verstanden und füllten den Hut mit reichlich Ostmark.

Für das nächste Engagement in Linz waren wir zu fünft unterwegs. Nils und Dunja jonglierten gemeinsam mit uns mit pinkfarbenen Keulen. Stefanie war eine Musikerin, die ich aus dem Eiscafé kannte. Sie begleitete unsere Show mit Trommelrhythmen. Das Festival war großartig. Die ganze Stadt war voller Straßenkünstler aus verschiedenen Ländern und alle wohnten wir gemeinsam in den Klassenräumen einer Schule. Nach dem Festival tourten Felix und ich gemeinsam mit Stefanie weiter durch die Städte Österreichs. Von unseren Einnahmen konnten wir richtig gut leben, weil wir meist per Anhalter fuhren und auch weil Felix auf jeden Groschen aufpasste. Auch die kleinsten Münzen zählte er jeden Abend und verwahrte sie in einem kleinen Plastikbeutel. Einmal ließen wir diesen wertvollen Beutel an einer Autobahnauffahrt in der Nähe von Laßnitzhöhe etwa zwanzig Kilometer vor Graz liegen. Felix bestand darauf, diesen tragischen Verlust, von dem wir uns mindestens zwei Cappuccino hätten leisten können, der Gendarmerie in Graz zu melden. »Grüß Gott, da spricht der Polizeiinspektor Krämer aus Graz. Da hat einer sein Jausensackerl auf der Autobahnauffahrt liegen lassen. Könnt's es bitte nachschauen, ob's da noch liegt?«, rief der österreichische Gendarm seinen Kollegen über Funk zu. Der Beutel wurde gefunden, nach Graz gefahren und umgehend an uns übergeben.

Am nächsten Tag beschwerte sich jemand nach der Show wegen des Konfettis auf dem Pflaster. Felix kaufte sofort ein Schäufelchen und einen Besen und fegte nach jeder Show die Fußgängerzone. Er war unfassbar anständig und dabei so unwiderstehlich charmant. Ich lachte ihn dafür aus und zugleich liebte ich ihn sehr, nicht trotzdem, sondern gerade dafür und überhaupt. Wir machten uns keine Gedanken, wie es mit uns weitergehen würde. Jetzt war es gut und nur das zählte.

Abends feierten wir unsere Erfolge bei gespritztem Obi und Erdäpfelsalat in einem der vielen Wirtshäuser mit Biergarten. An einem dieser für uns so sorglos glücklichen Sommerabende saß am Nebentisch eine junge, blinde Frau. »Warum sitzt die da so allein rum?«, fragte ich mich voller Mitleid. Irgendwann sprach sie uns an und bat um Begleitung zur Toilette. Ich ging mit ihr. Für mich war es eine unerwartet unangenehme Erfahrung. Sollte ich sie an die Hand nehmen oder sie unterhaken? Sollte ich ihr den Weg beschreiben? Die Stufen musste ich natürlich ansagen, aber wie genau? Sollte ich ihr das Toilettenpapier zeigen oder in die Hand drücken und wie läuft das mit dem Händewaschen? Ich hatte überhaupt keine Ahnung und die blinde Frau antwortete nur sehr einsilbig auf meine Fragen. Ich bekam überhaupt keinen Draht zu ihr. Zwar haben wir alles irgendwie hinbekommen, aber ich habe mich selten so bescheuert gefühlt. Wie gut, dass ich damit nichts zu tun haben musste.

»You are accepted«, hieß es in dem Schreiben aus England. Ich hatte ein Auswahlverfahren samt Wochenendworkshop durchlaufen und war angenommen bei »Fooltime«, der Schule für Theater und Zirkuskünste in Bristol. Wow! Felix und ich würden uns oft besuchen. Er würde in den Semesterferien nach England kommen. Ich würde in den Trimesterferien nach Hamburg kommen. Wir gehörten zusammen.

Die Schule war in der St. Pauls Church, einer georgianischen Kirche aus dem 18. Jahrhundert, untergebracht. Der Stadtteil St. Pauls war ein sehr armer Stadtteil, die kleinen Häuser waren in schlechtem Zustand, die Vorgärten vermüllt. Die Kriminalität war hoch. Zehn Jahre nach dem »Bristol Riot«, den gewalttätigen Auseinandersetzungen zwischen Jugendlichen der Afro-Caribbean Community und der Polizei, war die Stimmung nach wie vor angespannt. Taxis fuhren aus Sicherheitsgründen den Stadtteil gar nicht erst an. Schon ein paar kleine Straßen weiter im Stadtteil Montpellier, wo ich in eine WG einzog, lebte man inmitten von Bioläden und kleinen vegetarischen Cafés dagegen ganz sorglos.

Meine Ausbildungsklasse hätte bunter nicht sein können: Lucy war eine siebzehnjährige ehemalige Leistungsturnerin aus Brüssel, die Saltos so mühelos sprang wie andere in die Hände klatschten. Jane war eine dreißigjährige Ärztin, die noch einmal etwas ganz anderes als Medizin machen wollte. Darren war ein Bauernsohn aus Devon mit umwerfend komischem Talent, der morgens vor der Schule immer noch seine Kühe melken musste. Roly war schon 38, Pastor und wollte Comedy-Nummern später in seine Arbeit als Seelsorger einbauen.

Manche waren Schauspieler oder Straßenkünstler, andere waren Postboten oder Büroangestellte. In einem Parallelkurs war sogar eine Nonne in voller Ordenstracht.

Wir alle arbeiteten auf allen Ebenen hart an uns. Die Zirkuskünste waren nur ein Teil der Ausbildung, mehr Raum nahm die Theaterarbeit ein. Wir lernten vor allem Improvisation. Wir sollten uns mit all unserem Glanz und mit all unseren Schwächen zeigen. Wir tauchten auf den Grund unserer Persönlichkeit, holten Perlen, Geheimnisse und stinkenden Müll an die Oberfläche. All das würde unsere künstlerische Entwicklung fördern. Wir arbeiteten daran, Blockaden einzureißen und Unvollkommenheit zu akzeptieren. Für mich war das schwer. So lange hatte ich versucht, dazuzugehören und nicht hässlich zu sein. Plötzlich war es eine gefragte Qualität, anders zu sein. Wer Menschen wirklich zum Lachen bringen wollte, nicht nur zum plumpen Schenkelklopfen, musste gnadenlos über sich selbst und die eigene Unzulänglichkeit lachen können.

Völlig neu war für mich auch die Arbeit am Trapez. »Aerial« hieß dieser Schwerpunkt in meinem Stundenplan. Mit viel Disziplin trainierte ich täglich Arm- und Bauchmuskulatur. Bald schon beherrschte ich ein paar recht eindrucksvolle Kunststücke. Trapezartistik ist etwas, was man, ein bisschen Talent und einen passenden Körperbau vorausgesetzt, noch relativ spät lernen kann. Anna zum Beispiel war eine 26-jährige Schauspielerin, die am Boden kaum eine einfache Vorwärtsrolle turnen konnte. Doch sobald sie anfing, am Trapez zu turnen, wurde sie schwerelos. Im Duo mit Jonathan, dem ehemaligen Postboten aus Birmingham, wurde sie in den folgenden Jahren mit einer Reihe von Preisen ausgezeichnet.

Wie die beiden zukünftigen Stars hing auch ich nur an Zehen oder am Nacken, drehte mich um die Stange und turnte in den Seilen. Bei meiner Lieblingsfigur »Half Angel Drop« sitzt man auf der dünnen Metallstange und hält sich an den Hanfseilen fest. Dann lässt man ganz plötzlich los, lässt sich nach hinten ins Nichts fallen und hält sich im letzten Moment noch mit einer Hand und einem Fußgelenk fest. Das klingt spektakulär und das ist es auch. Beim statischen Trapez ist man nicht gesichert, arbeitet ohne Netz. In der Schule lagen unter uns zwar immer dicke blaue Turnmatten, aber wie würde das später sein?

Wir fragten Helen, unsere Trapezlehrerin: »Was ist, wenn wir fallen?«

Sie holte tief Luft und sagte dann betont langsam: »Well, we do not fall.«

Sie meinte, wir müssen absolut sicher arbeiten, denn sonst würde es nur eine Menge Schmutz und Ärger machen. Okay, wir hatten verstanden: Für uns ist Fallen keine Option. Wir fallen nicht.

Kurz vor Abschluss der Ausbildung wurden wir als Hofnarrentruppe zu einer großen Charity-Party des britischen Hochadels eingeladen. Einige Gäste flogen mit Heißluftballons über das riesige Anwesen. Einigen von uns gelang es mitzufliegen. Wir anderen genossen am Boden Narrenfreiheit, ließen uns wie Tiere im Streichelzoo von den Lords und Ladies füttern und verwickelten uns mit den Earls im Weidezaun. Hier war noch Mittelalter.

Die Ausbildung ging schließlich zu Ende und wir probten viele Wochen pausenlos für unsere aufwendige Abschlussshow. In einem großen Zirkuszelt in Bristols Innenstadt zeigten wir, was wir gelernt hatten. Das Publikum feierte mit uns die wilde, bunte Show mit Comedy, Storytelling, Clownerie, Tanz, Gesang, Akrobatik, Jonglage, Seiltanz, Zauberei und natürlich mit viel Luftakrobatik hoch oben unter der Zirkuskuppel. Die Schule in Bristol heißt heute nicht mehr »Fooltime« sondern »Circomedia«. Sie befindet sich nach wie vor in der mittlerweile sanierten alten Kirche in St. Pauls. Wäre ich noch einmal ganz jung, ich würde sofort wieder hingehen.

Niemand hatte mich davon abgehalten, an diese verrückte Schule zu gehen, niemand hat gesagt: »Lern besser was Ordentliches.« Zum Glück, denn diese Ausbildung war nicht nur die intensivste und für mich herausforderndste von all den vielen Aus- und Weiterbildungen, die ich in meinem Leben absolviert habe, sondern diejenige, von der ich über Jahrzehnte hinweg am meisten profitiert habe. Das wusste ich aber erst viele Jahre später. Zunächst war ich ein bisschen ratlos, was ich mit meinen Fähigkeiten in Hamburg anfangen könnte.

Eine Stellenausschreibung des »Scharlatan Theaters« fiel mir in die Hände und schien genau mich zu meinen. Die Theatertruppe war gerade auf dem Weg, ein bekanntes Unternehmenstheater zu werden und besonders erfolgreich mit ihren Auftritten als »Comedy-Kellner«.

Genau hierfür suchten die Herren weibliche Verstärkung. Kellnern und Comedy in Kombination, das schien doch wie gemacht für mich. »Schmeiß dich in Schale und schau dir an, was wir morgen auf dem Galadinner an der Ostsee machen«, sagte einer der Schauspieler am Telefon zu mir. Ich machte mich richtig schick und gemeinsam mit Daniel, der als Freund eines der Schauspieler auch zuschauen wollte, fuhr ich mit den Jungs zu dem Luxushotel. Daniel und ich mussten so tun, als wären wir ein junges Paar und Teil der Dinnergesellschaft. Die Jungs würden erst ganz normale Ober sein, bevor sie langsam immer offensichtlicher als Comedy-Kellner auftreten würden. Wir konnten also nicht einfach nur zuschauen, aber kein Problem: In Rollen schlüpfen konnte ich gut. Was Daniel und ich nicht wussten, war, dass alle Gäste Golfspieler waren. Der Smalltalk an unserem Tisch holperte sehr und Daniel hatte es bald völlig die Sprache verschlagen. Ich gab mir alle Mühe, nicht aufzufallen. Eine Dame aus Bremerhaven meinte: »Gestern hatte ich einen besonders angenehmen Flight. Das ist ja nicht immer so.« Ich staunte, dass sie von Bremerhaven an die Ostsee per Flugzeug anreiste. Als mein Sitznachbar zu seiner Gattin sagte: »Schatz, morgen ziehen wir uns mal Jeans an und mischen uns unters Volk«, und ich noch nach einem passenden Kommentar suchte, schob mir einer der echten Kellner einen kleinen zusammengefalteten Zettel zu. »Ich erwarte dich an der Hotelbar« stand darauf. Ich wunderte mich, vermutete, dass mich einer der Schauspieler unter vier Augen sprechen wollte, aber warum? An der Bar erwartete mich der feiste Hoteldirektor mit zwei Gläsern Champagner. Er flüsterte: »Lass uns darauf anstoßen, dass die Jungs bald eine so zauberhafte junge Kollegin haben werden. Du wirst eine zuckersüße Kellnerin werden.« »Fick dich!«, dachte ich angewidert, sagte es aber nicht. Ich trank artig mein Glas aus, bedankte mich höflich und stöckelte zurück zu meinem Galadinner. Mir war klar, dass ich niemals die süße Kellnerin für angetrunkene Herren mittleren Alters spielen werde. Mittlerweile hatten die Schauspieler-Kellner mit ihrem Programm begonnen und es wurde überall viel gelacht. Nur unser Tisch bat darum, nicht von diesem »Bauerntheater« behelligt zu werden. Daniel und mich beäugten sie nun auch zunehmend misstrauisch.

Die Dame neben Daniel stellte dann die Gretchenfrage: »Sagen Sie mal, wie hoch ist denn Ihr Handicap?«

Mist, was sollten wir sagen? Wie hoch kann so ein Handicap sein? 3, 7, 3700 oder was? »Oh weh, das magst du gar nicht sagen«, stieß ich Daniel an und kicherte verlegen.

»Ist ihr Handicap etwa nur 54?«, sagte sie lachend.

Daniel war so froh, dass es eine handfeste Zahl gab und bejahte. Dann wurde ich gefragt. »Nein, mein Handicap ist bereits 75«, meinte ich souverän.

Alle guckten ziemlich dumm und keiner lächelte. Ich verstand das nicht. Sie begannen über Paare zu lästern, die keine Ahnung von Golf haben, plötzlich zu Geld gekommen sind und sich in Golfclubs einkaufen. »So etwas müsste verboten werden!«, waren sie sich einig. Dass sie uns damit meinten, wurde mir erst sehr spät klar. Jahre danach erfuhr ich von einem Golfer, dass 54 das schlechteste Handicap ist und es dann gen null geht. 75 kann man nicht haben …

Dabei hatte ich eigentlich vollkommen recht. Mein Handicap war viel höher, als man annehmen würde, und es würde nicht besser werden, nur das wusste ich damals genauso wenig wie die borniere Golfgesellschaft.

Hornbrillen und andere Irrtümer

Sehen andere eigentlich genauso wie man selbst? Kann man da überhaupt je sicher sein? Als Kind stellte ich mir diese Fragen nicht. Ob ich vielleicht schon immer anders, genauer gesagt weniger sah als andere, kann ich deshalb nicht sagen. Ich sah und Zweifel daran gab es nicht.

Den Sehtest bei der Untersuchung zur Feststellung der Schulreife bestand ich ohne Beanstandungen. In der zweiten Klasse stellte der Augenarzt unserer Familie Dr. Gröger dann bei mir eine Hornhautverkrümmung fest und verordnete mir eine Brille. Damit wurde ich das einzige Mädchen mit Brille in meiner Klasse. Das war nicht schön und meine Mutter weinte deswegen sogar ein bisschen. Natürlich ist es gar nicht schlimm, eine Brille zu brauchen, und auch kein Grund für ernsthafte Trauer. Schlimm war allerdings, dass ich mich mangels geeigneter Vorbilder für eine Hornbrille entschied. Die einzige Person mit Brille, die ich gut kannte und mochte, war meine Großmutter. Meine ersten beiden Brillengestelle waren daher scheußliche Kassenmodelle aus den 60er-Jahren. Sie kamen in ihrer braunbeige melierten Farbgestaltung und ihrer Form der Brille meiner Großmutter sehr nah, nur dass sie in meinem Kindergesicht absolut wie von vorgestern wirkten. »Oh, hast du jetzt eine Brille?«, fragten mich Nachbarn und Mitschüler und sagten dann nichts mehr. Die Reaktionen waren auffallend verhalten. »Brillen sind etwas für Omas und einfach nicht schick. Da kann man nichts machen«, dachte ich. Ich kam gar nicht auf die Idee, dass es an meinem speziellen Modell liegen könnte. Ich akzeptierte, dass ich mit der Brille zwar schärfer sehen konnte, dafür aber doof aussah. Egal, denn Aussehen spielte für achtjährige Mädchen in der Prisdorfer Grundschule ohnehin eine Nebenrolle. Ich trug die Brille, ohne zu murren, nur für die Klassenfotos setzte ich sie vorsichtshalber ab.

Als Aussehen mit der Pubertät ein zunehmend wichtigeres Thema wurde, war ich längst überzeugt, dass jede Brille unabhängig von ihrer Form und Farbe nicht anders kann, als mich hässlich zu machen.

Hässlich sein aber galt es in der Pubertät natürlich um fast jeden Preis zu vermeiden. Ich trug die Brille nur noch im Unterricht und später auch dort nicht mehr. Aussehen hatte jetzt eine deutlich höhere Priorität für mich als sehen.

»Ich komme gut ohne Brille klar«, redete ich mir ein. Sicher war das nur die halbe Wahrheit, denn sonst hätte ich wohl gar keine Brille verordnet bekommen. Ganz nebenbei und meist unbewusst eignete ich mir Techniken an, um mit dem unperfekten Sehen klarzukommen. Ich fand heraus, dass man Tafelanschriebe in den meisten Fächern nicht sehen musste, um gute Noten zu bekommen. Es reichte, den Lehrern zuzuhören.

In der neunten Klasse wurde in der Augenarztpraxis von Dr. Gröger bei mir ein Perimetertest gemacht. Das ist ein Test, bei dem man auf zwei Punkte in einer Halbkugel starrt. An den Seiten erscheinen Punkte, die sich auf die Mitte zubewegen. Sobald man einen Punkt in der Peripherie des Blickfelds wahrnimmt, soll man reagieren. Ich fand den Test ungeheuer anstrengend. Es war mir fast unmöglich, den Blick unbeweglich auf den beiden mittleren Punkten zu halten. Ich gab alles, strengte mich an, doch immer wieder verpasste ich die Punkte und reagierte erst sehr spät. Die Arzthelferin, die den Test durchführte, war streng und ungeduldig. »Nun konzentriere dich endlich! So dumm bist du doch auch nicht!«, schnauzte sie mich an. Ich war den Tränen nahe und fing an, Punkte anzuzeigen, die ich gar nicht sah. Schließlich war die Arzthelferin zufrieden oder vielleicht hatte sie es einfach aufgegeben mit mir. Jedenfalls übergab sie ihrem Chef ein Testergebnis, dass kein eingeschränktes Gesichtsfeld bei mir zeigte. Rückblickend bin ich der resoluten Frau enorm dankbar, denn ein korrektes Testergebnis hätte eine Diagnose ermöglicht, mit der weder ich noch meine Familie damals hätten umgehen können. Das falsche Testergebnis hat mich vermutlich vor der Ausgrenzung bewahrt, die in den 1980er-Jahren für ein Kind mit einer Beeinträchtigung die Regel war. Ich konnte einfach ein durchschnittlich unbeschwerter Teenager bleiben und noch lange ein Leben wie alle anderen führen. Weder ich noch sonst jemand wusste, dass ich sehbehindert war und immer weniger würde sehen können. Niemand kam daher auf die Idee, mich auf eine Sonderschule zu schicken. Nach meinem ersten Perimetertest verließ ich die Arztpraxis mit der guten Nachricht, dass ich im kommenden Jahr Kontaktlinsen bekommen würde, mit denen die unregelmäßige Hornhautverkrümmung noch besser ausgeglichen werden könnte. »Das ist dann auch fürs Autofahren besser«, meinte Dr. Gröger in seiner gutmütigen Art. Seine Ansage, dass ich zweifellos die Sehanforderungen für den Führerschein erfüllen würde, ließen mein vage mulmiges Gefühl bezüglich meines Sehvermögens ganz verschwinden. »Es ist wohl ein bisschen kompliziert mit meinen Augen, aber im Grunde ist alles ganz in Ordnung. Zum Glück! Kontaktlinsen sind bestimmt toll. Die sieht keiner und ich kann dann alles damit sehen«, schrieb ich voller Zuversicht in mein Tagebuch.

Die versprochenen Kontaktlinsen wurden mir in einer Fachpraxis in der Nähe des Hamburger Hauptbahnhofs angepasst. Herr Johannsen senior und auch sein Sohn Johannsen junior waren freundliche, einfühlsame und auch enorm kompetente Fachleute auf ihrem Gebiet. Ganz in Ruhe passten sie täglich Kontaktlinsen individuell an schwierige Augen an. Herr Johannsen junior übte mit mir über einem großen Spiegel, die Linsen ins Auge einzusetzen. Das Erste, was ich in diesem Spiegel sah, war mein eigenes Gesicht. Ich hatte es noch nie in dieser Schärfe sehen können. »Ups, ich sehe ziemlich okay aus«, dachte ich überrascht.

Meine Gewöhnungsphase an die harten Kontaktlinsen in meinen Augen verlief zwar etwas holprig, aber das Ergebnis war großartig. Ich konnte besser sehen als je zuvor, und das ganz ohne Brille. Die Welt war so intensiv farbig, alles hatte scharfe Konturen und ich konnte Details ohne Mühe erkennen. Die Bäume hatten jetzt einzelne Blätter, Stoffe hatten Struktur und am Himmel sah ich nicht mehr nur den Mond, sondern unzählige Sterne. Ich konnte in den Gesichtern von Menschen auch auf Distanz Gefühle sehen und ihnen ohne Anstrengung in die Augen schauen. Was war das für eine wunderschöne, schillernde Welt um mich herum!

Mich beflügelte das neue Sehen sehr. Wenn ich früher schon meist Freude am Dasein hatte, verliebte ich mich nun noch mehr ins Leben. Ich wurde immer mutiger, extrovertierter und lebenshungriger. Ich konnte aber auch mit wenig Sehvermögen gut zurechtkommen. Obwohl meine Sehschärfe ohne Kontaktlinsen nur bei etwa zehn Prozent lag, vergaß ich ab und zu, die winzigen Sehhelfer am Morgen einzusetzen. Es konnte passieren, dass ich ohne Kontaktlinsen aus dem Haus ging und es erst später am Tag bemerkte. Das ging auch.

Manchmal verlor ich eine der kleinen Kunststofflinsen. Ich spülte sie im Abfluss des Waschbeckens hinunter oder ließ sie fallen und fand sie in meinem langhaarigen Flokatiteppich einfach nicht wieder. Herr Johannsen hatte dafür Verständnis und passte mir jedes Mal geduldig eine neue Linse an.

Nach einiger Zeit sollte ich zwei ganz neue Linsen bekommen. Als der junge Herr Johannsen sie bei mir eingesetzt hatte, konnte ich damit jedoch alles andere als scharf sehen. »Welche Buchstaben erkennen Sie?«, fragte er mich, nachdem er die Leuchttafel an der Wand eingeschaltet hatte.

»Nur das große E in der ersten Zeile, danach geht nichts mehr«, sagte ich verwirrt. »Manchmal brauchen die Augen Zeit, um sich an neue Linsen zu gewöhnen. Gehen Sie bitte eine Stunde in die Stadt und kommen dann wieder her«, meinte er freundlich. Er schien völlig unbeeindruckt von meinem drastischen Sehverlust zu sein.

Mein Weg durch die Hamburger Mönckebergstraße war mühsam. Ich sah mit diesen neuen Linsen schlechter als ganz ohne Linsen. Das reichte kaum, um meinen Weg zu finden und dabei niemanden umzulaufen. Erschöpft kam ich in die Praxis des Optikers zurück. Der Sehtest ergab das gleiche Ergebnis. Erneut überprüfte Herr Johannsen die Position der Linsen in meinen Augen und schickte mich schließlich mit beruhigenden Worten nach Hause: »Manchmal brauchen die Augen eine längere Zeit, um sich an neue Linsen anzupassen. Tragen Sie die Linsen heute und kommen Sie morgen wieder zu uns.« Er klang nicht beunruhigt, jedoch ein wenig ratlos.

Ich trug die neuen Linsen den ganzen Tag. Es war absolut nervig. Ich sah so schlecht wie sonst nur, nachdem der Augenarzt mir die Pupillen mit Tropfen weitgestellt hatte. Ich konnte keine Schrift erkennen, nichts lesen oder schreiben. Das blieb unverändert, bis ich abends die Linsen rausnahm. Ohne die blöden Linsen konnte ich immerhin so viel oder wenig sehen wie sonst auch. Immerhin.

Am nächsten Tag setzte ich die Linsen wieder ein und machte mich tapfer auf den Weg ins Kontaktlinsenstudio. »Tut mir leid, ich sehe mit diesen neuen Linsen einfach gar nichts!«, begrüßte ich meinen Linsen-experten. Noch einmal überprüfte er alles mit höchster Akribie, fand keine Antwort und wurde zunehmend nervös.

»Wann ist Ihr Geburtstag?«, wollte er unvermittelt von mir wissen. Warum? Was sollte das mit seinen nutzlosen Linsen zu tun haben?

»3. November 1967«, antwortete ich irritiert. Tatsächlich lag des Rätsels Lösung in meinem Geburtsdatum oder vielmehr in der Kombination aus meinem Namen und meinem Geburtsdatum. Es gab in diesem spezialisierten Kontaktlinsenstudio eine weitere Patientin namens Dörte Maack und unsere Patientenakten wurden verwechselt. Ich trug die Kontaktlinsen einer fremden Frau. Ich versuchte die Welt durch die Augen einer anderen Dörte Maack zu sehen und bin damit gescheitert. Herr Johannsen war genauso baff wie ich. Wie meine späteren neugierigen Recherchen ergaben, gibt es in Deutschland nur zwei oder drei andere Frauen neben mir mit dem Namen Dörte Maack. Vermutlich gilt das sogar weltweit, denn außerhalb von Norddeutschland heißt fast niemand Dörte. Eine dieser seltenen Exemplare lebte ganz in meiner Nähe und hatte ebenso wie ich komplizierte Augen, die spezielle Kontaktlinsen brauchten.

Ich staunte über die kreativen Varianten des Zufalls und freute mich bald über meine neuen eigenen Kontaktlinsen. Die Welt war wieder in Ordnung. Die Welt erschien wieder in Schärfe und Pracht vor meinen Augen, den Augen von Dörte Maack, geboren im November 1967.

In den kommenden Jahren trug ich ständig Kontaktlinsen, ließ jedes Jahr die Sehschärfe überprüfen und kümmerte mich nicht weiter um meine Augen. Wieso auch? Es war ja alles in Ordnung. Ganz unabhängig von meinem Sehvermögen war meine Welt so farbenprächtig, leuchtend und detailreich, dass es so oder so keine Rolle spielen musste, wie gut ich bei einem Sehtest abschnitt. Rückblickend habe ich in dieser Zeit immer mal wieder bemerkt, dass ich in ganz bestimmten Situationen nicht so gut sah, wie andere anscheinend sehen konnten. Weil ich mir das nicht erklären konnte, schob ich das schnell beiseite und vergaß es. Richtig auffällig war nur meine Nachtblindheit. Meine Freunde und ich hielten sie für eine unbedeutende Eigenart. Hin und wieder hatte ich im Dunkeln Unfälle, kam aber immer unbeschadet oder nur mit blauen Flecken davon. Alle lachten mit mir, als ein Begrenzungsstein spät abends in der Altonaer Fußgängerzone frech vor mein Rad sprang und mir ermöglichte, einen beeindruckenden Stunt mit Salto hinzulegen. Fahrrad total kaputt, Dörte wütend, aber heil. Alles in Ordnung.

Es ärgerte mich, dass ich einzelne Tricks bei der Keulenjonglage beim besten Willen nicht beherrschen konnte. Ich übte wie verrückt, aber es gab Muster, die mir immer wieder misslangen. Na gut, man kann nicht alles können, akzeptierte ich mein Versagen bei den Triplewürfen und den Backcrosses.

Ich machte mir selbst dann noch keine Sorgen, als ich während der Ausbildung an der Zirkusschule Felix darum bat, mir seine vielen Briefe mit einem schwarzen Filzstift zu schreiben. Das Licht in meinem WG-Zimmer war einfach zu schlecht, um mit dünnem Kugelschreiber handgeschriebene Briefe zu lesen. Das würde wohl für jede so sein, oder? Ich hatte eine zu aufregende Zeit, um weiter darüber nachzudenken.

Erst als ich bei gutem Licht Mühe hatte, gedruckte Schrift flüssig zu lesen, weil ich immer wieder die Zeile verlor, ging ich zu meinem Optiker. Herr Johannsen junior stellte fest, dass ich auch mit optimal angepassten Kontaktlinsen nur auf eine Sehschärfe von dreißig Prozent kam. Wie immer suchte er nach naheliegenden einfachen Erklärungen. »Haben Sie gerade einen Infekt hinter sich? Da kann das mal sein, dass die Sehschärfe vorübergehend nachlässt.« Nein, ich hatte keinen Infekt hinter mir. Ich war fit und gesund. Dieses Mal gab es keine einfache Antwort für mich und ich begann langsam zu ahnen, dass es lange keine einfachen Antworten mehr geben würde.

Die Party ist zu Ende

Der Augenarzt meiner Wahl hatte seine Praxis am Schulterblatt im Schanzenviertel. Ich hatte ihn aus den Gelben Seiten ausgesucht, weil dort stand, dass er auch eine »Sehschule« hat. Das klang für mich irgendwie alternativ und öko. Bei strahlendem Sonnenschein fuhr ich auf meinem roten Fahrrad durch die Schanzenstraße zu seiner Praxis. Auf dem Weg hatte ich keine Energie für Sorgen, denn der Radweg erforderte meine ganze Aufmerksamkeit. In den letzten Monaten waren meine Augen so blendungsempfindlich geworden, dass ich trotz Sonnenbrille fast nichts sah, wenn mir die Sonne direkt ins Gesicht schien. Sobald ich in den Schlagschatten eines Hauses oder Baumes kam, musste ich meine Sonnenbrille sofort hochschieben, um noch etwas zu sehen. Wenn ich aus einem Hausflur ins Freie ging oder umgekehrt aus der Sonne kam und ein Gebäude betrat, musste ich manchmal minutenlang warten, bis sich meine Augen an die neuen Lichtverhältnisse gewöhnt hatten. Trotz dieser extremen Situationen von plötzlichem Nichtsehen fühlte ich mich nicht sehbehindert. Im Grunde sah ich ja fast normal. Ich brauchte eben nur das richtige Licht und einen direkten Blick auf das, was es zu sehen gab. Dann war alles in Ordnung.

Der Augenarzt am Schulterblatt stellte die gleiche Sehschärfe wie Johannsen junior fest: etwa dreißig Prozent. Ich war zum ersten Mal in dieser Praxis und er hatte daher keine Patientenakte mit früheren Untersuchungen meiner Augen zum Vergleich. Eine Erklärung für meine geringe Sehschärfe hatte er nicht. Der Blick auf meine Netzhaut zeigte ihm aber offenbar ein sonderbares Bild, das er nicht deuten konnte. Dann schien er doch noch eine Idee zu haben und fragte: »Haben Sie vor Kurzem eine Sonnenfinsternis beobachtet?«

»Nein, das habe ich noch nie«, antwortete ich verwirrt.

Er entließ mich ohne weiteren Befund, aber auch ohne mich weiter zu beunruhigen. Irgendetwas war gerade nicht so gut mit meinen Augen, würde aber sicher bald wieder besser werden. Es fühlte sich an wie irgendetwas Unspezifisches, wie eine hartnäckige Erkältung oder lästige Verdauungsprobleme in stressigen Zeiten. Was soll schon sein, wenn die Fachleute auch nichts finden konnten?

Ich hatte außerdem noch Wichtigeres zu regeln. Felix hatte plötzlich mit seinem Examen begonnen. Von jetzt auf gleich saß er nur noch am Schreibtisch, dachte, sprach und tat nichts anderes mehr, als was mit Mathe und Physik zu tun hatte. Wir machten keine gemeinsamen Auftritte mehr und überhaupt schien es in seinem Leben keinen Platz mehr für unsere Liebe zu geben. Ich rebellierte und er trennte sich von mir. »Drama ist im Examen gar nicht gut«, fand er. Wir konnten nicht mehr miteinander, aber ohneeinander konnten wir schon gar nicht. Irgendwie waren wir also nicht mehr zusammen und machten trotzdem einfach weiter wie bisher. »Okay, wird schon wieder«, war ich sicher. Ich steckte all meine Energie in die Vorbereitungen für die Party zu meinem 25. Geburtstag. Ich kannte so viele großartige Leute: Jongleure, Akrobaten, Kleinkünstler und ein paar autonome Aktivisten aus meiner früheren WG am Pferdemarkt. Ich hatte sie alle eingeladen. Im Haus hatte ich den Nachbarn Bescheid gegeben, um Nachsicht wegen der lauten Musik gebeten und sie vorbeugend mit Pralinen besänftigt. All meine Freundinnen und Freunde kamen in Scharen in unsere Altbauwohnung im vierten Stock und brachten mir tolle Geschenke mit. Einige der Akrobaten hatten zusammengelegt und für mich einen großen Lenkdrachen in quietschbunten Farben ausgesucht. Diesen Flugdrachen habe ich immer noch, aber geflogen ist das Ding noch nie.

»Schau mal, was ich für dich gestern gepflückt habe«, forderte mich mein ehemaliger Mitbewohner aus der Schanze verschmitzt auf und legte mir ein kleines Päckchen in zerknittertem Geschenkpapier in die Hand. Oh nein, Hartmut schenkte mir einen Mercedes-Stern. Würde er irgendwann noch erwachsen werden? Egal, Leben war jetzt und erwachsen werden konnten wir später. Um Mitternacht sangen alle für mich, küssten und umarmten mich. Wir tranken und tanzten alle zusammen wild auf meinen 25. Geburtstag. Ich war so glücklich!

Nachts um 3 Uhr rief jemand: »Dörte, komm mal an die Wohnungstür. Da sind die Bullen.« Ups, vor mir standen drei junge Polizisten in Uniform. »Hi, wollt ihr mir gratulieren? Ich bin gerade 25 geworden«, begrüßte ich sie lachend. Nein, eigentlich waren sie gekommen, weil es zu viel ausgelassener Tanz für das ältere Ehepaar in der Wohnung unter uns wurde. »Na dann, herzlichen Glückwunsch, alles Gute für dich und feiere nicht mehr so lange«, gratulierten sie mir. Ich versprach ihnen, dass die Party gleich aus sein würde. Dass es für mich schon bald nichts mehr zu feiern geben würde, ahnte ich in dieser Nacht noch nicht.

Ende November hatte ich einen Termin bei Dr. Gröger in Pinneberg. Meinen Augen ging es überhaupt nicht besser. Dr. Gröger war schon in meiner Kindheit mein Arzt gewesen und würde daher anhand seiner Akten einen genauen Überblick über die Entwicklung meiner Sehschärfe haben. Ich war mittlerweile so beunruhigt, dass ich meine Mutter bat, mich zu dem Termin zu begleiten. Ich kam mit der S-Bahn und meine Mutter mit dem Fahrrad nach Pinneberg. Wir trafen uns vor der Praxis. Gemeinsam setzten wir uns ins Wartezimmer. Wie schon vor zwanzig Jahren war das Wartezimmer sehr voll. Viele, meist ältere Menschen besetzten die alten, mit bunten Kunststoffpolstern bezogenen Stühle. Wie früher schon gab es nichts zu lesen als die Mappen vom Lesezirkel mit Illustrierten für Menschen, die dreimal so alt waren wie ich. Das war mir aber egal, denn Lesen fand ich jetzt fast bei jedem Licht zu mühsam. Ich fühlte mich wie damals, als ich als Zweitklässlerin mit meiner Mutter zum ersten Mal in diesem Wartezimmer saß und keine Ahnung hatte, was auf mich zukommen würde.

Nach langer Wartezeit wurde endlich mein Name aufgerufen. Dr. Gröger war immer noch der besonnene, gutmütige Arzt, den ich in Erinnerung hatte. »Du warst ja ganz lange nicht hier. Wie geht es dir? Nein, ich muss wohl jetzt fragen: Wie geht es Ihnen?«

Ich erzählte ihm voller Vertrauen von all meinen rätselhaften Symptomen. Bei ihm war ich in guten Händen. Der Sehtest bestätigte abermals meine geringe Sehschärfe. Weiter als zur vierten Buchstabenzeile kam ich nicht. Dr. Gröger tropfte mir die Pupillen weit, leuchtete mit einer kleinen Lampe in meine Augen und nahm sich viel Zeit, meinen Augenhintergrund von allen Seiten zu betrachten. Er war sehr konzentriert und sprach kaum. Irgendwann erhob er sich von seinem Drehhocker, verließ den Raum und redete vor der Tür kurz mit einer seiner Arzthelferinnen. »Wir können jetzt gleich einen Gesichtsfeldtest machen«, teilte er mir mit, als er wieder ins Zimmer kam.

Wie schon vor mehr als acht Jahren musste ich also einen Perimetertest machen. Das Gerät war neu. Um die gesehenen Punkte anzuzeigen, gab es jetzt einen Schalter. Ich musste nicht mehr mit einem Kugelschreiber auf den Tisch klopfen. Die Perimetristin musste die Ergebnisse auch nicht mehr per Hand eintragen. Das Ergebnis würde das Gerät automatisch als Ausdruck bereitstellen. Anders als beim ersten Mal war diese Perimetristin sehr entspannt und fast so gutmütig wie mein alter Augenarzt. Der Test selbst aber war für mich eine Katastrophe. Ich strengte mich an, konzentrierte mich, so stark ich nur konnte, versuchte mit der ganzen Kraft meines Willens meinen Blick nur auf den Mittelpunkt der Halbkugel zu fixieren. War der Test schon gestartet? Wo blieben die Punkte aus der Peripherie? Endlich sah ich einen und drückte den Schalter, dann lange wieder keinen. Erbarmungslos ging der Test über endlose Minuten weiter. Sosehr ich es auch wollte, ich sah die verdammten Punkte nicht. Ich scheiterte in diesem blöden Perimetertest und trotzdem schimpfte die Arzthelferin kein bisschen mit mir. Ich machte mir Sorgen.

Schließlich saßen meine Mutter und ich wieder im Sprechzimmer. Dr. Gröger saß hinter seinem großen Schreibtisch, meine Untersuchungsergebnisse lagen vor ihm. Er sagte nichts. Ich dachte: »Ja, nun sag mir, was wir machen müssen, wenn ich in deinem Perimetertest versage!« Ich bangte: »Medikamente vielleicht, möglichst ohne Nebenwirkungen natürlich, hoffentlich keine Operation.« Dr. Gröger sagte nichts und er lächelte nicht. Es war eine Stille in diesem kleinen Raum, die ahnen ließ, dass etwas nicht in Ordnung war, eine Stille, die ahnen ließ, dass irgendetwas absolut und ganz und gar nicht mehr in Ordnung war. Endlich räusperte sich Dr. Gröger und fragte sehr sachlich: »Gibt es in Ihrer Familie jemanden, der schlecht sieht oder sehr schlecht gesehen hat? Ein entfernter Onkel vielleicht?« Meine Mutter und ich verneinten, beide gleichermaßen verunsichert. Was sollte diese Frage? Es ging hier doch um mich.

Die nächste Aussage fiel meinem Augenarzt spürbar schwer. »Es hilft ja auch nicht, um den Brei herumzureden …«, murmelte er. »Es ist Retinitis pigmentosa«, sagte er dann hastig. Häh? Was ist das? Das hatte ich noch nie gehört. Ernst und sehr ruhig erklärte Dr. Gröger uns, dass Retinitis pigmentosa eine sehr seltene degenerative Erkrankung der Netzhaut ist. Sie ist genetisch bedingt, ist fortschreitend und man kann sie nicht heilen. Man kann diese Erkrankung noch nicht einmal behandeln. Man kann gar nichts machen. In meinen Kopf dröhnte das Echo der Wörter: Erbkrankheit … fortschreitend … unheilbar … Ich erstarrte. Nach langen Augenblicken war mein erster klarer Gedanke:»Scheiße, jetzt werde ich blind.« Als Nächstes dachte ich:»So ein Blödsinn! Es gibt doch gar keine Krankheit, die man nicht behandeln kann. Wenn das in Deutschland so ist, dann gibt es ja noch die ganze Welt. Es kann überhaupt nicht sein! Ich bin ja mal die Allerletzte, die eine so beschissene Krankheit bekommt!«

Meine Mutter und ich verließen die Praxis mit einem Rezept für ein Vitaminpräparat und einer Überweisung in die Uniklinik zur weiteren Abklärung. Ich fasste in diesem Moment einen Plan: Ich werde nicht blind! Ich würde den Augenärzten zeigen, dass man doch was machen kann! Ich hatte auch einen Plan B: Wenn ich blind werde, dann nehme ich mir das Leben.

Meine Mutter und ich standen uns im dunklen Novembernieselregen gegenüber. Sie weinte und sagte voller Zärtlichkeit:»Dörte, komm mit zu uns.« Ich schüttelte den Kopf und sagte leise:»Nein, Mama, ich will zu Felix.«

Ich tappte zurück zum Pinneberger Bahnhof. In nur zwanzig Minuten war ich in der Hamburger City, bald darauf in meiner WG in Eimsbüttel. Meine Mitbewohnerin Laura und ihr Freund Nick empfingen mich. Sie setzten sich mit mir in die Küche und hörten zu. Nick bot uns Zigaretten an. Wir rauchten. Ich hatte lange keine Zigarette geraucht, aber das war jetzt alles egal. Verena, unsere strenge Hauptmieterin, kam kurz danach in die Wohnung.»Seid ihr jetzt von allen guten Geistern verlassen«, begann sie wegen des Zigarettenrauchs in der Wohnung laut zu zetern. Dann sah sie uns bedröppelt um den Küchentisch sitzen und verstummte. Sie blickte fragend in mein Gesicht. »Ich werde blind«, sagte ich tonlos und sie nahm mich in den Arm.

Felix war an diesem Abend wie jeden Donnerstag beim Tischtennistraining. Einmal in der Woche Tischtennis und hinterher ein Bier war gerade noch vereinbar mit seinem Mathe- und Physikexamen. Ich versuchte, ihn überall zu erreichen. Handys gab es ja noch nicht. Der Wirt der Kneipe neben der Sporthalle informierte Felix schließlich, dass ich ihn brauchte. Er wusste sofort, dass etwas Schlimmes passiert sein musste und dass es dringend war. Es war so gut, dass er kam, denn in seinen Armen fühlte ich mich geborgen und konnte endlich weinen.

Auch Felix weinte und sagte: »Wir machen eine Weltreise. Dann kannst du alles noch anschauen.«

»Und dein Examen?«, schniefte ich.

»Das mache ich danach fertig.«

Seine Reaktion war wunderbar. Nur wenige Stunden zuvor hätte ich alles stehen und liegen lassen, um mit ihm auf Weltreise zu gehen. Aber was für eine unendlich traurige Weltreise würde das sein? Ich würde alles mit dem Gedanken anschauen, dass ich es nie wieder sehen könnte. Nein, das wollte ich nicht. Ich wollte kämpfen!

Medizin, Mythen und Magie

»Ihre Kinder werden es nicht bekommen«, mit dieser Nachricht begrüßte mich der Professor für Augenheilkunde der Hamburger Uniklinik schwungvoll und fast freudig zum Abschlussgespräch. Wovon redete er? Ich hatte keine Kinder und plante aktuell auch keine. Ganz abgesehen davon, dass es Felix war, der mich zu diesem Termin begleitete und unsere Beziehung keine mehr war, die uns zu gemeinsamen Eltern werden lassen würde. Was sollte das: Hier ging es doch allein um meine Augen, um meine! Hatte der Professor die falsche Patientenakte?

Nein, es war aus Sicht des Professors alles richtig. Seine Aussage über die Unwahrscheinlichkeit einer Vererbung war die einzig positive Nachricht, die er für mich hatte.

Alle anderen Informationen waren niederschmetternd: Seine Ergebnisse bestätigten die Diagnose von Dr. Gröger. Er führte aus, dass Retinitis pigmentosa eine erbliche Augenerkrankung ist, die eine Zerstörung der Retina, des sehfähigen Gewebes am Augenhintergrund, zur Folge hat.

Diese noch unheilbare Krankheit ist eine der häufigsten Ursachen des Sehverlusts im mittleren Erwachsenenalter und betrifft etwa einen unter 5000 Menschen. Da in meiner gesamten Familie weit und breit kein Fall einer solchen Erkrankung bekannt war, ging er von einem autosomal-rezessiven Erbgang aus. Die Kinder von Betroffenen mit einer rezessiv vererbten Retinitis pigmentosa werden – vorausgesetzt, der Partner ist nicht verwandt und augengesund – selbst keine Retinitis pigmentosa ausbilden.

»Der spinnt doch. Ich habe eine unheilbare Krankheit. Was interessieren mich da irgendwelche ungeborenen Kinder, über die ich bisher noch nicht einmal nachgedacht hatte?«, wüteten die Gedanken in mir.

Zur weiteren Abklärung fuhr Felix mit meinen Eltern und mir im forstgrünen Benz-Diesel meines Vaters nach Tübingen. An der dortigen Augenklinik mit einem Schwerpunkt für Netzhauterkrankungen wurde bei meinen Eltern nichts gefunden und mein Befund noch ein weiteres Mal bestätigt. Der Gentest unserer Blutproben ergab weder bei meinen Eltern noch bei mir einen Befund. Das war nicht ungewöhnlich, denn der einer Retinitis pigmentosa zugrunde liegende Gendefekt kann auf zig verschiedenen Genen liegen, von denen auch heute noch bei Weitem nicht alle bekannt sind.

»Vielleicht sehen Sie noch ein paar Jahre, vielleicht sogar noch zehn Jahre, und wer weiß, was in zehn Jahren ist. Die Forschung kommt voran«, meinte Professor Zrenner, eine Koryphäe auf dem Gebiet der Retinitis pigmentosa. Ein weiteres Mal wurde ich ohne Therapie, nur mit ein paar Broschüren und guten Wünschen entlassen.

»Die sagen dir, dass du eine total seltene, unheilbare Erbkrankheit hast, die leider ihr Gentest nicht bestätigen kann. Dann sagen sie dir, dass sie überhaupt keine Therapie haben und nicht wissen, wann genau du ganz blind bist!«, fasste ich voller Zorn das Ergebnis zusammen. Nie hätte ich gedacht, dass es so einen beschissenen Schlamassel überhaupt gibt und noch viel weniger hätte ich für möglich gehalten, dass ich so eine unglaubliche Scheiße erlebe. Ich hätte den ganzen erbärmlichen Augenklinikladen in die Luft sprengen können!

Es gab eine Diagnose, aber keine Therapie. Es gab eine Prognose, aber keine Begleitung. Es entstand ein großes Vakuum und mit meiner ganzen Wut füllte ich dieses Vakuum aus. Koste es, was es wolle. Ich würde es den armseligen Augenärzten schon zeigen!

In meinem unbändigen Zorn zweifelte ich alles an, was die Ärzte mir gesagt hatten. Verunsichert und orientierungslos machte ich mich auf die Suche. Hätte es damals das Internet gegeben, hätte ich mich in wochenlanger Recherche völlig im undurchdringlichen Dschungel der alternativen Heilmethoden verloren. Doch dafür brauchte es gar kein Internet. Ich schrieb all meine Freunde und Bekannten an und schilderte meine verzweifelte Situation. Ich bat sie darum, mir Hinweise zu geben, wer oder was mir helfen könnte. Bald schon hatte ich einen ganzen Ordner voller Adressen und Broschüren.

Jetzt gab es viel zu tun: endlose Anamnesen, Testverfahren von Irisdiagnostik bis Energiestrommessungen, Ernährung umstellen, Gifte ausleiten, Heilmittel aller Art einkaufen und einnehmen. Ein Augenarzt in Bayern verschrieb mir so viel verschiedene Kügelchen,

Pulver, Tinkturen und Ampullen, dass sie einen ganzen Umzugskarton füllten. »Viel hilft viel«, schien sein Motto zu sein und ich vertraute ihm. Ich vertraute und ich hoffte. Wer hofft, will nichts außer dieser Hoffnung bestätigt wissen. Immer aufs Neue fand ich Ärzte und Heilpraktiker, die mir diesen Gefallen gern taten. Niemand schaute genau auf die Diagnose, alle schauten auf »den ganzen Menschen«. Wer verzweifelt ist, fragt nicht nach objektiven Studien und ignoriert großzügig Ungereimtheiten. Mir brauchte niemand ein explizites Heilversprechen zu geben, ich hörte es in der kleinsten Andeutung. »Ich behandle Sie gern«, hieß in meiner Sprache: »Ich kann Ihnen helfen. Sie werden nicht blind.«

Heilpraktiker und Ärzte verdienten gut an mir, doch ich begegnete keinem wirklichen Halsabschneider. Sie waren selbst ehrlich von ihren Methoden und deren Wirksamkeit überzeugt. Wie vermutlich viele andere Patienten auch kam ich so lange in eine Praxis, wie ich Hoffnung in eine Methode setzte oder sogar subjektiv Erfolge wahrnehmen konnte. War das nicht mehr der Fall, blieb ich einfach weg.

Damals wie heute war es populär, in Krankheiten tiefere Bedeutungen zu sehen. In vielen Büchern war zu lesen, dass Augenerkrankungen bedeuten, dass der betroffene Mensch vor etwas die Augen verschließt oder etwas nicht sehen will. Wenn man nun den inneren Konflikt löst, verschwindet auch das Augenleiden, so die These. Konnte da etwas dran sein? Sicher hatte ich ebenso wie fast jeder Mensch in meinem Leben etwas, was ich nicht sehen mochte. Wenn ich aber zu erblinden drohte, dann müssten es grauenhafte, düstere Wahrheiten sein, vor denen ich die Augen verschloss. Ich war bereit, alles anzusehen. Zunächst war es hilfreich, ein paar Dinge zu klären, aber schnell fing ich an, Gespenster zu sehen und nach Abgründen zu suchen, die es nie gab.

Irgendwann hatte ich genug von der Theorie, dass jeder Krankheit eine tiefere seelische Ursache zugrunde liegt, und obwohl ich die Nase gestrichen voll hatte, bekam ich trotzdem keinen megadicken Schnupfen.

Ich drohte zu ertrinken und griff in meiner Verzweiflung nach Strohhalmen, über die ich sonst nur gelächelt hätte. Schließlich konnte mir nur noch ein Wunder helfen. Ich staunte, wie viele sogenannte

Geistheiler genau solche Wunder anboten: ganze Kataloge voll. Als Erstes besuchte ich einen Heiler in Berlin, der auch Arzt war. Das klang seriös. Außerhalb der Sprechzeiten seiner kassenärztlichen Praxis legten mir er und seine Helferin für zehn Minuten ihre Hände über meine Augen, während sie munter weiterplauderten. Es kostete hundert Mark und half nichts. Nur wenig günstiger war sein ebenfalls in Berlin ansässiger Kollege unbestimmter Profession. Der Mann aus Rumänien hatte laut Katalog bereits andere Augenerkrankungen wie Grauen und Grünen Star geheilt, ein Spezialist also. Mit wenigen Brocken Deutsch wies er mich an, auf einem Hocker Platz zu nehmen. Der Boden war mit einem großen schwarz-weißen Schachbrettmuster gefliest, auf dem drei weiße, schwarz getupfte Dalmatiner bellend rumsprangen. Während der bleiche, schwarzhaarige Mann mit seinen Händen um mich herumwirbelte, stieß er ständig auf und roch dabei nicht gut. Eine bizarre Szenerie in Schwarz-Weiß.

Auf einem abgelegenen Bauernhof in einem norddeutschen Dorf war ich mit einem philippinischen Heiler verabredet. Eine ganze Reihe Heilsuchender wartete in einem düsteren Schlafzimmer in Eiche rustikal. Plattdeutsche Landwirte saßen neben punkigen Mädchen aus Hamburg. Die umtriebige Bäuerin unterhielt uns alle mit Anekdoten: »Gestern war eine Familie mit einem Sohn hier. Der hat einen Hirntumor. Dem konnte er auch nicht helfen. Die haben sehr geweint.« Die Behandlung fand in der guten Stube auf einer Liege statt. Der Heiler bat mich, meine Augen zu schließen und mich zu entspannen. Wie er erklärte, nahm er dann mittels Geistchirurgie meine Augen aus ihren Höhlen, reinigte sie gründlich und setzte sie wieder ein. Fertig.

So viele Menschen kannten jemanden, der jemanden kannte, der von einem Wunderheiler geheilt wurde, und ich war für jeden Tipp dankbar. Gibt es nicht viel mehr zwischen Himmel und Erde, als wir uns vorstellen können? Jemand erzählte mir von einem spanischen Professor für Parapsychologie. Ich flog nach Barcelona und verbrachte ein entspanntes Wochenende mit viel Meditation und Gebet gemeinsam mit seinen Studenten in einem schönen Haus mit einem Garten voller Blumen. Das war angenehm, aber heilte meine Augen nicht. Schließlich war ich einige Male bei einem Heiler oben in Schleswig-Holstein. Der ehemalige Briefträger nahm überhaupt kein Geld oder sonstige Gegenleistungen für seine Sitzungen von mir an. Er stellte bei mir Störungen durch Amalgamfüllungen fest. Davon ließ er sich auch dann nicht abbringen, als ich mehrfach versicherte, dass ich bereits vor Jahren alle Amalgamfüllungen habe entfernen lassen. Ich konsultierte daraufhin einen bekannten Professor für Toxikologie, der eine repräsentative Praxis in der Münchner Innenstadt hatte. »Ach, ich sehe ja heute kaum etwas, diese fürchterliche Migräne«, stöhnte er, als er das Panoramaröntgenbild meines Gebisses anschaute. Dann blickte er mich kurz an und sagte: »Sie sehen aus wie nach einem schweren Autounfall«, und senkte gleich darauf wieder seinen Blick auf das Bild meiner Zähne. Obwohl seine Aussage keinen Sinn für mich ergab, sagte ich nichts. »Die Dreier müssen als Erstes alle raus. Das sind die Augenzähne«, murmelte er. Ich war verwirrt, meine vier Dreier waren alle total gesund, hatten alle keine Füllung. Daraufhin meinte er, dass ich überhaupt alle Zähne entfernen lassen müsse und den Kieferknochen dann abschleifen lassen sollte, da alles total verseucht wäre. Täte ich das nicht, stünden mir in den nächsten Jahren zahlreiche schlimme Krankheiten bis hin zu Krebs bevor. Das Ganze müsse eine Praxis in München machen, denn nur die könne das. Er erzählte dann von einer Patientin, die das entgegen seines dringenden Rates in Hamburg hatte machen lassen: »Das ist natürlich völlig schiefgegangen und nun nimmt sie sich sicher das Leben.«

Diese Begegnung war so gruselig und verstörend, dass ich auf dem Rückweg alle Unterlagen, die mir mitgegeben wurden, spontan in der Toilette des ICE versenkte. Dem Zahnthema ging ich zur Sicherheit dennoch weiter nach und fand einen wunderbaren Zahnarzt in Hamburg, der sich mit Amalgamsanierung auskannte. Unter meinen wenigen Füllungen fand er zu seinem Erstaunen tatsächlich Reste von Amalgam. Ordentlich sanierte Zähne und Amalgamentgiftung taten mir gut, machten aber meine Augen nicht gesund.

»Es gibt kein Unheilbar«, war der Satz auf einem Flyer, der mich in einen Vortrag über die Lehren eines verstorbenen Wunderheilers aus der Nachkriegszeit lockte. An einem Sonntagmittag kam ich in einen mit mannshohen Blumengestecken geschmückten Saal, in dem die 50er-Jahre noch ganz lebendig zu sein schienen. Auf den zur Bühne hin ausgerichteten Stühlen saßen artig etwa fünfzig Menschen. Die

meisten waren deutlich älter als ich oder waren zumindest so gekleidet. Auf der Bühne stand eine adrette Dame neben einer Art Altar, auf
dem ein großes Schwarz-Weiß-Foto eines düster ins Publikum bli-
ckenden Mannes stand. Wir erfuhren von der Dame, wie man sich auf
den sogenannten »Heilstrom« einstellt: aufrecht hinsetzen, dabei auf
keinen Fall Arme oder Beine verschränken und die geöffneten Hände
auf die Oberschenkel legen. Es wurde uns erläutert, dass durch den
»Heilstrom« alles geheilt werden könne: Verstopfung, Depressionen,
Krebs ... Mir war nicht bewusst, dass dieser sogenannte »Freundeskreis« von Sektenbeauftragten als sektenähnliche Gruppierung einge-
stuft wurde. Solange man keine Heilung erfahren hat, sollte man mit
niemanden über diesen »Freundeskreis« sprechen. Daran hielt ich
mich und so konnte mich auch niemand warnen.

Zu Hause »stellte« ich mich regelmäßig morgens und abends auf
den »Heilstrom« ein, hörte mir stundenlang Kassetten mit Berichten
von Heilungen an, ging zu den monatlichen Treffen, sang dort Volks-
lieder und tanzte Volkstänze. Der Lehre brav folgend, bereute ich
längst vergangene Fehltritte, Verirrungen und kleine Missetaten, ver-
zichtete konsequent auf jegliches Liebesleben, Alkohol und Rockmusik. Ich schwor allem »Bösen« ab. Ich war zu allem bereit: Für ein besseres Sehvermögen hätte ich am Ende auch noch ein sittsames Dirndl
statt meiner geliebten schwarzen Lederhose angezogen. Ich wollte es
wirklich wissen. Unter meinen kränkelnden Gummibaum legte ich
ein Foto des verstorbenen Wunderheilers, das zuverlässig Wunder bei
allen Lebewesen bewirken sollte. Das Bäumchen zeigte keine Reaktion, warf trotzig ein Blatt nach dem anderen auf meine Fensterbank.
Als das letzte Blatt fiel, musste ich einsehen: Der bedauernswerten
Topfpflanze würde keine Heilung mehr zuteilwerden. Wenn aber
noch nicht mal mein tugendhafter, unschuldiger Gummibaum gerettet wurde, was sollte dann aus so einem ungezogenem Menschenkind
wie mir werden?

Ich analysierte die Berichte über angebliche Heilungen genau. Kein
Blinder konnte wieder sehen, kein Lahmer wieder gehen. Stattdessen
gab es viele Berichte über Heilungen bei vagen Symptomen: Kopf-
schmerzen, Bauchschmerzen, Rückenschmerzen. Schließlich wurde
der Bericht über die Heilung einer an Multiple Sklerose erkrankten

zweifachen Mutter im internen Schulungsbrief veröffentlicht. Ich hatte die junge Frau mehrfach getroffen und beobachtet, dass ihr verzweifelter Ehemann außerordentlich engagiert für die Hamburger Gruppe arbeitete. Er schien die Hoffnung zu haben, auf diese Weise seiner Frau helfen zu können. Bei einem der nächsten Treffen saß sie unverändert schwerkrank in ihrem Rollstuhl neben mir. Hinter vorgehaltener Hand erzählte mir jemand, dass sie sich zu dem Bericht gedrängt gefühlt hatte. Kommentare wie:»Na, was ist denn bei Ihnen los? Langsam müsste doch Ihre Heilung mal vorangehen«, hatten die Familie unter Druck gesetzt und die Frau dazu gebracht, einen Bericht zu verfassen, der ganz offensichtlich nicht der Realität entsprach.

Als mir schließlich klar war, dass ein toter Quacksalber und seine Anhänger mir nicht helfen würden, ging ich nicht wieder zu den Treffen. Das war's, niemand versuchte mich zurückzuholen. Vielleicht das einzig Gute an dieser Sekte.

Als verzweifelte Patientin, für die Ärzte gar nichts tun konnten, passte ich genau ins Raster. Als Mensch war ich hier jedoch falsch. Personenkult war mir immer suspekt. Freies, kritisches Denken war mir wichtig und die 50er-Jahre fand ich noch nie spannend. Das war mein Glück, denn sonst hätte ich mehr Schaden nehmen können. Ein paar Kratzer bekam ich dennoch ab – eine Art Hokuspokus-Vergiftung: plagende, völlig unnütze Schuldgefühle und später die Scham, mich auf mittelalterliche Versprechen eingelassen zu haben.

Die Menschen, denen ich in dieser Sekte begegnete, waren eigentlich nette, unauffällige Menschen – ein Querschnitt durch die Gesellschaft. Es waren eine Hebamme, eine Tanzpädagogin, eine Physikerin und ein Arzt dabei. Vielleicht hatten einige von ihnen im richtigen Leben eher Außenseiterrollen. Wer ein bisschen zaudernd am Rand stand, wer Unsicherheit oder Ungewissheit nicht ertragen konnte, bekam hier Antworten: weiß oder schwarz, gesund oder krank, gut oder böse. Die böse Welt da draußen stärkte die Gemeinschaft. So einfach war das.

Das Verlockende an Sekten ist ihr scheinbar Gutes: Sie geben Hoffnung, Orientierung, Zugehörigkeit und erfüllen damit Bedürfnisse, die wir als Menschen alle haben. Dabei locken Sekten nicht allein die Schwachen an, sie wollen auch die Besten, um deren Potenzial für ihre

Arbeit zu nutzen. Schade ist es, dass diese wohlmeinenden Menschen dadurch an anderer Stelle, an der ehrenamtliches Engagement sinnvoll und dringend notwendig ist, fehlen. Als wirklich gefährlich aber habe ich die Verquickung von vermeintlichen Fehlern und daraus resultierendem Leid in esoterischen Lehren erlebt. Bleibt die erbetene Heilung aus, ist der Grund dafür nach ihrer Auffassung ausschließlich im kranken Menschen selbst zu suchen. Selber schuld also. Ein hilfesuchender Mensch, der auf diese Lehren vertraut, läuft Gefahr, sein gesamtes bisheriges Leben und damit auch sich selbst zu entwerten, denn sein bisheriges Sein hat ihn nach dieser Auffassung schließlich in die unwillkommene Situation gebracht. So eine Lehre ist unbarmherzig und lieblos, weil sie den Menschen zusätzlich schwächt, statt ihn zu stärken.

Bei vielen meiner Therapieversuche frage ich mich heute selbst: »Wie kann man nur so dumm sein?« Zugleich weiß ich, dass man so dumm sein kann, wenn man mit dem Rücken zur Wand steht. Nahezu jeder könnte so dumm sein und aus Angst vor dem Ertrinken nach letzten, noch so sinnlosen Strohhalmen greifen.

Verzweiflung ist kein guter Ratgeber. Doch ohne die Gewissheit, wirklich alles versucht zu haben, hätte ich mich möglicherweise immer wieder gefragt, ob nicht vielleicht doch etwas zu machen gewesen wäre.

Versteckspiele

Je mehr mir bewusst wurde, dass die Augenärzte vielleicht doch recht haben könnten, umso verzweifelter wurde ich. Wer könnte ich denn sein, wenn ich blind bin?

Ich kannte keine blinden Menschen, überhaupt kannte ich keinen Menschen mit einer Behinderung. Ich war aufgewachsen mit den Bildern der »Aktion Sorgenkind« und mit dem Fernsehspot »Kinderlähmung ist bitter, Schluckimpfung ist süß«. Diese Bilder von augenscheinlich sehr bedauernswerten Menschen hatten meine Vorurteile über Behinderte genährt: Blinde sind hilflos, einsam, hässlich und nutzlos. In meiner Vorstellung sah ich erwachsene blinde Menschen, die wie Kinder von anderen Erwachsenen umsorgt wurden. Sie trugen altmodische Kleidung in gedeckten Farben, die ihre Mütter für sie ausgesucht hatten, und dazu praktische Topfhaarschnitte. Sie arbeiteten in Behindertenwerkstätten. Für sie wurde eingekauft, gekocht und geputzt. Sie konnten nichts machen und schon gar nichts entscheiden. Sie reisten nicht und in ihrer Freizeit taten sie irgendwas sehr Langweiliges. Sie hatten kein Liebesleben und keine eigene Familie.

Ich war das Opfer meiner eigenen behindertenfeindlichen Vorurteile. Mir war ganz klar, so kann ich nicht leben, denn das schien mir kein lebenswertes Leben zu sein. Dann wäre ich lieber tot.

»Das Beste ist, wenn du wieder bei uns einziehst, bei Mama und mir«, skizzierte mir mein Vater meinen Alptraum ziemlich exakt. »Es wird schon für dich gesorgt werden. Der Staat kümmert sich, wenn jemand unverschuldet in Not ist. Du kannst dann sicher Schreibkraft werden, im Kreisamt von Pinneberg.« Nicht nur, dass ich als ledige Frau bei meinen alten Eltern auf dem Dorf leben und in einem muffigen Hinterzimmer eines Amts immer gleiche Texte tippen sollte, auch für meine Freizeit hatte er schon eine Idee. Er hatte einen Schulfreund, der einmal im Monat seine blinde Tante zum Blindenkegeln brachte. »Das kann man doch organisieren und dann kommst du auch mal raus«, meinte er.

Mein Vater meinte es gut und konnte es nicht besser wissen. Schließlich kam er aus einer Zeit, in der Menschen mit einer Behinderung ein noch wesentlich düstereres Schicksal hatten.

Auch Felix meinte es nur gut mit mir, als er irgendwann wie nebenbei sagte: »Im Leben ist immer etwas möglich, egal wie krank oder behindert man ist. Beispielsweise kann man, wenn man ganz blind ist, Blindenschach spielen und sogar Meisterschaften gewinnen.« Ich kann nicht Schach spielen und es hat mich auch noch nie interessiert! Wie kam er nur auf die Idee, dass eine Meisterschaft im Blindenschach das Highlight meines zukünftigen Lebens sein könnte?

Meine größte Sorge galt aber nicht meinem Wohnort oder meinem Arbeitsplatz und auch nicht meinen Freizeitaktivitäten. Meine größte Sorge war: Wenn ich blind bin, finde ich nie wieder einen Mann. Dabei war das in den letzten Jahren nie meine Sorge gewesen, im Gegenteil. Nach den Holprigkeiten in der Pubertät war mein Liebesleben ziemlich aufregend. Zwar war meine Beziehung mit Felix nicht mehr wirklich glücklich, aber tolle Männer gab es um mich herum immer noch mehr als genug. Die, die mich interessierten, interessierten sich auch für mich, aber würde das so bleiben? Würden sie sich für eine Blinde interessieren? Ganz sicher nicht und jetzt würde alles ganz anders werden. Es war doch klar: Wenn du keinen siehst, kannst du keinen finden.

Eine Freundin meinte mitfühlend: »Aber dann kannst du doch sicher einen Blinden heiraten.« Was? Ich kannte doch überhaupt keinen Blinden und nun sollte ich einen heiraten und mit dem zum Blindenkegeln wackeln, oder was?

Meine Familie und meine Freunde hatten keine Ahnung, wie sich ein Leben, ohne zu sehen, gestalten lässt. Sie hatten dieselben klischeehaften Vorstellungen vom Leben blinder Menschen wie ich. All diese Vorstellungen waren Lichtjahre von meinen eigenen Vorstellungen von einem erfüllten Leben entfernt. Mit den besten Absichten gaben sie mir wohlmeinende Ratschläge. Ich lag ihnen am Herzen und sie wollten mir helfen, mich unterstützen und aufmuntern. Es funktionierte nicht. All ihre Zukunftsbilder waren für mich niederschmetternd. Ich fühlte mich unverstanden. Wie konnte es sein, dass die Menschen, die mich am besten kannten, nicht mehr wussten, wer ich war? Mein Selbstbild und das Bild, das sie begannen, von mir zu entwickeln, passten nicht mehr übereinander.

Warum sahen sie das Bild der selbstbestimmten, kreativen und attraktiven jungen Frau, die ich bis gestern noch war, nicht mehr? Ich selbst war orientierungslos und hatte nichts, was ich den deprimierenden Trostbildern entgegensetzen konnte. Ich wusste nur, dass ich keine sein wollte, für die schon gesorgt wird. Vorerst versuchte ich die zu bleiben, die ich meinte zu sein. In vertrauter Umgebung und mit vertrauten Menschen ging das ganz gut. Ich vergaß dann selbst für längere Momente, dass ich ziemlich bescheiden sah. Wenn ich mit engen Freunden im Dunkeln unterwegs war, hakte ich mich bei ihnen ein. Sie unterstützten mich ganz selbstverständlich und das machte es für mich leicht.

Nach der Zirkusschule war ich wieder nach Hamburg gezogen, machte Straßentheater, spielte auf Kleinkunstbühnen und begann Workshops für Zirkustechniken zu geben. »Solange ich noch nicht so genau weiß, wohin meine berufliche Reise gehen soll, ist es am besten, Studentin zu bleiben«, dachte ich mir und machte neben den Auftritten mit meinem Anglistik-Studium weiter. Statt für Germanistik entschied ich mich nun aber für Pädagogik als zweites Hauptfach. Einige Veranstaltungen belegte ich auch am Sportfachbereich, wo einige meiner Kleinkunstkollegen studierten. Insgesamt funktionierte ich mit meinem begrenzten Sehvermögen nicht nur auf der Bühne, sondern auch als Studentin ganz gut. Nur der Beginn eines neuen Semesters war jedes Mal eine Herausforderung. Es war nicht leicht, alle Räume zu finden, mich in Listen einzutragen und auszumachen, welche Kommilitonen ich im jeweiligen Kurs schon kannte. Wenn der Start erst einmal geschafft war, lief es. Ich war immer eine der Ersten im Seminarraum, denn vielleicht hätte ich sonst nicht erkannt, ob ein Platz schon besetzt war. Wenn die anderen eintrafen, erkannte ich sie an ihren Stimmen. Wie schon in der Schule lernte ich vor allem durch Zuhören. Ich suchte mir Kurse aus, die versprachen, dass man wenig Lesen muss. Das war im Fachbereich Pädagogik gar nicht so schwer, denn es wurde viel angeboten, was mit Theater zu tun hatte. In den Seminaren »Sexualität und Rollenspiel«, »Emanzipatorisches Kindertheater« und »Darstellendes Spiel I und II« konnte ich locker mit meinen Schauspielerfahrungen punkten. In diesen Kursen war ich verglichen mit den anderen ein unschlagbarer Profi, der auch ohne viel Theorie auskam. Einige meiner Dozenten hätten bestimmt selbst lieber ihr Geld auf einer Comedy- oder Kleinkunstbühne verdient. Ich war mit vielen von ihnen per Du und sie drückten immer ein Auge zu, wenn ich wegen eines Auftritts nicht in die Uni kommen konnte.

Eines der pädagogischen Fachseminare fand kompakt an einem langen Wochenende in einem kleinen Seminarhaus statt. Abends waren wir am Kamin verabredet. Natürlich war ich lange vor den anderen im Kaminzimmer, denn sonst hätte ich mich im schummrigen Licht des flackernden Feuers womöglich bei jemandem auf den Schoß gesetzt. Kurz nach mir kam unser Prof und setzte sich zu mir. Es schien, als würde er etwas Bedeutsames mit mir besprechen wollen. Hatte er womöglich bemerkt, dass mit mir etwas nicht stimmte?

»Dörte, warum bist du eigentlich nicht verheiratet?« Von seiner Frage war ich völlig überrascht. Ich war 26 Jahre alt und er war ein Alt-68er. Diese Frage ergab gar keinen Sinn. »Weißt du, Frauen wie du werden immer noch nicht gern geheiratet«, sprach er weiter. Ups, worum ging es hier? Er erzählte mir, dass selbst in seinem progressiven Freundeskreis der Arzt die Krankenschwester und der Richter die Anwaltsassistentin heiratet. Nur langsam verstand ich, dass er versuchte, mir ein Kompliment zu machen, mich vielleicht auch anzubaggern. Er sah in mir eine starke, intelligente, selbstbewusste Frau. Ich wusste nicht, was irritierender war: die Art, wie er mir das sagte, oder wie falsch er damit lag. Er hatte sich total getäuscht: In Wahrheit saß ihm eine orientierungslose, verzweifelte Halbblinde gegenüber. Egal ob Schein oder Sein, um den Mann fürs Leben zu finden, hatte ich offensichtlich in beiden Fällen ganz schlechte Karten.

Meine Freunde wussten alle, dass ich schlecht sah. Aber meinen großen Bekanntenkreis und alle, die ich neu kennenlernte, ließ ich das nicht wissen. Es passte einfach nicht, wenn mir ein alter Bekannter auf einer Party um den Hals fiel und begeistert ausrief: »Hi, Dörte, wie geht's? Ich habe gehört, ihr habt wieder ein paar ganz tolle Auftritte hingelegt und die Bühnen in Berlin gerockt!« Sollte ich dann antworten: »Mir geht es übrigens nicht so gut. Ich werde blind«? Das wäre ein ziemlicher Stimmungskiller. Den Menschen, die ich neu kennenlernte, sagte ich nichts von meiner Augenerkrankung, weil ich nicht wollte, dass sie mich von Anfang an als kranke, behinderte Person abspeicherten.

Auf der Straße, auf dem Campus oder in der Mensa wurde es für mich zunehmend schwierig. Aus vielen ganz verschiedenen Veranstaltungen, Seminaren und Workshops kannten mich unzählige Leute, von denen ich die meisten noch vor einiger Zeit wiedererkannt hätte. Am Gesicht allein gelang mir das irgendwann nicht mehr, aber ich konnte meist wahrnehmen, wenn mir jemand winkte, mich anlächelte oder mir zunickte. Als auch das immer öfter nicht mehr klappte, geriet ich in haufenweise blöde Situationen. »Na du Bühnensternchen, du kennst auch niemanden mehr«, hörte ich so manchen ironischen Kommentar. Die meisten hielten mich wohl einfach für arrogant. Das tat weh.

Ich fing an, unbestimmt in alle Richtungen zu lächeln und auf jedes »Hallo«, das ich hörte, überschwänglich zurückzugrüßen. Dabei war ich oft gar nicht gemeint. Das war peinlich, aber immerhin nicht unfreundlich. Ich lernte auch, mich lange mit Personen zu unterhalten, die mich anscheinend gut kannten, von denen ich aber keine Ahnung hatte, wer sie waren. Nicht immer ging mir im Laufe der Unterhaltung ein Licht auf. Aber immerhin hatte ich bewiesen, dass ich nicht arrogant war.

»Probst du für ein neues Stück? Spielst du eine alte Dame?«, sprach mich ein junger Mann an, als ich hochkonzentriert die Treppe im Pädagogischen Institut abwärtstappte. Das Licht war spärlich und ich sah die Stufen nicht, hatte Angst, zu stürzen. »Nein, ich spiele im wahren Leben eine, die der Welt nicht zeigen will, dass sie nicht sieht«, hätte ich rausschreien können. Stattdessen lächelte ich unbestimmt.

Das ganze Versteckspiel kostete mich enorm viel Kraft. Abends war ich sehr früh sehr müde, und wenn ich allein war, weinte ich oft. Auf der anderen Seite trugen mich Phasen der Zuversicht und der Hoffnung durch die Tage. Intensive Serien mit Akupunktur-Behandlungen ließen mein Sehvermögen immer wieder ein wenig besser werden. Der Effekt und die Euphorie darüber hielten nie lang an. Aber doch lang genug, um immer wieder neue Pläne zu machen und manchmal auch lang genug, um sie umzusetzen. In einer dieser Phasen fasste ich den Entschluss, nach einer neuen WG zu suchen. Unsere Hauptmieterin war nett, aber für meinen Geschmack ein wenig zu bieder und zu bestimmend. Verena behandelte Laura und mich wie ihre ungezogenen Kinder, obwohl sie kaum älter war als wir. Wie ich hatte auch Laura die Nase voll und machte sich auf die Suche nach einer neuen Bleibe. Beide setzten wir Kleinanzeigen in die Annoncen-Avis. Umgehend stand das Telefon in unserem Flur nicht mehr still. Die meisten Anrufe waren zwielichtig oder offen obszön. Aus den Anzeigen ging hervor, dass wir junge ungebundene Frauen waren und das reichte offenbar schon für fantasielose Anmache bis hin zu nächtlichen Stöhnanrufen. Eine Trillerpfeife neben dem Telefon brachte ein wenig Linderung dieser Plage. Ich wollte wieder in einer richtigen WG leben. Mindestens vier Zimmer sollte die Altbauwohnung haben und natürlich in den angesagten Stadtteilen Altona oder Schanzenviertel liegen. Das wollten viele und diese WGs gab es kaum. Notgedrungen schaute ich mir ein Zimmer im braven Eimsbüttel an. Es war ein heißer Tag und ich trug ein buntes, sehr kurzes Batikkleid und ein noch bunteres Seidentuch im Haar – ganz Hippie-Zirkusprinzessin. Die zwei Studenten und die eine Studentin, die hier eine neue Mitbewohnerin suchten, waren nett, wenn auch recht zahm. An der Wand hing ein Poster zur Besetzung der Hafenstraße, das mein Bruder gedruckt hatte. Das war ein gutes Zeichen, fand ich. Die WG war sich nicht einig. Carsten und Susanne sorgten sich, ob ich wohl zu flippig wäre. Die Entscheidung fiel dann auf eine aufgeräumte Germanistin und mir wurde abgesagt. Das erfuhr ich aber alles erst Jahre später, denn im ganzen Durcheinander mit all den Telefonbelästigungen ging diese Nachricht unter. Als die Germanistin dann doch nicht einziehen wollte, rief Martin mich an und sagte zu. Zum Glück hörte ich nur die positive Nachricht, denn als Kandidatin zweiter Wahl wäre ich vielleicht gar nicht auf das Angebot eingegangen. So aber zog ich frohen Mutes und zugleich ein wenig bangend in meine sechste WG, von der ich noch nicht wusste, dass es meine letzte sein würde. Wer eine neue Mitbewohnerin aussuchte, kam nicht umhin, die Katze im Sack zu kaufen. Die Nachfrage nach WG-Zimmern war in Hamburg schon immer viel höher als das Angebot. Alle Bewerberinnen zeigten sich in den kurzen Erstgesprächen natürlich von ihrer Schokoladenseite, wollten den Eindruck vermitteln, unkompliziert zu sein. Aus Sorge, dass es für eine vermeintliche Schwäche oder Ungewissheit Minuspunkte geben könnte, ging keine ein Risiko ein. Ich hielt es daher für keine gute Idee, im ersten Kontakt meine ungewisse Zukunft zu erwähnen. Aber sollte ich nicht spätestens nach meinem Einzug meiner neuen WG beichten, dass sie eine erblindende Katze ausgesucht hatten? Nein, lieber nicht. Ich würde so lange wie möglich für mich behalten, dass ich eine ziemliche Mogelpackung war.

Blind Dates

Mein Selbstbewusstsein hatte in der letzten Phase der Beziehung mit Felix Schrammen bekommen. Es war unendlich anständig von ihm, mich nach der Diagnose nicht im Stich zu lassen, obwohl unsere Beziehung schon eine Weile bröckelte. Für mich fühlte sich unsere Entwicklung jedoch so an, als würde ich langsam von der Königin seines Herzens zu seinem Sozialprojekt werden. Das war für mich unerträglich, und schließlich war ich diejenige, die den allerletzten Schlussstrich zog. Die Erkenntnis, dass Frauen mit einer Behinderung per se nicht die Traumfrauen von Traummännern sind, hatte sich noch nicht in mir verwurzelt. Mein altes Selbstbild einer Frau, die sich die Männer aussuchen kann, kämpfte trotzig gegen seinen drohenden Untergang. Dabei wuchs die Sorge: Würde ich als Maulwurfsfrau je wieder einen attraktiven und liebenswerten Partner finden? Sehenden Auges hatte ich Gelegenheit, die vielfältigen optischen Erscheinungsformen männlicher Körper wahrzunehmen. In der Sauna oder am Strand hatte ich aus sicherem Abstand die ungeschminkte nackte Wahrheit betrachten können. Ich wusste, wie selten Prachtexemplare waren und was alles schiefgehen konnte. Es erschien mir ziemlich riskant, blind zuzugreifen. Außerdem: Wenn ich anfasste, was ich zuvor nicht ansehen konnte, wäre es irgendwie auch schon zu spät. Die Vorstellung, nach einer durchtanzten Nacht mit einem unsichtbaren fremden Mann zu ihm oder zu mir zu gehen und dann bei den ersten zarten Berührungen ganz unvorbereitet eine fettige Glatze, einen überdimensionierten Bauch und einen ungepflegten Bart oder Wer-weiß-was-noch-alles zu entdecken, erstickte meine potenzielle Leidenschaft schon im Keim. Ich dachte an die Telefonstimmenillusion. Oft schon hatte ich mich ein bisschen in eine Telefon- oder Radiostimme verliebt und mir mein eigenes fantastisches Bild zur sexy Stimme gemacht. Jedes Mal wurde ich optisch überrascht – nie wirklich positiv.

In dieser Zeit verbrachte ich einen Abend mit einer Freundin in einer Szenekneipe.

Anneke und ich hatten uns an der Uni kennengelernt und tausch-
ten mit viel Heiterkeit ausführlich die aufregenden Geschichten aus,
die wir mit unseren smarten Kommilitonen aus dem Sportfachbereich
erlebt hatten. Als wir schließlich gehen wollten, ging Anneke noch zur
Toilette, während ich in der Nähe der Ausgangstür auf sie wartete. Aus
dem dämmrigen Nichts kam ein junger Mann auf mich zu. »Ähm,
'schuldige, habe am Tisch neben dir gesessen …«, stellte er sich schüchtern vor. Er schenkte mir eine Rose und gab mir seine Telefonnummer.
»Wäre echt toll, wenn du mal anrufst …«, sagte er und verschwand.
Mit diesen Szenen war ich aus meinem alten, nun verblassenden Hamburger Nachtleben noch ganz gut vertraut. Früher hatte ich häufig mit
meinen Blicken ausgewählte Kandidaten zu derlei Verhalten ermun-
tert, die Telefonnummer eingesteckt, mich über das Kompliment gefreut und nie angerufen. Der Mann mit der Rose klang echt nett, aber
bei der Beleuchtung sah ich von ihm einfach nichts. Anneke war während dieser romantischen Szene nicht dabei, und als sie schließlich
kam, verließen wir die Kneipe. »Wie sah er aus?«, fragte ich enthusias-
tisch. Obwohl der Rosenkavalier am Nachbartisch gesessen hatte,
konnte sie ihn mir kein bisschen beschreiben. Vielleicht war er einer,
den keine bemerkt, keine anguckt. Wie sollte ich das rausfinden? Egal,
der Mann hatte mir gezeigt, dass ich noch eine war, die man bemerkt,
die man anguckt. Mit dieser Gewissheit ging ich mit meiner Rose in
der Hand beschwingt nach Hause. Einige Wochen hing die Telefonnummer an meiner Pinnwand, aber ich rief nie an. Das Risiko erschien
mir einfach zu hoch.

»Don't judge a book by its cover«, lautet ein Aphorismus, dem natürlich jede zustimmt. Wer will schon oberflächlich sein und Menschen nach dem Äußeren bewerten. Nein, das will eigentlich keine,
oder will es nur keine zugeben?

Es ging mir ja nicht um Schönheitswettbewerbe, sondern um das
optische Versprechen auf ein Zueinanderpassen und auf eine gute gemeinsame Zeit. Auf die ersten Blicke meinte ich zu erkennen, wie jemand lebt und liebt. Ich glaubte, ein ganzes Lifestylepaket zu erkennen:
wahrscheinliche Vorlieben für Musikrichtungen, Freizeitaktivitäten,
Ernährungsweisen und Reiseziele und auch politische Orientierung
und sogar Intelligenz. Ich war sicher, den Grad an Sinnlichkeit und

Tiefe erahnen zu können. Und klar hatte ich Vorlieben für Kleidungstile, Einsatz von Gestik und Mimik, Körperbau, Farbe von Haar, Augen und Teint. Ich hatte mir das ganze Vokabular über so viele Jahre angeeignet und wusste zugleich, dass ich dabei ganz falschliegen könnte. Selbst wenn ich richtigläge, wusste ich, dass all das kein Garant für eine erfüllende Langzeitbeziehung ist, aber irgendwo muss man ja anfangen. Sich blind einen passenden Mann zu suchen, kam mir auf jeden Fall wie ein Vorhaben vor, das von vornherein zum Scheitern verurteilt ist. Kein Sehvermögen, kein Mann. Ein trübsinniges Leben als Single lag vor mir, bemitleidete ich mich. Um diesem Schicksal doch noch zu entrinnen, versuchte ich, meine Ansprüche ein wenig nach unten zu korrigieren. Auf meiner persönlichen Skala von eins bis zehn könnte ich vielleicht auch einen Mann mögen, der nur so zwischen sieben und acht läge. Ich musste jedoch feststellen, dass auch diese Männer mich nicht mehr umwerfend fanden. Ein harter Schlag für eine, die mal davon überzeugt war, nur ganz selten verschmäht zu werden. Durch meine drohende Erblindung, den manchmal unsicheren Bewegungen und meinem unklaren Blickverhalten schien ich völlig an Charme und Anziehungskraft verloren zu haben. Ich hatte zwar vereinzelt noch einige Dates, aber weder der nette Bioladenverkäufer mit der superdicken Brille noch der leicht depressive Kommilitone mit Waschzwang entflammten für mich. Ich schien selbst auf der persönlichen Skala von Männern mit Vermittlungshemmnissen keine ausreichend hohen Werte mehr erreichen zu können. Ja, ich war hochmütig, und ja, ich hatte schon davon gehört, dass wahre Liebe nichts mit Äußerlichkeiten zu tun hat. Doch ich war eine junge Frau und sehend sozialisiert, gerade auch in Liebesdingen. Ich hatte gelernt, mir über Äußerlichkeiten einen ersten Überblick zu verschaffen: Drei-Tage-Bart oder Schnäuzer, Ohrring oder Goldkette, Festivalbändchen oder Rolex? Wie sollte ich mich orientieren, wenn ich Großherzigkeit oder Engstirnigkeit, Leidenschaft oder Borniertheit, Sensibilität oder Arroganz nicht mehr im Blick eines Mannes deuten konnte? Und wie sollte ich ahnen, ob er sich für mich interessiert, wenn ich nicht sah, wie er mich anschaute?

Mit meinem kläglichen Sehrest war ich an einem herrlichen Tag im Mai auf der Osterstraße unterwegs. Ich kam aus der Uni, ging zu Fuß und wurde von der Sonne so heftig geblendet, dass ich außer ganz viel hellem Licht fast nichts sah. Irgendjemand kam mir mit einem Fahrrad entgegen, bremste scharf und hielt an. Eine sympathisch-männliche Stimme fragte: »Lächelst du mich oder die Sonne an?«

Sollte ich ihm sagen, dass ich ihn gar nicht hätte anlächeln können, weil ich ihn gar nicht sah, und zwar deswegen, weil ich dabei war, blind zu werden? Nein! Ich antwortete kokett mit sympathisch-weiblicher Stimme: »Na, wer von euch beiden sieht denn besser aus?«

Dieser junge Mann schien sofort von mir begeistert zu sein. Er fragte, ob er mich ein Stück begleiten könnte, und schob sein Rad neben mir her. Ich fand mich selbst plötzlich wieder total umwerfend: Ich strahlte, ich vibrierte. Es war wie früher. Er erzählte, dass er auf dem Weg in eine Vorlesung war und nun ganz spontan entschieden hatte, für heute auf die Uni zu verzichten. Die Sonne verschwand hinter den Häusern, aber ich konnte trotzdem nur erkennen, dass er ein aufrecht gehendes Wesen mit einem Gesicht und Haaren war, irgendwelche Kleidung trug und ein funkelndes Fahrrad schob. Während er sich wortreich bemühte sich darzustellen, konzentrierte ich mich mit angespanntem Eifer darauf, unbeschwert und leichtfüßig neben ihm her zu tänzeln und dabei nicht gegen Begrenzungspfeiler zu laufen oder über Bordsteine zu stolpern. Was er redete, war mir total egal. Wichtig war allein, dass er das in mir sah, was in den letzten Jahren viele gesehen hatten: eine Frau, die es unbedingt wert ist, dass man für sie spontan alle Pläne über den Haufen wirft. Die Begegnung euphorisierte mich sehr, doch während zwei Kilometern durch die Innenstadt so zu tun, als könne ich sehen wie alle anderen, strengte mich enorm an. Vor meiner Haustür verabschiedete ich mich erschöpft von meinem neuen Verehrer, tauschte mit ihm Telefonnummern aus und vertröstete ihn auf den nächsten Tag.

Wir hatten uns um 15 Uhr in einem Park verabredet. Weil mein Radiowetterbericht für den Nachmittag aber Regen ansagte, rief ich ihn am Vormittag an und verlegte das Treffen in ein Café, das ich gut kannte. Er war verwundert, denn der Himmel war doch total wolkenlos. Weil ich das aber nicht sehen konnte, bestand ich auf das Café und hoffte inständig, dass der Wetterbericht wenigstens ein bisschen recht behalten würde. Im strahlend hellen Sonnenschein lief ich zu dem Café. Dort angekommen geschah ein kleines Wunder: Um Punkt 15

Uhr goss es plötzlich wie aus Eimern. Kurze Zeit später kam er pitschnass ins Café und war fortan nicht nur von mir begeistert, sondern hielt mich für eine Frau mit außergewöhnlicher Intuition, weil ich das Wetter minutengenau vorherzusehen vermochte. Er wollte überhaupt nichts über mich wissen, plapperte unentwegt: über seinen Heimatort Itzehoe, seine Ausbildung zum Speditionskaufmann und sein Studium zum Berufsschullehrer. Das langweilte mich. Nach dem Regenguss schlug ich vor, in den Park am Kaiser-Friedrich-Ufer zu gehen. Dort blühten die Sträucher, es duftete nach Frühling und ich hatte Lust auf Bewegung. Ich brachte dem jungen Mann ein paar Akrobatikübungen bei. Ich balancierte ihn in der Luft, während er auf meinen Füßen lag, und machte auf seinen Armen einen Handstand. Das fand ich toll. Und er erst recht. Für den Abend lud ich ihn in meine WG zum Essen ein. Ich hatte zwei Stunden Zeit, einzukaufen und eine meiner wenigen Spezialitäten zuzubereiten: Gemüseauflauf mit Käse überbacken. Er kam zu früh, hielt mir einen Vortrag über Rennräder und was bei der Auswahl von diesen Dingern unbedingt zu beachten sei. Dann war der Auflauf fertig und er verschlang unzählige Portionen. Gut, denn so hielt er endlich mal die Klappe. Ich hätte mir gern ganz genau angesehen, wen ich da zu mir eingeladen hatte. Die Energiesparlampe in unserer Küche unterstützte mein Sehvermögen überhaupt nicht. Nach dem Essen lotste ich ihn in mein Zimmer, wo das Licht am Schreibtisch richtig hell war. Er setzte sich aber sofort ins Halbdunkel, wo er für mich unsichtbar war. Wie sollte ich ihn dazu bringen, sich unter die Schreibtischlampe zu setzen, überlegte ich verzweifelt. Er begann einen ausufernden Monolog über Stuckverzierungen in Altbauwohnungen. Ich versuchte angestrengt sein Gesicht zu erkennen. Plötzlich stand er auf, kam auf mich zu und schlang seine Arme um mich. Sein Gesicht ganz dicht vor meinem und plötzlich eine nasse Zunge auf meinen Lippen. Ich hatte diese Annäherung überhaupt nicht kommen sehen, war völlig überrumpelt und wehrte den Kuss heftig ab. Das erschütterte ihn zutiefst. »Du bist einfach der Wahnsinn, total außergewöhnlich, wahrscheinlich eine Hexe!«, flüsterte er aufgewühlt.

»Warum eine Hexe?«, fragte ich verwirrt.

»Na, weil du das Wetter beeinflussen kannst, mich auf deinen Füßen in der Luft schweben lässt, Essen zauberst und vor allem nicht sofort Sex mit mir willst ...«

Was für ein Missverständnis! Ich bin nur ein armer erblindender Wurm und vor allem damit beschäftigt, diese Wahrheit vor der Welt geheim zu halten. Er legte sich mächtig ins Zeug, warb für sich, beteuerte, dass die Mädels sich ausnahmslos darum rissen, in seinen Armen zu liegen. Er verstand nicht, warum ich das Vergnügen mit ihm ausschlagen wollte, wo wir doch schon so nah dran waren. Was sollte ich ihm erzählen? Die wahre Geschichte jedenfalls nicht. Die ging ihn gar nichts an! Unsere Wege hatten sich plötzlich und unvermittelt gekreuzt und genau so würden sie sich auch wieder trennen.

Das war meine finale Niederlage: Frauen mit gesunden Augen im Kopf hätten beurteilen können, ob ein aufgeblasener Angeber vor ihnen stünde oder ob es eine optisch überzeugende Begründung für seine Selbstwerbung gäbe. Sie könnten sich im zweiten Fall einfach dafür entscheiden, das dumme Gequatsche zu ignorieren, und dann vielleicht jede Menge Spaß haben. Ich dagegen hatte keine Ahnung, ob es hier irgendwas zu genießen gäbe, und ertrug ergeben seine fortwährende Schwätzerei.

Es war hoffnungslos: Ich hatte keine Chance mehr, den halbwegs Richtigen zu finden, ich hatte nicht mal mehr eine faire Chance auf ein romantisches Abenteuer. Auf mich wartete ein einsames Scheißleben!

Knallsüß und erfolgreich

»Sie kamen aus Hessen, Hamm und Prisdorf, um gemeinsam Kinder-theater zu machen«, schrieb jemand in einem Presseartikel über Sabine, Anke und mich. Die drei Mitglieder der Kirschkern Company. Das klang, als hätten wir einen gezielten Plan verfolgt, aber so war es nicht. Sabine war ganz neu in Hamburg, arbeitete als Erzieherin in einer Einrichtung für Menschen mit geistigen Behinderungen und machte nebenbei seit einiger Zeit Clownerie. Anke hatte, bevor sie nach Hamburg zog, in Brüssel die Zirkusschule »École sans Filet« absolviert und anschließend an der Pantomimeschule von Jacques Lecoq in Paris studiert. Weil meine Straßentheaterpartnerin Dunja nun auf die Zirkusschule in England ging und Felix sich sowieso nur noch um seine mathematischen Kunststücke kümmern wollte, war ich genau wie die beiden auf der Suche. Auf der Suche nach was, wussten wir nicht so genau, aber wir fingen schon mal an, miteinander zu arbeiten. Wir trafen uns ohne konkretes Ziel regelmäßig in dem großen Übungsraum der Hamburger Jongleure und Akrobaten in der Blei-cherstraße auf St. Pauli. Gemeinsam machten wir Schauspiel- und Im-proübungen. Von der Energie, die in unserem Trio steckte, waren wir selbst vollkommen geflasht. Für uns drei war sofort klar: »Wir müssen einfach gemeinsam auf die Bühne!« Dass wir mit einem Theaterstück für Kinder anfangen würden, ergab sich wie von selbst. Es lag auf der Hand, dass wir im Kindertheater die besten Chancen hatten, Jonglage, Akrobatik, Clownerie, Storytelling, Improvisation und Gesang unter einen Hut zu bringen und dafür ein zahlendes Publikum zu finden.

Wir arbeiteten wie ein sehr kleines Ameisenvolk. Wir hätten nicht sagen können, warum, wussten aber immer, was zu tun war. Und genau das taten wir mit all unserer Kraft und all unserer Zeit, ohne etwas grundsätzlich in Frage zu stellen, zu jammern oder zu stöhnen. Wir gingen gemeinsam zu Workshops und Kursen für Sprechtraining, Improvisation und Schauspiel. Wir beobachteten unseren Markt und schauten uns auf den Hamburger Bühnen viele Kindertheaterstücke an. Bald hatten wir das Gefühl: »Das können wir auch.« Für unser erstes eigenes Stück entwickelten wir die Charaktere, die Geschichte und die Dialoge. Das Stück war das Zusammentreffen dreier ungleicher Figuren: eine extravagante Diva, eine biedere Bibliothekarin und ein kuscheliges Monster. »Mein Name ist Stockberger, Agathe Stockberger. Ich wohne im dritten Stockwerk«, sagte ich. Gekleidet in ein schmuckloses Kostüm und mit einer eckigen Hornbrille auf der Nase streckte ich Anke meine Hand förmlich zur Begrüßung entgegen.

»Angenehm. Miranda Werkannda aus der Wohnung mit der Veranda«, gurrte Anke in ihrem wallenden roten Kleid und warf sich lasziv die Federboa über die Schulter. »Frau Stockberger, wann haben Sie das letzte Mal etwas wirklich Interessantes erlebt?«, fragte Miranda die verbissene Agathe.

»Etwas wirklich Interessantes ... Lassen Sie mich nachdenken ... Ich weiß es nicht ...«, musste Frau Stockberger zugeben und ließ sich dann auf das Abenteuer ein, den Dachboden voller Gerümpel zu besteigen. Der verstaubte Dachboden war das Reich von Theofanu. Das verspielte Monster verzauberte die beiden Damen und trieb seinen Schabernack mit ihnen. Schließlich lernten die drei sich besser zu verstehen und trotz aller Unterschiedlichkeit fast sogar ein bisschen zu lieben. In »Zauber unterm Dach« ging es um Vielfalt, Vorurteile und Freundschaft. Das verstanden wir aber erst viel später, als wir in Ruhe auf das fertige Werk blickten, denn das Stück hatte sich durch Improvisation quasi selbst geschrieben.

Immer wieder verbrachten wir viele Stunden in Baumärkten, um Material für Requisiten und Kulissen zu besorgen. Das Budget war dabei keine Frage: Wir hatten keins. Jede von uns kannte gute Leute und so fanden wir einen Regisseur, eine Künstlerin für das Bühnenbild, einen Musiker für das Intro und die Songs, eine Grafikerin, einen Fotografen und eine Druckerei. Alle waren wunderbar und unterstützten uns, wo sie nur konnten.

Die Beleuchtungstechnik stellte uns dann doch vor Herausforderungen. Wir kauften für dreißig Mark zwei einfache Scheinwerfer im Baumarkt.

»Die binden wir an Besenstiele und stellen sie hinten in die Ecken«, war meine kostenbewusste Idee.

»Was, wenn sie umfallen?«, fragte Anke besorgt.

»Die müssen eben von Erzieherinnen festgehalten werden«, hielt ich für eine gute Lösung. Anke und Sabine hatten Zweifel, was wohl nicht nur daran lag, dass sie beide selbst gelernte Erzieherinnen waren. Schließlich hatte Sabine unsere handgestrickten Lösungen und das Argument mit der Ebbe in der Kasse satt. Sie kaufte auf eigene Faust zwei robuste gebrauchte Scheinwerferständer für insgesamt schwindelerregende 240 Mark.

Zu unserer Premiere luden wir Freunde, Familie, Kolleginnen und Kollegen in den Übungsraum ein. Es war rappelvoll und unser Stück wurde von allen bejubelt: ein großartiger Auftakt für uns. Die Welt schien nur auf uns gewartet zu haben.

Für unseren ersten externen Auftritt packten wir Ankes alten Passat bis an die Decke voll mit den Requisiten und befestigten die Kulissen mit Bändern auf dem Dach. Wir fuhren zu meiner alten Grundschule nach Prisdorf, wo der Schulleiter uns für seine hundert Schüler eingeladen hatte.

Sogar die Presse war gekommen. Danach hatten wir nicht nur eine Referenz und einen Flyer, sondern auch einen Zeitungsartikel. Damit hatten wir die perfekte Grundlage für unsere Werbemaßnahmen. Wir schrieben Tausende Kleinkunstbühnen, Bücherhallen und Schulen in ganz Norddeutschland an. Als echte Profis telefonierten wir selbstverständlich auch hinterher. Weil das so aufregend war, immer zu dritt. »Hallo, hier ist Sabine Dahlhaus von Kirschkern Company ...«, tönte Sabine kräftig in den Hörer. »Guten Tag, hier spricht Dörte Maack von Kirschkern Company ...«, säuselte ich leise dem Angerufenen entgegen. Ich fand Sabine viel zu laut und sie fand mich viel zu leise. Das machte aber alles nichts: Wir wurden tatsächlich gebucht.

»Nach ihrem großen Erfolg in Prisdorf gelang ihnen nun auch in Pinneberg der Durchbruch«, schrieb das Pinneberger Tageblatt einige Monate später über uns. If we can make it there, we can make it everywhere ...

Wir wurden nicht nur im atemberaubenden Tempo immer häufiger gebucht, wir wurden auch bald schon anständig für unsere Auftritte bezahlt. Plötzlich hatten wir ein Business, brauchten Verträge und eine Steuerberaterin.

In kurzer Zeit hatten wir viel geschaffen und viel erreicht: ohne Plan, ohne Geld, mit wenig Know-how und Sabine neben ihrer Festanstellung und ich neben meinem Studium. Wir haben nicht gezweifelt oder gegrübelt, hielten alles für möglich und zugleich nichts für selbstverständlich.

Sechs Wochen nach der Premiere hatte ich die niederschmetternde Diagnose erhalten. Meine düsteren Gedanken, die verbissen um meinen kleinen Sehrest kreisten, waren seither das Gegenstück zu unserem Gründerspirit. Wenn ich keine Uni und keinen Auftritt hatte, fiel es mir schwer, morgens aufzustehen. Oft blieb ich lange liegen und suchte nach Antworten auf bohrende Fragen: Warum ich? Was konnte ich noch tun? Was sollte werden? Glücklicherweise ließen mir die Wogen des Erfolgs und die intensive Zeit mit der Kirschkern Company nicht den Raum, um in Trübsinn zu versinken.

Anke und Sabine hatten die Tage nach der Diagnosestellung hautnah miterlebt. Sie wussten, wie man am besten mit mir umgeht. Sie wussten, wann ich über die Prognose oder über Therapieversuche sprechen mochte und wann nicht. Sie packten mich nicht in Watte. Das war gut, wenn es auch nicht immer gut ging. Ich konnte nicht Autofahren und war eine ziemlich nutzlose Beifahrerin. Deshalb sollte ich wenigstens den alten roten VW-Bulli, den wir uns inzwischen für 500 Mark gekauft hatten, betanken. Hoffentlich würde ich das hinkriegen, ich hatte das noch nie gemacht, denn obwohl ich mit achtzehn noch eine augenärztliche Bescheinigung über ausreichendes Sehvermögen erhalten hatte, hatte ich nie einen Führerschein gemacht. An einer Autobahnraststätte auf der A7 sollte meine Tankpremiere stattfinden. »Na, wie habe ich das gemacht?«, fragte ich stolz, als ich wieder in unseren Bulli stieg. Meine beiden Kolleginnen waren so lange begeistert, bis sie an der nächsten Tankstelle feststellten, dass ich den Tankdeckel nicht wieder aufgeschraubt hatte und er nun verloren war. Mist, das hatte ich nicht gesehen und es war mir schmerzhaft peinlich. Ich schrieb mit der Hand einen flehenden Brief an die Tankstelle und mir wurde tatsächlich der alte Tankdeckel zugeschickt. Trotzdem war ich danach bei allem raus, was rund um unseren alten Bulli zu tun war. Er hatte sehr viele Macken und ständig musste Öl nachgefüllt werden. Auf der Fahrt zu einem Auftritt in Flensburg schlugen plötzlich Flammen aus dem Heck. Wir konnten uns gerade noch zu einer Tankstelle mit kleiner Werkstatt retten. Notdürftig geflickt, brachte uns der Bulli zum Auftrittsort, wo wir ihn auf einer abschüssigen Straße parkten. Plötzlich floss das ganze Öl aus unserem Bus heraus und er schlitterte auf dem schmierigen Asphalt gegen eine Mauer. Totalschaden. Nur gut, dass nicht ich es war, die den Wagen gegen die Wand gefahren hatte.

Für unser zweites Kindertheaterstück »Leuchtturm im Sturm« stellten wir einen Antrag auf Förderung bei der Kulturbehörde. Der Antrag wurde bewilligt und wir konnten wesentlich professioneller arbeiten und vor allem auch diejenigen, die für uns arbeiteten, angemessen entlohnen.

Zwischendrin entwickelten wir eine Comedy-Nummer, bei der von Anfang an viel Magie im Spiel zu sein schien. Ich entdeckte eines Tages vor einem Altbau in Eimsbüttel inmitten von Bauschutt eine wunderschöne alte Emaillebadewanne mit Standfüßen. Ich erkannte sofort, dass sie nicht in den Müll, sondern auf die Bühne gehörte. Ich rief Anke an, die mit unserem zweiten Bus, einem Fiat, kam. Die Badewanne passte zentimetergenau auf die Ladefläche. Maßgeschneidert. Wir improvisierten wild mit unserem neuen Requisit, diesmal sollte es ein Stück für Erwachsene sein. Es war mindestens so anspruchsvoll, die vielen Ideen für ein erwachsenes Publikum in knackige zehn Minuten zu bringen, wie sechzig Minuten Kindertheaterstück zu erarbeiten. Schließlich hatten wir fast alles fertig, nur ein witziger Anfang fehlte uns noch. Wie sollten die Wanne und wir auf die Bühne kommen? Wir waren offen für alles, auch für Humbug. Wir setzten uns mit geschlossenen Augen in einen Kreis und warteten darauf, dass das Universum uns eine Idee schicken würde. »Wir tragen die Wanne über unseren Köpfen auf die Bühne und das Publikum sieht erst nur drei Paar nackte Füße darunter. Das sieht total lustig aus«, beschrieb ich mein Bild. Bei Anke war exakt das gleiche Bild vor dem inneren Auge erschienen. Dann sollte es wohl so sein. Erst auf den ersten Bühnenfotos sahen wir, dass die Wanne natürlich nur unsere Köpfe und Schultern abdeckte und es überhaupt nicht so aussah wie vor unseren inneren Augen. Das Universum war ein Witzbold!

Mit der Badewanne wurden wir überall gebucht: auf großen Sport-festen, als Pausenclowns für einen Kongress zur Co-Education, als Lockvogel der Messeauftritte einer Krankenkasse und für die Show im bekannten Schmidt Theater. Für ein Werbefoto sollten wir vorm Schmidt auf der Reeperbahn in unserer Wanne posieren. Die Bildzeitung druckte das Foto und titelte:»Im Schmidt gehen drei süße Hamburgerinnen baden.« Wegen unseres feministischen Bewusstseins schmerzte das zwar ein wenig, aber es stimmte: Wir waren wirklich knallsüß.

Auf einem Straßentheaterfest wurde unsere Nummer prämiert, wir machten ein Foto mit der Nachrichtensprecherin Dagmar Berghoff und uns in der Wanne und wurden anschließend von einer resoluten alten Dame angesprochen. Telse Grell engagierte uns für eine Spielzeit für ihr renommiertes Hansatheater. In diesem besonderen Showtheater am Steindamm wurde mit Plüsch, poliertem Messing, Tischtelefonen und einem gerafften Vorhang der Charme vergangener Jahrzehnte konserviert. Wir genossen den Luxus einer eigenen großen Garderobe, die musikalische Begleitung durch eine Live-Band, sogar Fanpost und Blumensträuße wurden für uns abgegeben. Unsere Kolleginnen und Kollegen waren großartige Artisten: Das Trio Valentino mit seinem Schleuderbrett aus Rumänien, Comedy-Akrobatik von Duo Steckels aus Dänemark, der fantastische Marionettenspieler Frank Mumford aus England, Ingo mit seinen Seelöwen ebenfalls aus England, Miss Angelika mit ihren Hula-Hoops aus Tschechien. Häufig waren Familie oder Freunde von uns im Publikum und wir ließen uns nach der Vorstellung kräftig von ihnen feiern. Für mich gab es im Hansatheater noch ein ganz unerwartetes Highlight. Frau Grell bat Anke, Sabine und mich, die Vorstellungen zu moderieren, denn wir waren die einzigen deutschsprachigen Ensemblemitglieder. In schicken Kleidchen stand in jeder Vorstellung eine von uns mit Mikrofon auf der Bühne und fühlte sich wie Marlène Charell. »Meine Damen und Herren, freuen Sie sich auf einen weiteren Höhepunkt des Abends. Auf Rollschuhen können die nächsten Künstler einfach alles! Rasant und atemberaubend! Begrüßen Sie mit einem kräftigen Applaus die Skating Willers!« Obwohl ich das weder gelernt noch je gemacht hatte, fühlte ich mich in dieser Rolle pudelwohl. Ich scherzte und improvisierte so viel, dass Anke und Sabine mich bremsen mussten.

Ich genoss diese Zeit in vollen Zügen, meistens, denn es gab auch andere Momente. Direkt vor unserem Auftritt musste ich immer einen großen Schluck Wasser in den Mund nehmen, den ich zu Beginn der Nummer im hohen Bogen ausspuckte. Dafür nahm ich mir jedes Mal eine Flasche mit an den Fuß der Treppe, wo wir versteckt warten mussten, bis die Seelöwen von der Bühne abgegangen waren. Einmal füllte ich in letzter Minute in eine, wie ich dachte, leere Flasche ein wenig Wasser und trank. Was war das? Ich hatte den Mund voller Zigarettenkippen und Asche. Anke hatte die Flasche als Ascher benutzt und ich hatte das nicht bemerkt. Ich rannte angewidert zur Toilette, lief dabei den Seelöwen in die Flossen. Ich hatte die Tiere nicht kommen sehen, dabei konnten sie bei Störungen sehr ungemütlich werden. Im letzten Moment zog mich einer der Bühnenarbeiter zur Seite. Es ging gerade noch mal gut. Ständig geriet ich in prekäre Situationen. Ich brauchte jetzt verdammt viele Schutzengel.

Die Bühnenarbeiter hätten mich hinter den Kulissen im Schummerlicht unterstützen können. Es hätte geholfen, sie in mein Geheimnis einzuweihen. Mit einem der jungen Bühnenarbeiter sprach ich über seinen bevorstehenden Zivildienst. Ganz nebenbei erwähnte er: »Ich gehe auf keinen Fall in eine Behinderteneinrichtung. Ich finde Behinderte voll eklig.« Obwohl ich nicht gemeint war, fühlte ich mich schrecklich. Nein, ich würde den Jungs nichts erzählen, denn ich war ja schließlich behindert und ich wollte nicht, dass sie mich eklig fanden.

Auf unseren Tourneen war ich bei allen praktischen Dingen immer weniger eine Hilfe und im Winter nach der Hansatheater-Saison hatte ich immer öfter das Gefühl, für Anke und Sabine eine Last zu sein. In den täglich wechselnden Orten und Gebäuden hatte ich Schwierigkeiten, mich zurechtzufinden, und im Gewusel des Auf- und Abbaus befürchtete ich ständig, etwas kaputt zu treten. Nur auf der Bühne fand ich mich noch einigermaßen gut zurecht. Hier kannte ich jeden Gegenstand und jeden Schritt. Aber für gutes Schauspiel brauchte es mehr, als nicht von der Bühne zu fallen. Anke und Sabine entwickelten sich künstlerisch immer weiter, während ich mit purem Mich-über-

Wasser-Halten beschäftigt war. Als Schauspielerin wurde ich nicht besser, sondern zusehends schlechter. Das war frustrierend und irgendwann konnte ich einfach nicht mehr. Nach fast vier Jahren ließ ich Anke und Sabine mit der Kirschkern Company allein.

Ich wollte mich in China in einer Klinik für traditionelle chinesische Medizin behandeln lassen. Das musste einfach klappen. Und wenn nicht? Was dann?

Blinde Passagierin

Aus Reiseführern hatte ich viel über China erfahren können. Lesen war für mich zwar mühsam, ging aber bei guter Beleuchtung noch einigermaßen und ich brauchte ja schließlich Wissen über mein Reiseziel. Noch eindrücklichere Informationen als aus den Büchern bekam ich durch die Schilderungen von Max, einem Freund meiner Mitbewohnerin Susanne. Er hatte zwei Semester an der Uni in Peking studiert und war danach für ein paar Wochen auf eigene Faust durchs Land gereist. Seine ganz persönlichen Eindrücke verdichtete er für mich zu drei Ratschlägen:

Sei sehr vorsichtig, was du mitnimmst. Das Gepäck allein reisender Ausländer wird bei der Einreise am Flughafen lange und akribisch durchsucht. Dabei könnten dir besonders vermeintlich antikommunistische Schriften große Probleme bescheren.

Sei dir bewusst, dass das Kollektiv in China alles ist, während das Individuum nicht viel zählt. Tödliche Verkehrsunfälle oder das Verschwinden auf Nimmerwiedersehen in der Kanalisation aufgrund fehlender Gullideckel sind an der Tagesordnung. Solche Einzelschicksale werden mit Blick auf den stets zu begrüßenden technischen Fortschritt stoisch hingenommen.

Mache dich mit den heiklen Benimmregeln vertraut. Das Benehmen bei Tisch unterscheidet sich deutlich von demjenigen in Europa. Die meisten Chinesen bieten Speisen und Getränke großzügig und hartnäckig an, lehnen aber mehrfach ab, wenn sie etwas angeboten bekommen. Oft passiert es Europäern, dass sie sich nach einer Einladung wegen ungewollter Überfütterung übergeben, während ihre chinesischen Gäste bei ihnen zu Hause unerklärlich wenig essen.

»Ich werde all deine Hinweise beherzigen und dann kann für mich nichts schiefgehen«, versicherte ich dem besorgten Max am Küchentisch unserer WG. Über das Goethe-Institut in Peking, an das ich einen Brief mit meinem Anliegen geschrieben hatte, fand ich zwei Kontaktpersonen: Frau Sommer, eine Deutschlehrerin, und Sun, eine chinesische Mitarbeiterin des Instituts. Die beiden halfen mir, mich in der Augenklinik anzumelden. Außerdem würde ich eine weitere Kontaktadresse im Gepäck haben: Manfred Beckmann. Er war als Flüchtlingskind im Zweiten Weltkrieg mit seiner Familie auf dem Nachbarhof meiner Großeltern untergekommen. Der kleine Manfred hatte befunden, wie er mir später erzählte, dass die Bauersleute dort Stinkstiefel waren. Er verbrachte daher die meiste Zeit auf dem Hof meiner Großeltern, gewann in ihrem Sohn einen Freund und bekam bei meiner Oma Katrine immer einen Platz am Küchentisch. Der Kontakt zwischen ihm und meinem Onkel Hans überdauerte die Jahrzehnte und bestand auch noch, als Manfred Beckmann schon lange in Peking lebte, wo seine Frau als Diplomatin an der Deutschen Botschaft tätig war. Drei meiner engsten Freunde, Dunja, Sabine und Frank, brachten mich zum Flughafen. Es waren für mich bewegende Momente mit vielen guten Wünschen und ein paar Tränen. Ich flog ja schließlich nicht zum Spaß nach China. »Wir denken an dich und drücken dir ganz, ganz fest die Daumen, dass sie dir helfen können«, sagten mir meine Freunde zum Abschied. Ich umarmte sie ein letztes Mal, winkte ihnen zu und machte mich auf den Weg ins Reich der Mitte. Meine Freunde hofften und bangten mit mir, aber sie litten nicht wie ich. »Ihr wird China auf jeden Fall helfen, selbst wenn es ihren Augen nicht viel bringen sollte«, waren sich Dunja und Sabine einig, als ich schon hinter der Absperrung verschwunden war. Gut, dass ich das nicht mehr hörte. Von Hamburg flog ich nach Amsterdam und stieg dort in den Flieger nach Peking. Neben mir in der engen Sitzreihe saßen zwei junge deutsche Geschäftsreisende. Wir kamen ins Gespräch und natürlich wollten sie irgendwann wissen: »Was hast du denn vor in China?«

Ich hatte keine Lust, ihnen von der drohenden Erblindung, der Hoffnung, der Augenklinik in Peking und alledem zu erzählen. Ich erklärte: »Ich reise privat, will mir einfach das Land ansehen.«

»Du reist allein nach China für drei Monate?«, fragten sie verblüfft. In den 90er-Jahren war China ein Land, in das kaum jemand allein als Tourist reiste.

»Ja, warum denn nicht? Es ist doch ein großes, spannendes Land. Da gibt es viel zu entdecken«, antwortete ich, ohne mit der Wimper zu zucken.

Die beiden bestaunten noch eine Weile meinen Mut und meine Abenteuerlust, bevor sie sich wieder ihren Laptops zuwendeten. Später versuchte ich zu schlafen, war dafür jedoch viel zu aufgeregt. Drei Monate allein in China mit einem Sehvermögen wie durch ein Schlüsselloch. Warum denn nicht? Da gibt es sicher viel zu entdecken!

Vor der Landung verteilte die Stewardess kleine Zettel mit winzig kleiner Schrift. »Alle Ausländer, die in die Volksrepublik China einreisen möchten, füllen bitte diesen Zettel aus und geben ihn im Flughafengebäude ab«, erklärte sie routiniert. Ich konnte auf dem Papier kaum etwas lesen. Wie sollte ich dann etwas ausfüllen? Mit Mühe entzifferte ich Fragen wie: »Planen Sie einen terroristischen Anschlag auf die Volksrepublik China?«

Es schien also nicht egal zu sein, wo ich das Kreuz machte. Was sollte ich tun? Meine Sitznachbarn oder die Flugbegleiterin konnte ich nicht fragen, denn ich hatte mich ja als die coole allein reisende Powerfrau ausgegeben. Jetzt war es völlig unmöglich zuzugeben, dass ich eigentlich eine blinde Passagierin war, die weder richtig lesen noch schreiben konnte.

Ich hoffte darauf, dass es im Flughafengebäude besseres Licht geben würde und ich dort eine Chance haben würde, den Zettel auszufüllen. Mein Sehen oder besser Nichtsehen hing immer stark von meiner Tagesform ab. Diese Tagesform war nach dem langen Flug und wegen der inneren Anspannung dem Nullpunkt ziemlich nah. Ich sah gerade noch so viel, dass ich nach der Landung einigermaßen unauffällig hinter den anderen Fluggästen auf dem Weg ins Flughafengebäude hertappen konnte. Dann aber geriet ich ins Straucheln. Der Flughafen von Peking sah nicht so aus wie die Flughäfen, die ich kannte. In der Anordnung von Schaltern und Gepäckbändern konnte ich kein System erkennen und dann schien auch noch alles ausschließlich mit chinesischen Schriftzeichen gekennzeichnet zu sein. Damit hatte ich überhaupt nicht gerechnet. Was nun? Wo könnte ich den Zettel ausfüllen und wo gebe ich ihn dann ab? Wo finde ich mein Gepäck? Wo wird mein Visum überprüft? Irgendwo rechts von mir hörte ich ein Geräusch, das ein Fließband sein könnte. Ich ging darauf zu und erkannte ein laufendes Gepäckband. Ich hatte enormes Glück, denn nach einer Weile kam tatsächlich mein blauer Trekkingrucksack auf diesem Band angefahren. Na bitte, geht doch!

Mit meinem großen Gepäckstück auf dem Rücken suchte ich den Einreiseschalter. Ich hörte eine Gruppe aufgeregt durcheinanderredender Italiener und stellte mich zu ihnen. Sie standen doch bestimmt am Schalter für einreisende Ausländer. Jemand fragte mich erstaunt: »Are you part of this group?«

Ich schüttelte zögernd den Kopf.

»No? In this case you are wrong here.«

Hilflos irrte ich kreuz und quer durch die Halle. Als ich schon kurz vorm Heulen war, hörte ich plötzlich meinen Vornamen: »Dörte?« Wieso kannte mich hier jemand? Ich ging in Richtung der Stimme auf eine kleine, dunkelhaarige Gestalt zu. »Willkommen in China, Dörte!« rief die Stimme. Es war Sun, vom Goethe-Institut. Sie hatte deutsche Sprache studiert und mir angeboten, mich zu unterstützen und für mich zu dolmetschen. Auch vom Flughafen wollte sie mich abholen und natürlich hatte mich das sehr erleichtert. Trotzdem war ich total verwirrt und fragte mich, warum sie schon vor dem Einreiseschalter auf mich wartete. Wie war sie hier reingekommen?

Sun zog mich aus der Flughafenhalle ins Freie. »Halt! Ich muss doch noch meinen Pass und mein Visum vorzeigen und so einen Zettel abgeben!«, rief ich. Sie verstand nicht, was ich wollte, und schob mich zu einem Taxi. Wie ich später erfuhr, war sie noch nie zuvor an einem Flughafen gewesen und kannte sich mit den Regularien nicht aus. Noch ehe ich weiter protestieren konnte, fuhr das Taxi los. Die Einreiseprozedur hatte ich mir anders vorgestellt, aber egal: Das Wichtigste war, dass ich Sun gefunden hatte, oder besser, dass sie mich gefunden hatte.

In der Klinik begrüßte uns Lin, eine junge, muntere Krankenschwester, die einige Jahre in Australien gelebt hatte und akzentfrei Englisch sprach. Sie brachte Sun und mich zu meinem Zimmer in einem einstöckigen Gebäude mit einem großen Innenhof. Bald darauf kam Professor Yun, der Leiter der Klinik, in mein Zimmer und befragte mich eingehend, während Sun für uns übersetzte. Dann bat er uns in einen Untersuchungsraum, wo er mein Sehvermögen ausführlich testete.

»Er sagt, sie werden dich hier ganz wie geplant behandeln. Sie sind zuversichtlich, eine Erblindung ein wenig hinauszögern zu können«, übersetzte Sun das Fazit des Arztes.

»Was? Hinauszögern?« Ich wollte doch, dass mir endlich geholfen wird, so geholfen, dass ich nicht blind werden musste. »Bitte frage ihn, ob sie die Krankheit denn nicht stoppen können?«, bat ich Sun.

Der Arzt schien ausführlich etwas zu erklären und dann sagte Sun: »Nein, es ist nicht möglich, die Krankheit aufzuhalten. Aber sie tun sonst alles für dich, was möglich ist.«

Nach diesem ersten Schock folgte gleich der zweite: Die Behandlung würde teurer sein als geplant, weil ich als Ausländerin in einem Einzelzimmer im VIP-Trakt der Klinik untergebracht sein müsste. »Bitte frage ihn, ob es nicht eine andere Möglichkeit gibt. So viel Geld habe ich nicht eingeplant«, bat ich Sun.

Sie war noch keine zwanzig Jahre alt, verhandelte aber souverän und voller Engagement mit dem Professor. Sie kämpfte wie eine Löwin für mich, obwohl sie mich erst seit einer Stunde kannte. Der eben noch freundliche Klinikleiter hörte sich nun wütend an. Ich bot an, in einem Gemeinschaftsraum in einem der anderen Gebäude zu wohnen, doch das war offenbar völlig ausgeschlossen.

Schließlich lachte der Professor. »In Ordnung, du kannst für den vereinbarten Preis bleiben, sagt er«, verkündete Sun. Sie hatte ihn überzeugt, dass ich für den vereinbarten Betrag von 6000 Deutsche Mark für drei Monate in meinem Zimmer bleiben konnte und die komplette Behandlung bekommen würde. »Er hat am Ende zu mir gesagt: So eine Tochter wie dich hätte ich auch gern«, kicherte Sun später.

Ich war sehr beeindruckt von ihrer Beharrlichkeit und dankbar, dass sie sich so für mich eingesetzt hatte. »Für jeden einzelnen Menschen hängt so viel von einem anderen einzelnen Menschen ab, auch in China«, philosophierte ich. Zugleich war ich resigniert.

Nun war ich um die halbe Welt gereist und Professor Yung hatte keine andere Prognose für mich als Professor Zrenner in Tübingen oder Dr. Gröger in Pinneberg. Alle, die wirklich etwas von Retinitis pigmentosa verstanden, waren sich einig, und ich hatte verloren: Mein

Plan A, nicht blind zu werden, war gescheitert. Was war mit meinem Plan B? Keine Ahnung, ich war zu müde, um jetzt darüber nachzudenken.

Eine kleine Formalität

In der ersten Nacht in der Klinik schlief ich wenig. Der Jetlag ließ mich stundenlang hellwach sein, denn in Deutschland war es schließlich Nachmittag. Ich war so munter, dass ich nicht im Bett bleiben konnte. Ich lief den Gang entlang, umrundete den Innenhof und fand schließlich eine Tür, die ins Freie führte. Eine ganze Weile saß ich in der lauen Nacht unter dem chinesischen Himmel. Ich war so weit weg von zu Hause, so weit wie noch nie zuvor.

Am Morgen holte mich Lin ab, um mit mir zur lokalen Polizeistation zu gehen und meinen Aufenthalt dort zu melden. Alle Ausländer, egal ob Geschäftsleute, Touristen oder Augenklinikpatienten, waren verpflichtet, sich registrieren zu lassen. Ich nahm meine kleine Tasche mit all meinen Papieren mit und folgte Lin zu Fuß zur Polizeiwache. Es war nicht weit, die Wache war gleich um die Ecke. Ich sah mit meinem eingeschränkten Gesichtsfeld deutlich, wie sehr sich dieser Stadtteil von einem Stadtteil in einer europäischen Großstadt unterschied. Traditionelle Gebäude, sogenannte Siheyuans, und hohe Plattenbauten schienen kreuz und quer durcheinanderzustehen. Dazwischen gab es Baustellen, Ruinen und direkt neben der Klinik einen großen Markt für Lebensmittel aller Art. Die Straßen waren nicht asphaltiert oder gepflastert. Sie waren eher wie festgefahrene Feldwege. Festgefahren von den wenigen Autos und dem endlosen Strom der Fahrräder. Ich war erleichtert: Auf Feldwegen gibt es keine Gullis, und wenn es keine Gullis gibt, dann gibt es auch keine offenen Gullideckel. Ich werde mit hoher Wahrscheinlichkeit nicht in der Pekinger Kanalisation verschwinden. Eine Sorge weniger.

Die Polizeiwache befand sich in einer kleinen Baracke. Wir setzten uns in einen Flur auf Plastikstühle und warteten. Ein junger Chinese, der dort ebenfalls wartete, sprach mich auf Englisch an. Er wollte wissen, woher ich kam und was ich in China vorhatte.

Nach meiner kurzen Antwort lachte er und fragte überrascht: »Du bist hier wegen der traditionellen chinesischen Medizin?« Das war für ihn anscheinend kaum zu glauben, denn er meinte: »Wir Chinesen glauben nicht daran. Wir glauben an Antibiotika.«

Dann wurde ich aufgerufen und wir gingen in einen kleinen Raum. Lin stellte mich dem Beamten auf Chinesisch vor und bat mich auf Englisch, ihm meine Papiere zu geben. Der uniformierte Mann hinter dem Schreibtisch nahm meinen Reisepass, blätterte lange darin herum und wandte sich dann an Lin. Er klang verwirrt. War etwas nicht in Ordnung?

Lin übersetzte: »Er sagt, es ist unmöglich, dass du hier bist. Du hast keinen Stempel, der beweist, dass du eingereist bist.« Natürlich hatte ich so einen Stempel nicht, denn am Flughafen hatte ja niemand meine Papiere in der Hand gehabt. Dennoch war es ganz offensichtlich möglich, dass ich hier war, schließlich stand ich in dieser kleinen Polizeiwache mit Pass und Visum.

Der beflissene Beamte schickte mich zurück zum Flughafen, damit ich mir dort diesen unverzichtbaren Stempel holte. »Es ist nur eine kleine Formalität«, meinte Lin und organisierte einen Fahrer, der mich zum Flughafen fuhr. Am Eingang der Flughafenhalle übergab mich der Fahrer an einen Mitarbeiter des Flughafens, der mich aufforderte, ihm zu folgen. Ich war froh, dass ich nicht noch einmal allein hier rumirren musste. Gemeinsam liefen wir mehrere lange Gänge entlang und eine Treppe hinunter. Wir begegneten niemandem. »Wo bringt der mich bloß hin?«, fragte ich mich. Mir war ein bisschen mulmig.

Schließlich öffnete er mit einem Schlüssel eine Tür und schob mich in das dahinterliegende Zimmer. Mein Sehvermögen reichte aus, um diesen Raum vollständig zu erfassen: Außer kahlen Wänden, zwei Türen, einem Tisch mit zwei Stühlen und einer nackten Glühbirne an der Decke gab es hier nichts. Wir waren wahrscheinlich in einem Keller, denn es gab kein Fenster. Der Flughafenbeamte befahl mir, mich zu setzen, verließ den Raum und schloss die Tür hinter sich ab. »Andere Länder, andere Sitten«, versuchte ich mich zu beruhigen.

Nach kurzer Zeit öffnete sich die andere Tür und ein Mann trat ins Zimmer. Ich hätte meinen Augen jetzt lieber nicht getraut, denn was ich sah, war ziemlich beunruhigend. Der Mann trug eine Militäruniform und hatte ein Maschinengewehr bei sich. Er stellte sich mir nicht

vor, sondern fauchte sofort in englischen Brocken:»Wann und wie bist
du hierhergekommen?«

Eingeschüchtert antwortete ich:»Ich bin gestern aus Hamburg
über Amsterdam gekommen.«

Mit zittrigen Händen fand ich in meiner Tasche mein Flugticket.
Er riss mir das Papier und auch meinen Pass aus der Hand und
stampfte damit durch die Tür davon. Ich hörte, wie er im Nachbar-
raum laut mit anderen Männern sprach. Natürlich verstand ich kein
Wort. Bald kam er mit einem anderen Mann in der gleichen Uniform
wieder zu mir. Auch der zweite hatte ein Maschinengewehr in der
Hand. Die beiden hielten ihre Waffen auf mich und brüllten mich an:
»Warum hast du keinen Stempel?«

Die Wahrheit war, dass ich zu wenig sah, um jemanden zu finden,
der meinen Pass kontrollieren wollte. Weil ich fast blind war, konnte
ich unbemerkt in die hochgesicherte Volksrepublik China hineinstol-
pern. Eine andere Erklärung hatte ich nicht.

Die beiden Uniformierten schnaubten, waren mit meiner Auskunft
anscheinend nicht zufrieden. Sie verließen den Raum und ich hörte
wie jemand im Nebenraum auf einem Telefon tippte. Dann brüllte einer der beiden in den Hörer.

Ich erinnerte mich an die Hinweise von Max über die akribischen
Kontrollen von Ausländern bei der Einreise. Ich erinnerte mich an
seine Warnung, dass ein einzelnes Menschenleben in China nicht viel
Wert hat. Ich erinnerte mich an die Bilder vom Tian'anmen-Massaker,
als das Militär die chinesische Demokratiebewegung gewaltsam nie-
derschlug und Hunderte oder Tausende junge Studenten getötet wurden. Das war nur sieben Jahre her. Ich war hier nicht in einem demokratischen Land zu Gast und ich kannte die Spielregeln nicht. Ich hatte
Angst. Tränen schossen mir in die Augen.

Was, wenn sie mich für eine Spionin hielten? Könnte der Ärger
über eine unbemerkt eingereiste Ausländerin den Beamten den Kopf
kosten? Würden sie sich entscheiden müssen, mich verschwinden zu
lassen?

Aus Sicht der Militärmänner durfte es diese Situation nicht geben.
Ich durfte nicht hier sein, denn ich hatte ja keinen Einreisestempel.
Wenn sie mich aber ausweisen würden, würden andere erfahren, wie

leicht man unkontrolliert in ihr Land hineinkommen konnte. Ich musste ihnen beweisen, dass ich mit guten Absichten gekommen und völlig harmlos war. Ich musste sie überzeugen, dass ich vermisst werden würde, und zwar schnell.

Als die beiden wieder durch die Tür kamen, hielt ich ihnen tränenüberströmt ein Schriftstück mit der Adresse der Augenklinik entgegen. Ich stammelte:»Ich bin hier wegen meiner Augen. Ich sehe nicht gut und ich suche hier in einer Klinik Hilfe.«

Wieder wurde mir das Papier aus der Hand gerissen, wieder wurde im Nebenzimmer laut telefoniert. Die beiden kamen wieder und einer der beiden verkündete:»Du darfst bleiben«, und bevor ich noch anfangen konnte, die Erleichterung zu spüren, ergänzte er:»Aber du darfst nie wieder ausreisen.«

Sie würden mich also am Leben lassen. Aber wie sollte ich leben, wenn ich nie wieder ausreisen könnte? Was könnte ich jetzt noch tun? Mir kamen Geschichten von entführten Touristen in den Sinn. In solchen Fällen schaltet sich das Auswärtige Amt ein, dachte ich. Ich redete flehend und unzusammenhängend von Klaus Kinkel, dem damaligen deutschen Außenminister und der German Embassy.

Die beiden wiederholten immer wieder auf bizarre Weise den Namen Kinkels. Mir fiel schlagartig mein letzter Rettungsanker ein: Manfred Beckmann, dessen Frau im diplomatischen Dienst in der deutschen Botschaft in Peking war. Die Beckmanns wussten doch, dass ich in Peking war.

Ich fand in meiner Tasche das Adressbuch mit dem Kontakt der Familie Beckmann und gab es dem einen Uniformierten. Und wieder verließen sie das Zimmer, wieder telefonierten sie. Diesmal ein wenig leiser.

Dann kam einer der beiden zurück zu mir. Ich konnte sie nicht unterscheiden. War es der erste oder der zweite Beamte? Er war streng und mürrisch, aber die Nachricht, die er für mich hatte, war großartig: »Du kannst drei Monate bleiben und dann wieder zurück nach Deutschland reisen. Viel Glück.« Bevor ich es richtig fassen konnte, drückte er mir mein Adressbuch, meinen Pass, mein Flugticket und ein paar Papiere in die Hand, zog mich am Ellenbogen vom Stuhl hoch, schloss die Tür auf und schob mich in den Gang. Dort wartete schon der Flughafenbedienstete, der mich zurück zum Fahrer brachte.

Wie gefährlich war diese Situation für mich? Fühlte es sich nur so an oder war mein Leben wirklich in Gefahr? Hatte Frau Beckmann mich gerettet? Hatte am Ende die Freundlichkeit meiner Großeltern gegenüber einem Flüchtlingskind ihrer Enkeltochter mehr als fünfzig Jahre später das Leben gerettet? Wer an diesem Tag im Keller des Pekinger Flughafens wirklich für mich entschieden hat und warum, würde ich nie erfahren.

Viel später wurde mir bewusst, dass diese Begebenheit für mich eine große Bedeutung hatte. Ich hatte mir nach der Diagnosestellung geschworen: entweder nicht blind oder nicht leben. An dem Tag, nachdem ich mir eingestehen musste, dass ich mit meinem Plan A gescheitert war, waren Maschinengewehre auf mich gerichtet. Ich hatte meinem Plan B direkt ins Gesicht geblickt. Aber ich wollte diesen Plan B nicht. Ich wollte leben! Ich wollte zurück in ein Land, auf dessen Regeln man sich meistens verlassen konnte und wo es Menschen gab, die mit mir mitfühlten, an mich dachten und mich vermissen würden. Könnte dort nicht sogar noch etwas Schönes für mich passieren? Könnte mein Leben am Ende doch noch ein bisschen gut werden? Es wäre ziemlich schade, das zu verpassen.

Vielleicht war mein Plan, mir das Leben zu nehmen, nie ganz ernst gemeint. Vielleicht war dieser Plan nur mein trotziger Versuch, das Schicksal zu erpressen. Nachdem ich heil aus dem bedrohlichen Schlamassel mit dem fehlenden Stempel heraus war, wurde mir langsam klar: Ich wollte eine Zukunft und dafür brauchte ich einen Plan, einen echten Plan B.

Blick zum Mond

Etwa drei Wochen hatte ich schon in der Augenklinik verbracht als Pinyin Zhōngqiūjié, das traditionelle Mondfest, in China gefeiert wurde. Das Mitherbstfest ist für Chinesen eines der wichtigsten Feste im Jahr und findet immer zu Vollmond statt. Zur Tradition gehören die handtellergroßen Mondkuchen mit süßer oder salziger Füllung. Diese runden Kuchen, deren Form an den vollen Mond erinnern soll, werden niemals für den Eigenbedarf gebacken oder gekauft, sondern immer an Nachbarn, Freunde oder Verwandte verschenkt. Überhaupt ist das Mondfest ein Fest, bei dem niemand allein bleibt. Ähnlich wie Weihnachten ist es ein Fest der Liebe und des Teilens, das man mit Menschen verbringt, die einem nahestehen. Gemeinsam macht man Ausflüge, genießt gutes Essen und bewundert zusammen den Mond. Auch Sun und ihre Freundinnen hatten an diesem Tag frei und waren zu ihren Familien gefahren.

Am Morgen des Mondfests frühstückte ich wie immer allein neben der Küche in einem kleinen Frühstücksraum. Neben meinem Tablett stand eine große farbenfrohe Blechdose voll mit Mondkuchen. Wie sich herausstellte, war das ein Geschenk der Frauen aus der Küche. Das war total nett, trotzdem freute ich mich nur einen kurzen Moment darüber. Obwohl ich wenig über das Mondfest wusste, war mir sofort eins klar: Ich habe hier niemanden, mit dem ich die vielen leckeren Kuchen teilen kann. Bei diesem Gedanken schnürte sich meine Kehle zu, aber ich versuchte, tapfer zu bleiben. Ich bedankte mich höflich und scherzte wie jeden Morgen mit Händen und Füßen mit dem Küchenpersonal. Ich hatte mittlerweile ein Repertoire kleiner Pantomimen, angereichert mit Geräuschen und einzelnen Wörtern auf Mandarin, entwickelt. Es hatte damit begonnen, dass ich einer Küchenhelferin zeigte, wie eine freche Wénzi, auf Deutsch Stechmücke, mich angriff und ich versuchte, sie mit allen Mitteln abzuwehren. Die Frau amüsierte sich anscheinend prächtig und holte ihre Kolleginnen dazu, die auch den Kampf zwischen Langnase und Wénzi sehen sollten. Andere zum Lachen zu bringen, half mir gegen die eigene Traurigkeit.

Mit der großen Blechdose in Händen ging ich nach dem Frühstück zurück zu meinem Zimmer. Unterwegs begegnete ich der Reinigungsfrau, mit der ich mich schon ein bisschen angefreundet hatte. Lächelnd hielt ich ihr meine Mondkuchen entgegen: »Fēicháng qǐng.« Sie machte abrupt einen großen Schritt nach hinten, wehrte mit einer Geste heftig ab und rief angewidert: »Bù hǎo!«, als hätte ich ihr eine tote Ratte angeboten. Ich war darauf vorbereitet, dass Chinesen angebotene Speisen zunächst mehrfach ablehnen. Ich war jedoch nicht darauf vorbereitet, wie schroff sie ablehnen. Erwartet hatte ich eher, sie würden sich in etwa so verhalten wie Deutsche, die etwas mit gezierter Höflichkeit ablehnen: »Ach, das ist lieb von dir, aber ich habe gerade erst gefrühstückt«, oder so ähnlich. Diese harte Ablehnung der Reinigungsfrau, den Kuchen mit mir zu teilen, war niederschmetternd.

Allein mit der Kuchendose saß ich dann in meinem Zimmer. Tränen liefen mir übers Gesicht. Auf der Dose waren lachende und tanzende Chinesen mit Musikinstrumenten abgebildet. Das Mondfest war ein glückliches Fest für glückliche Menschen. Aber denen, die an diesem Tag nicht glücklich waren, schrie dieses Fest das Unglück erbarmungslos ins Gesicht. Das Fest der Fülle machte es mir unmöglich, meinen Mangel an Erfüllung, an Zugehörigkeit und Geborgenheit vor mir selbst zu verstecken. Ich kannte das schon, denn in den letzten Jahren hatte ich an Sonn- und Feiertagen meine verzweifeltsten Momente durchlebt. An all den anderen Tagen war es leichter, mich selbst zu belügen und so zu tun, als ob alles in Ordnung wäre.

Jetzt aber war gar nichts in Ordnung: Die Behandlung hier würde nicht viel bringen und ich hatte keine Ahnung, wie, wovon und mit wem ich in Zukunft leben sollte. Da saß ich nun mit meinen 28 Jahren in meinem albernen gestreiften Klinik-Pyjama, hässlich, arm, einsam, nutzlos und fast blind. Ich zerfloss in Selbstmitleid, suhlte mich in meinem Elend. Am Ende meiner Pity-Party schrieb ich drei Wünsche auf einen Zettel, den ich in die Dose zu den Kuchen legte.

Hier in Peking war ich auf dem Boden aufgekommen. »To hit rock bottom« heißt das auf Englisch. Keine Ahnung, wie es auf Chinesisch heißt. Helen, meine Trapezlehrerin, hatte nicht recht behalten: Wir fallen eben doch. Ich bin gefallen – Stück für Stück bis ganz nach unten. Nun war ich an dem Punkt angekommen, an dem ich nie ankommen wollte, an dem überhaupt niemand je ankommen möchte. Aber man hat nicht immer die Wahl. Es war der Punkt, an dem man zerbrechen kann. Aber ich bin nicht zerbrochen. Stattdessen war es irgendwie so etwas wie ein magischer Moment. Ich spürte Boden unter den Füßen. Es ging nicht mehr weiter nach unten. Das Fallen hatte ein Ende. Ich hatte gewagt, mir etwas zu wünschen.

Am späten Nachmittag kam Lin zu mir ins Zimmer. Sie hatte anscheinend eine Ahnung von meiner Situation, denn sie brachte Tee mit und teilte, ohne ein einziges Mal abzulehnen, meine Mondkuchen mit mir. Die leere Dose mit dem Zettel und den Wünschen behielt ich und nahm sie später mit nach Deutschland.

»Der Vollmond ist hier viel kleiner als in Europa. Ist der bei euch immer so?«, fragte ich Lin, als wir zusammen den Mond anschauten.

Sie lachte: »In China sagt man: ›Im Ausland scheint der Mond heller‹, und jetzt kommst du als Ausländerin hierher und bestätigst mir das auch noch!«

Die Wochen vergingen, meine Augen wurden nur wenig besser, aber ich hatte trotzdem eine immer bessere Zeit in Peking. Ich war die einzige Europäerin in der Klinik, eine echte Attraktion. Morgens traf ich mich mit den vielen Patienten, die in den Baracken in Gemeinschaftszimmern untergebracht waren, auf dem Klinikgelände. Viele von ihnen machten Qìgōng und ich machte es ihnen nach. Scherzhaft nannten sie meine Bewegungen »Déguó gōng«, deutsches gōng. Manchmal ging ich auch mit ihnen rückwärts hin und her, was gut für die Nieren sein sollte. Noch öfter aber führte ich mit den jüngeren Chinesen eine Unterhaltung auf Englisch. Diese Unterhaltungen bestanden aus den sich immer wiederholenden Fragen und den entsprechenden Antwortphrasen »What is your name?«, »How are you?«. Das konnte schon mal eine halbe Stunde so hin- und hergehen. Die Frauen fassten mich gern an. Nicht nur ich selbst war für sie exotisch, auch alles, was ich trug oder an Gegenständen bei mir hatte. Alles wurde ausführlich untersucht und diskutiert. Ihre Erkenntnisse teilten sie dann engagiert mit allen, die neu zu der Menschentraube, die mich umringte, hinzukamen. Ich hatte Freude an dieser Annäherung mit

Händen und Füßen. Ich lernte einen populären chinesischen Song »Shìshàng zhǐyǒu māmā hǎo«, den ich immer wieder zum Besten geben musste. Straßentheater funktionierte hier auch ganz ohne Akrobatik.

In dem VIP-Trakt, in dem ich mein Zimmer hatte, war für einige Wochen ein junger Japaner in Behandlung. Er hatte im Gesicht extreme Verbrennung erlitten und dadurch auch fast sein gesamtes Sehvermögen verloren. »Er sieht furchtbar aus, wie ein Tier«, erzählte mir Sun erschrocken. Anscheinend hatte sie recht, denn die Reinigungs- und Pflegekräfte fürchteten sich vor seiner Erscheinung. Ich sah das nicht. Für mich sah er fast so aus wie alle anderen auch. Ich war gern mit ihm zusammen und freute mich, dass ich im Frühstücksraum nicht mehr allein war. Schade war nur, dass auch die Küchenfrauen seinen Anblick nicht ertragen konnten und uns beim Frühstück keine Gesellschaft mehr leisteten. Kurz nach dem Japaner kam noch ein Patient hinzu. Er war Regierungschef eines Distrikts, der um ein Vielfaches so groß ist wie die Bundesrepublik. Er hatte traditionelle chinesische Tischmanieren, schmatzte und rülpste viel. Leider sprach er kein Englisch und unsere Unterhaltung auf Mandarin war recht eintönig: »Hǎo ma?«, fragte ich ihn immer, ob es ihm schmecke. »Hǎo, xièxiè«, bejahte er, gefolgt von einem besonders lauten Rülpser. Es faszinierte mich, wie befremdlich die Benimmregeln hier für mich waren. Sun erzählte mir, dass der damalige deutsche Bundeskanzler Helmut Kohl vor einiger Zeit das Goethe-Institut in Peking besucht hatte. Er hatte Schnupfen und schnäuzte sich mehrmals in ein Taschentuch. Alle chinesischen Mitarbeiter waren absolut sprachlos. »Wie konnte ein Staatsoberhaupt so gar keine Manieren haben?«, bestaunten sie den schniefenden deutschen Politikerkoloss. Es wäre wahrscheinlich absolut in Ordnung gewesen, hätte er am Tisch den Rotz lautstark hochgezogen und in einen Mülleimer ausgespuckt. In der Öffentlichkeit hörte man solche für europäische Ohren ekligen Geräusche überall und jedes Mal zuckte ich zusammen. »Wir sind alle zivilisiert. Wir rotzen nicht auf den Boden«, übersetzte mir Sun die sich immer wiederholenden Ansagen in der U-Bahn. Aber vielleicht flunkerte sie mich auch an, denn sie hatte wie viele Chinesen, die ich traf, einen wunderbar feinen Sinn für Humor. Sie schleppte mich in ein Schuhgeschäft. »Tut mir sehr leid, aber ihr wird nur die allergrößte Herrengröße passen und die ist nicht vorrätig«, sagte der Ladeninhaber ratlos angesichts meiner europäischen Monsterfüße mit Größe 41.

Mit Sun kam ich an viele Orte, die Touristen sonst nicht kennenlernten. Wir reisten mit den öffentlichen Verkehrsmitteln oder mit sehr einfachen Taxis, die »Brötchen« genannt wurden. Um ein Brötchen anzuhalten, musste man mitten im chaotischen, mehrspurigen Verkehr stehen. Die Innenausstattung eines Brötchens bestand abgesehen vom Fahrersitz meist aus einem alten Sofa oder einer Matratze auf dem Boden. Manchmal war der Fahrer eines solchen klapprigen Wagens, wie in den teureren Taxis auch, von Gittern umgeben. Als ich einen Fahrer mit Hilfe von Sun fragte: »Warum sitzen Sie in einem Käfig?«, antwortete der Fahrer lachend: »Das haben Kommunisten entschieden. Denn im Kommunismus gibt es keine Kriminalität, das ist ja nicht wie im Kapitalismus.« Es dauerte lange, bevor ich eine Vorstellung hatte, wie man in Peking lebte, wenn man kein privilegierter Tourist ist. Obwohl Sun ein Studium abgeschlossen hatte, konnte sie sich nur ein Bett in einem kleinen Zimmer gemeinsam mit drei anderen jungen Frauen leisten. Ihr Zuhause zeigte sie mir nie.

Frau Sommer vom Goethe-Institut und Familie Johannsen von der deutschen Botschaft lebten dagegen mit ihren Familien in großen Wohnungen in Gated Communities, in denen keine Chinesen lebten. Sie fuhren nie mit den Brötchen und aßen auch nicht in den einfachen Garküchen. Mit ihnen besuchte ich die Verbotene Stadt, die chinesische Mauer und machte Ausflüge in das Umland von Peking. Auch den Tian'anmen mit dem riesigen Porträt von Mao Tse-tung besuchte ich. Auf dem Platz stand eine große Installation mit einem digitalen Countdown: Noch 288 Tage, 12 Stunden, 5 Minuten, bis Hongkong wieder zur Volksrepublik China gehören würde.

In China hatte ich nicht nur eine Zeit voller spannender Eindrücke, ich hatte auch viel Zeit. Viel zu viel Zeit, um wie bisher in einer Endlosschleife nur den einen immer gleichen Gedanken zu wiederholen: »Ich will nicht blind werden, ich will nicht blind werden, ich will nicht blind werden ...«

In den letzten Monaten hatte sich mein Blick auf die Welt immer mehr auf den Zustand der winzig kleinen Fläche meiner Netzhaut fokussiert. Jetzt fing ich langsam an, darüber nachzudenken, was mir im Leben wichtig war. Ich will eine glückliche Beziehung, eine Familie, Kinder und gute Freunde. Ich will eine Karriere, das tun, was ich kann und was mir Freude macht. Ich will etwas tun, was anderen etwas bringt, so lauteten meine Antworten auf die wesentlichen Fragen meines Lebens. Wie ich das hinkriegen sollte – blind –, das wusste ich nicht, aber ich wusste wieder, was ich wollte.

Zwei Jahrzehnte später holte ich meine Mondkuchendose aus dem Keller. Ich hatte diese Dose irgendwie größer in Erinnerung. Na ja, im Ausland schien der Mond heller. Der zusammengefaltete Zettel mit meinen Wünschen lag noch darin. Ich konnte ihn selbst nicht mehr lesen und wusste nur noch, dass er sehr privat war, quasi streng geheim. Doch ich war zu neugierig, um nicht trotzdem jemanden zu bitten, ihn mir vorzulesen. In einem meiner einsamsten und ehrlichsten Momente hatte ich aufgeschrieben:

Ich wünsche mir immer jemanden, mit dem ich meine Mondkuchen teilen kann. Ich wünsche mir immer jemanden, der an mich glaubt. Ich wünsche mir immer jemanden, der meine Liebe braucht.

Welken oder wachsen

Die Behandlung in China hatte meinen Augen gutgetan, aber die Verbesserung hielt nicht lange an. Nach China war klar, dass mein Plan A, die Erblindung aufzuhalten, gescheitert, mein Plan B, mir das Leben zu nehmen, doch keine gute Idee war und ich nun überhaupt keinen Plan mehr hatte. Meine Zeitrechnung lief nur bis China. Ich war ohne Vorstellung losgefahren, was danach kommen könnte. Meine einzige Vorstellung war es, nach China wieder dauerhaft besser zu sehen. Nach China sollte der ganze Spuk mit dieser Retinitis pigmentosa zu Ende sein. Diese Hoffnung war nun endgültig geplatzt.

Die Realität war, dass ich schleichend weiter erblindete. Alle Strohhalme, an denen ich mich hätte festhalten können, waren aufgebraucht. Es gab nichts mehr schönzureden, schönzuglauben, schönzuhoffen.

Ich hatte die Kirschkern Company aufgegeben und konnte nicht zurück. Ich hatte keine Arbeit mehr. Ich konnte mir nicht mehr vorstellen, mein Studium abzuschließen. Ich würde auch in Zukunft keine Arbeit bekommen. Ich hatte immer noch keine Ahnung vom alltäglichen Leben blinder Menschen und auch wenig Ahnung, wo ich diese Informationen herbekommen könnte. Mein halbblinder Alltag wurde immer schwieriger. Nur noch tagsüber konnte ich mich einigermaßen sicher außerhalb der Wohnung bewegen. Wenn es dämmerte oder dunkel war, konnte ich sogar sehr vertraute Wege nicht mehr allein gehen. Schon ein paar Mal war ich gegen Laternenmasten gelaufen oder einfach in fremde Menschen hineingestolpert. Diese schmerzhaften und peinlichen Zusammenstöße erschreckten mich nachhaltig. Mein Körper wurde immer angespannter, stets auf einen plötzlichen Zusammenstoß gefasst. Auch bei guter Beleuchtung konnte ich mich nur in vertrauten Geschäften oder Gebäuden einigermaßen zurechtfinden. Die Auswahl an Einkaufsmöglichkeiten wurde immer begrenzter und die Zahl der Freunde, die ich besuchte, schränkte sich immer mehr dadurch ein, dass ich den Weg zu ihren

Wohnungen einfach nicht mehr sicher gehen konnte. Wenn ich Menschen begegnete, konnte ich ihre Gesichter nur selten wirklich erkennen. Ich begrüßte freudig wildfremde Passanten, während ich an guten Freunden vorüberging, ohne eine Miene zu verziehen. Lesen oder schreiben konnte ich nur mit Mühe. Meine eigene Handschrift konnte ich nur noch bei bester Beleuchtung entziffern. Allein auf dem Bildschirm meines Computers konnte ich mit erhöhten Kontrasteinstellungen Schrift noch gut erkennen. Ich überlegte ständig, mit welchen Tricks ich so alltägliche Dinge wie Kontoführung, Arztbesuche oder Busfahren bewältigen könnte. Wenn ich aus einem Bus ausstieg und sich damit das Licht änderte, musste ich stehen bleiben, weil ich in dem Moment gar nichts mehr sah. Die hinter mir aussteigenden Menschen schubsten mich dann zur Seite und fluchten: »Unfassbar, Leute, die einfach im Weg rumstehen. Wie ich das hasse!«

Mein Leben war mühsam und unglaublich anstrengend. Einfache Dinge wie das Entziffern einer Zubereitungsanleitung auf einer Tiefkühlpizzapackung oder das Einstellen der Ofentemperatur dauerten nervtötend lange. Ich investierte all meine Energie in Dinge, die früher nebenbei und ganz selbstverständlich abliefen. Ich war mit dem Befriedigen meiner Grundbedürfnisse voll ausgelastet. Spätestens abends um neun Uhr war ich so erledigt, dass ich selten etwas anderes tat, als einfach nur müde ins Bett zu fallen.

Die sichtbare Welt musste noch da sein, denn andere schienen sie wahrzunehmen und sich leicht und sicher in ihr zu bewegen. Die unsichtbare Welt der Gefühle, Träume und Pläne musste es auch noch geben, denn andere schienen weiter sorglos in ihrer bunten Fülle zu leben. Doch für mich existierten diese Welten nicht mehr. Mein Leben versank immer tiefer im Grau, sowohl vor meinen erblindenden Augen als auch vor meinem inneren Auge.

In China hatte ich unerwartet wieder Boden unter meinen Füßen gespürt und fast euphorisch ein Fitzelchen Mut für ein Leben, auch ohne zu sehen, gefasst. Ich hatte fernab der Heimat ganz vorsichtig und nur für mich ganz allein begonnen, Luftschlösser zu konstruieren, aber wo sollte ich nun die Kraft hernehmen, auf diesem nackten, kalten Boden unter meinen Füßen tatsächlich etwas aufzubauen. In China lebte ich in einer anderen Wirklichkeit. Unendlich weit weg von meinem Alltag in Deutschland konnte ich in Möglichkeiten denken. Zurück in Hamburg war ich wieder mittendrin in meinem zerschlissenen alten Leben, gefangen in meinen unbrauchbar gewordenen Verhaltensmustern. Ich war reduziert auf mein 15-Quadratmeter-WG-Zimmer, den einzigen Ort, an dem ich mich blind zurechtfand.

Am Ende dieses zermürbenden Winters bekam ich eine Grippe. Zwei Wochen lang hatte ich vierzig Grad Fieber, konnte nur wie in Zeitlupe über die Dielen unserer Altbauwohnung zur Toilette schlurfen und kaum denken. Ich war gefangen in einem riesigen, klebrigzähen Kaugummi – und es war mir einfach total egal. Ich hatte keine Kraft mehr, mich gegen etwas zu wehren oder auch nur die einfachsten Dinge zu planen. Meine Mitbewohner Susanne, Carsten und vor allem Martin versorgten mich mit Tee und Säften, mit Obst und Suppe. Sie wechselten meine ständig durchgeschwitzte Bettwäsche und ließen frische Luft in mein stickiges Zimmer. Nachdem ich das Fieber überstanden hatte, war von mir fast nichts mehr übrig. In meinem Bett lag nur noch ein mutloser Haufen Elend. Ich hatte keine Kraft mehr, so zu tun, als wäre noch irgendetwas in meinem Leben in Ordnung. Ich hatte meine Familie und ich hatte Freunde. Ich hätte sie um Hilfe bitten können. Aber um welche Hilfe hätte ich bitten können? Ich hatte keine Ahnung mehr, was ich brauchte. Ich war weder wütend noch traurig. Nur leer. War es die unglückliche Kombination aus Grippe und Lebenskrise? War es eine Depression? War das nun der tiefste Punkt, endlich der Wendepunkt in meinem emotionalen Bewältigungsprozess des Blindwerdens? Ich hatte keine Ahnung. Ich konnte noch ein wenig von meiner Umgebung erkennen, aber in mir war es stockdunkel. Alle Hoffnung, alle Zuversicht und aller Mut schienen erloschen. Es war ungewiss, ob es mir gelingen würde, wieder zurück ins Leben zu finden. Es war offen, ob ich weiter welken oder eines Tages wieder wachsen würde. Dieser Zustand dauerte einige grauenhaft lange Tage und ich tauchte nur sehr langsam daraus auf.

In China war meinen Augen kein Wunder zuteilgeworden, nun brauchte ich umso dringender ein Wunder für mein ganzes Leben.

Ich hatte mich ergeben, war nicht mehr in der Lage, etwas für mich zu entscheiden, geschweige denn für irgendein Wunder zu sorgen.

Aber konnten andere jetzt etwas für mich tun? Was hilft, wenn alles aussichtslos erscheint? Was kann man sagen, wenn man nicht mehr weiß, was man sagen soll? Natürlich wollen wir Menschen, die uns etwas bedeuten, beistehen, wenn das Schicksal oder wer auch immer zuschlägt. Was können wir tun? Was können wir sagen? Wir wissen es einfach nicht. Niemand hat uns das beigebracht. Wir haben es nie geprobt.

Klar, wir wollen den anderen ablenken, aufmuntern, die Sache relativieren. »Kopf hoch, das Leben geht weiter!«, »Es sind doch nur deine Augen, keine tödliche Krankheit«, »Du bist doch stark. Wenn dir das Leben eine Zitrone gibt, dann mach' Limonade daraus.«

Es gibt für all diese Mutmachsprüche gewiss die richtigen Momente. Wenn aber jemand am Nullpunkt steht, helfen diese Sprüche nicht, sie klingen zynisch. Sie fühlen sich an wie Schläge auf eine verletzte Seele. Und dann kann das wirklich Schlimmste passieren: Der Mensch in der Tiefe seiner Krise baut feste Mauern auf, um sich zu schützen, und die Menschen, die es wirklich gut meinen, Unterstützung anbieten wollen, ziehen sich hilflos zurück.

Müssen wir denn überhaupt etwas sagen? Müssen wir überhaupt wissen, was zu tun ist, wenn wir helfen wollen? Ich glaube, das müssen wir nicht. Was hilft, ist das bloße Dasein, die Situation aushalten und zuhören. Es gilt zu verstehen, dass der geliebte Mensch zwar nicht weiß, wie es weitergeht und was ihm helfen könnte, aber immer noch Experte für die eigene Situation ist.

Es hilft in diesen Momenten sehr, wenn jemand da ist, der nicht seine eigene Unsicherheit, sondern die Situation des anderen sieht. Es hilft so sehr, wenn jemand dir lange zuhört und dir Taschentücher reicht, wenn die Tränen fließen. Es hilft so sehr, wenn jemand da ist, der mit dir einfach rumalbert, obwohl deine Situation doch eigentlich unendlich traurig ist. Es hilft, wenn jemand dir Dinge gibt, die du zerreißen oder gegen die Wand schmeißen kannst, wenn die Wut dich überrennt. Es hilft, wenn in diesen Momenten jemand da ist, der dich nicht ändern, dich nicht steuern will, der dich einfach nur sein lässt. Es hilft, wenn jemand da ist, der versteht: »Ich weiß, es tut verdammt weh und es wird noch weiter wehtun. Irgendwann wird es besser werden, vielleicht sogar vorbei sein. Irgendwann. Heute geht es um dich. Morgen geht es vielleicht um mich. Wir alle brauchen jemanden, wenn wir fallen, denn wir fallen eben doch. Wir alle.«

Es sind die kleinen Taten, die helfen, wenn jemand ganz unten ist. »Ich komm' vorbei. Willst du Kuchen oder lieber Obstsalat?«, oder: »Lass' mal rausgehen. Das Wetter ist schön.« Da sein, zuhören, kleine Schritte, das ist alles und das ist verdammt viel.

Mein WG-Mitbewohner Martin tat all das für mich. Er schlug mir vor, gemeinsam an die Ostsee zu fahren. Es war ein bewölkter Tag im März. Wir machten einen langen Spaziergang am kalten Sandstrand. Wir gingen Hand in Hand. Das war praktisch, denn so musste ich mich nicht auf meinen Weg konzentrieren. Wir redeten wenig und wir schwiegen viel. Wir gingen in ein altmodisches Café an der Promenade. Um uns herum saßen viele Pärchen, alle im Rentenalter. Wir aßen Kuchen und tranken Filterkaffee aus Kännchen. Wir redeten und wir schwiegen. Mir ging es nicht besser nach diesem Ausflug, aber ich war draußen gewesen. In den nächsten Tagen wurde es wärmer und die Sonne schien. Martin und ich fuhren an die Elbe. Wir saßen in der Sonne an einer Mauer. Wir redeten mehr und schwiegen weniger. Auf dem Rückweg gingen wir Hand in Hand durch das quirlige Ottensen, tranken Cappuccino in einem Straßencafé. Einmal haben wir sogar gelacht.

In den folgenden Wochen wurden unsere gemeinsamen Aktivitäten immer zahlreicher. Wir liefen durch die Stadt, paddelten auf den Alsterkanälen. Probierten Qìgōng und Yoga aus, saßen in Cafés und redeten sehr viel. Wir gingen ins Kino und Martin beschrieb mir leise die Handlung, wenn sie sich nicht aus den Dialogen erschloss. Wir gingen zusammen auf Partys meiner Freunde, tanzten und lachten. Martin kaufte sich Inlineskates und ich holte meine alten Skates aus ihrem Asyl auf dem Dachboden. Mit Freunden fuhren wir nun häufiger ins Umland und machten lange Skate-Touren. Martin und ich fuhren immer Hand in Hand, und ich fühlte mich sehr sicher. Mit jemandem an meiner Hand, mit jemandem, der auf mich schaute, konnte ich alles machen. Ich konnte hingehen, wo und wann ich wollte. Ich konnte tanzen, skaten, klettern, alles. Ich hatte richtig Spaß daran und fühlte mich immer lebendiger. Martin und ich mussten nicht verabreden, dass er mich abholt oder nach Hause bringt, denn er war ja immer schon da. Es war so gut, nicht allein zu sein, Freunde, Familie und einen solchen Mitbewohner zu haben. Als ich viel später einen Bibelspruch für einen besonderen Anlass suchte, las ich: »Zwei sind besser als einer, denn wenn einer hinfällt, kann der andere ihn aufrichten.« War es das, was mir passierte? War ich hingefallen und würden andere mich jetzt aufrichten? Ja, das war ein wesentlicher Teil dessen, was ich erlebte. Trotzdem kann niemand einen anderen aufrichten, wenn der nicht selbst bereit ist aufzustehen. Es ist sehr treffend, wie es die Selbsthilfegruppen für Suchterkrankungen ausdrücken: »Nur du allein kannst es schaffen, aber du schaffst es nicht allein.«

Die mangelnde Fantasie der Sehenden

Was ist das für ein seltsamer Sound, fragte ich mich, als ich das Sprechzimmer der Beratungsstelle für Blinde und Sehbehinderte betrat. Es klang wie eine Mischung aus Science-Fiction-Film und Bandsalat. »Guten Tag, mein Name ist von Lüder«, begrüßte uns ein Mann. »Guten Tag, mein Name ist Dörte Maack und mich begleitet meine Mitbewohnerin Susanne Dahl«, stellte ich uns vor und streckte ihm meine Hand entgegen. Er ergriff sie nicht wie erwartet, sondern sagte stattdessen: »Ich gebe Ihnen die Hand.« Ich war verwirrt. Dann fanden sich unsere Hände und ich fühlte seinen kurzen festen Händedruck. »Gar nicht so einfach, wenn sich zwei Blinde die Flossen schütteln wollen«, lachte der Mann. Ups. Er war blind. Damit hatte ich nicht gerechnet.

»Spricht Ihr Computer etwa mit Ihnen?«, wollte Susanne wissen.

»Ja, ich arbeite mit Sprachausgabe«, antwortete er.

»Aber wie können Sie das denn verstehen?«, fragte ich ungläubig, denn für mich war kein Sinn in dem rasanten Wortsalat zu erkennen.

»Zugegeben, das ist jetzt eine sehr hohe Geschwindigkeit. Daran bin ich seit Jahren gewöhnt.«

Wie er uns erzählte, sah er schon lange kaum etwas und war daher ein echter Profi im Blindsein. Okay, diesem Herrn von Lüder konnte man vermutlich vertrauen. Ich erzählte ihm meine ganze Geschichte. Ich erzählte ihm von dem, was ich früher gemacht hatte und was ich nun nicht mehr konnte.

»Was kann ich denn machen, wenn ich gar nichts mehr sehe?«, fragte ich ihn zum Schluss.

Nach einer kurzen Pause sagte Herr von Lüder den für mich entscheidenden Satz: »Sie können als Blinde fast alles machen. Wenn es scheitert, dann meist an der mangelnden Fantasie der Sehenden.«

Ganz langsam fing ich an zu begreifen. Ich war zwar so gut wie blind, aber ich dachte wie eine Sehende. Mir mangelte es absolut an Fantasie. Wie um Himmels willen könnte eine Blinde fast alles machen? Doch wenn dieser Berater es so sagte, dann musste es stimmen. Er leitete ja nicht nur diese Beratungsstelle, sondern er war selbst blind. Ich dagegen fand mich nicht nur im praktischen Sinn schlecht zurecht. Fürs ganze Leben hatte ich die Orientierung verloren und kannte mich nicht mehr aus.

Wir verließen sein Büro nach etwa einer Stunde ausführlicher Beratung. Es gab so viele Möglichkeiten, Unterstützung und Förderung zu bekommen, so viele Hilfsmittel und so viel Neues, das ich jetzt lernen musste. Und wozu das Ganze? Klar, um als Blinde am Ende fast alles machen zu können! Mit so viel konkreter Hilfe hatte ich nicht gerechnet. Ich war überwältigt und sogar ein bisschen euphorisch.

Das Landesblindengeld ist eine monatliche einkommensunabhängige finanzielle Unterstützung für blindheitsbedingte Mehrausgaben. Dass Blindsein teuer ist und ich nicht ewig auf unentgeltliche Hilfe setzen konnte, war mir klar. Blindengeld zu beantragen, fiel mir trotzdem nicht leicht. Dann wäre ja schriftlich und ganz offiziell festgelegt, dass ich blind bin. Um meine Seheinschränkung, wie für den Antrag erforderlich, dokumentieren zu lassen, ging ich wieder zu Dr. Gröger.

Abermals wurde ich in der vertrauten Pinneberger Augenarztpraxis mit den verschiedenen Testverfahren untersucht. Den Gesichtsfeldtest machte wieder die einfühlsame und gut gelaunte Arzthelferin. »Wäre nicht auch ein Blindenführhund etwas für Sie?«, fragte sie mich munter und erzählte von einer Patientin, die durch ihren Führhund ihre Lebensqualität zurückgewonnen hatte. Ich mochte Hunde sehr. Die Idee, einen Hund auf Rezept zu bekommen, fand ich sofort toll. Diese Assistentin machte ihren Job wirklich ungeheuer gut.

»Sind Sie die Einzige in dieser Praxis, die den Gesichtsfeldtest macht?«, wollte ich von ihr erfahren.

»Ja, ich bin ausgebildete Perimetristin und mache seit zwanzig Jahren diese Untersuchungen. Das hat hier nie eine andere gemacht.«

Ich dachte an das strenge Monster, mit dem ich vor vielen Jahren den Test mit dem gefakten Ergebnis gemacht hatte. Das musste also dieselbe Frau gewesen sein. Unfassbar! Hatte sie damals eine Ahnung, welche Diagnose ich hätte bekommen können? Das war eigentlich ausgeschlossen, trotzdem war ich ihr unendlich dankbar. Rückblickend hätte ich es damals nicht wissen wollen.

Die aktuellen Untersuchungsergebnisse zeigten eindeutig, dass ich bereits gesetzlich blind war. Vermutlich sogar schon eine ganze Weile. Die Nachricht verwunderte mich, denn ich dachte immer noch, dass »blind« bedeutet, gar nichts zu sehen. Ich ärgerte mich ein bisschen über das verschenkte Blindengeld, das mir offenbar schon längst zugestanden hatte.

»Hundert Prozent schwerbehindert, blind, außergewöhnlich gehbehindert, hilflos und auf ständige Begleitung angewiesen«, so würde es in dem Ausweis stehen, den ich beim Versorgungsamt beantragte. Das war echt schwer zu schlucken. Es klang nach »ganz im Eimer«, »Totalschaden« und »Endstation«. Tja, so war die Sprachregelung. Bei Blindheit werden die anderen Merkzeichen und die hundertprozentige Schwerbehinderung automatisch mitgeliefert. Okay, das waren rechtliche Kategorien und sie ermöglichten mir einen Nachteilsausgleich wie die kostenlose Beförderung im öffentlichen Nahverkehr. Das war gut, denn Nachteile hatte ich zuhauf. Aber hilflos? Ich? Das passte nicht zusammen. Es würde noch lange dauern, bis ich Begriffe wie »blind« und »behindert« ganz selbstverständlich benutzen und Begriffe wie »hundert Prozent schwerbehindert« nicht mehr persönlich nehmen würde.

Meine ersten Kontakte mit den Selbsthilfegruppen für Blinde und Sehbehinderte erschreckten mich. Die Leute dort waren nicht wie ich. Niemand war dort wie ich. Ich passte nicht hinein. Auf den zweiten Blick erkannte ich, dass auch alle anderen völlig unterschiedlich waren. Niemand war wie der andere und wenige erfüllten das gängige Klischee eines Blinden. Nahezu alles, was Menschen voneinander unterscheiden kann, kam hier zusammen. Ich verstand: Blinde Menschen sind alt oder jung, männlich oder weiblich, wohlhabend oder arm, sind in Deutschland oder anderswo geboren, haben einen Doktortitel oder keinen Schulabschluss. Sie leben in der Stadt oder auf dem Land, lieben homo- oder heterosexuell, sind Single oder leben in Beziehungen, haben Kinder, Enkelkinder oder keine Kinder. Sie leben zurückgezogen oder sind gesellig, fliegen im Urlaub in die Karibik oder fahren in die Lüneburger Heide, sind in Wacken oder bei Helene Fischers Konzerten dabei, essen Currywurst oder vegane Salate. Sie wählen links, rechts oder gar nicht. Zwischen all diesen Extremen finden sich, wie bei allen anderen Menschen auch, alle denkbaren Varianten und Abstufungen. Erst einmal verbindet sie nur eines miteinander: Sie sehen nichts, wenig oder immer weniger. Einige wenige von Geburt an und die meisten seit einem anderen Zeitpunkt im Leben. Es dämmerte mir: Blind oder sehbehindert zu werden, hat nichts damit zu tun, wer jemand war und wie jemand gelebt hat. Jeden kann jederzeit treffen, was jeden jederzeit treffen kann. Auf die Frage:»Warum gerade ich?«, wird es keine Antwort geben. Die entscheidende Frage ist:»Was mache ich daraus?«

Im Hamburger Blinden- und Sehbehindertenverein, im Deutschen Verein der Blinden und Sehbehinderten in Studium und Beruf oder bei Pro Retina, dem Selbsthilfeverband für Menschen mit Netzhauterkrankungen, traf ich auf viele selbst betroffene Menschen, die Ideen und Wissen hatten, wie man blind im Leben zurechtkommt. »Frag diejenigen, die wissen, wie es geht, anstatt mit denen zu jammern, die auch nicht wissen, wie es geht«, wurde eine hilfreiche Richtschnur für mich. Ich war eine totale Anfängerin, die ganz von vorn anfangen musste.

Die niederschwelligste Maßnahme war die Mitgliedschaft in der Deutschen Blindenhörbücherei. Lange bevor Hörbücher allgemein populär wurden, gab es hier bereits Abertausende auf Tonträger gesprochene Werke. Ich liebte Literatur, hatte immer viel gelesen und vermisste es jetzt sehr. Die Kompaktkassetten kamen in leuchtend gelben Kunststoffboxen kostenfrei per Post zu mir nach Haus. Der Inhalt eines Romans mit 500 Seiten konnte schon mal 18 Tonkassetten füllen. Geruch und Haptik meiner neuen »Bücher« hatten leider nichts mehr mit meiner gewohnten Lektüre gemein. Ich hatte Buchhandlungen und Bibliotheken immer mit allen Sinnen heiß geliebt. Die Sprecher der Blindenhörbücher waren mal so und mal so. Nicht immer waren die Vorlesestimmen ein Genuss. Das war alles egal. Ich war begeistert.

Ich war so ausgehungert und bestellte alles: Klassiker, aktuelle Romane, Sachbücher zu den unterschiedlichsten Themen, Zeitschriften und auch ein bisschen Schund. Mir fehlte in letzter Zeit sogar die leichte, politisch vollkommen unkorrekte Kost. Beim Friseur oder im Wartezimmer hatte ich manchmal Vergnügen an Artikeln, die mir die ultimativen Vorbeugetipps gegen Zellulitis verrieten oder die zehn Dinge, die Männer an Frauen besonders lieben, auflisteten. Daher bestellte ich neben unzähligen anderen Büchern auch einen Flirtratgeber. Dieses unterhaltsame Buch einer amerikanischen Autorin erklärte mir, wie ich an Dates kam und sie dann so gestaltete, dass ich garantiert bald meinen Traummann finden würde. Wenn auch nicht auf die amerikanische Weise, war ich im Flirten nicht schlecht gewesen. Es gab noch kein Internet und damit auch kein Tinder.

Ich hatte meine Flirtpartner damals analog, mitten im echten Leben gefunden. Das Buch machte mir Spaß, aber es machte mich auch traurig. All diese Flirtspielchen waren doch für Sehende.

Im letzten Teil des Buches wurde unter anderen die Erfolgsgeschichte von Nancy beschrieben. Diese Nancy hatte eine klare Vorstellung von ihrem Traummann. Sie wollte ihn in spätestens sechs Monaten gefunden haben. Nancy wendete die im Buch beschriebenen Techniken an, traf zahlreiche verschiedene Männer und entschied treffsicher, wer in die engere Auswahl kommen würde. Selbstverständlich war Nancy erfolgreich und fand die Liebe fürs Leben. Schön für Nancy, aber mich frustrierte ihre Geschichte. Flirten lebt vom Blickkontakt, vom Deuten der sichtbaren Körpersprache und vom feingesponnenen Spiel aus Nähe und Distanz. Wie soll das blind gehen? Dann kam der abschließende Satz zur Geschichte von dieser Nancy. Ich traute meinen Ohren kaum: »Das ist umso erstaunlicher, als dass Nancy vor zehn Jahren erblindet war und keinen ihrer Flirtpartner sah.« Das war so überraschend und ich konnte mir vorstellen, dass es tatsächlich stimmte. Unwahrscheinlich, dass die Autorin es einfach nur erfunden hatte. Wenn diese blinde Nancy das hingekriegt hatte, dann gab es vielleicht doch noch Hoffnung für mich?

Fingerspitzengefühle

Neben den Anträgen auf Gewährung von Blindengeld und die Ausstellung eines Schwerbehindertenausweises stellte ich unterstützt von Herrn von Lüder viele weitere Anträge: Mitgliedsanträge beim Allgemeinen Blindenverein, bei Pro Retina und im Deutschen Verein der Blinden und Sehbehinderten in Studium und Beruf, Übernahme der Kosten für eine blindengerechte Computerausstattung, Befreiung von den Rundfunk- und Fernsehgebühren und so weiter, und so weiter. Um einen Blindenführhund zu bekommen, muss man zuerst ein sogenanntes Mobilitätstraining mit einem Blindenlangstock absolvieren. Auch das beantragte ich. »Es wird einige Monate dauern, bis du die Bescheide von den Ämtern und Versicherungen erhältst«, informierte mich Herr von Lüder. Geduld war noch nie meine Stärke gewesen. Wenn ich mich endlich auf das blinde Leben einlasse, dann sollte es auch sofort losgehen.

Beim Hamburger Blinden- und Sehbehindertenverein wurden für Mitglieder kostenlose Blindenschriftkurse angeboten. Ich meldete mich an und konnte sofort starten. Meine Lehrerin Marie war eine sehr freundliche und geduldige junge Seniorin. Ebenso wie Herr von Lüder war sie schon lange blind und eine Expertin auf diesem Gebiet. »Was kannst du hier ertasten? Fühl mal mit den Fingerspitzen die erste Zeile«, forderte sie mich auf und schob mir ein weißes Din-A4-Blatt hin. Das Papier war dick und es waren winzige Punkte darauf eingeprägt. Auweia, war das mühsam! »Das sind immer 6 Punkte im Paket«, fand ich heraus. »Richtig, diese Anordnung wie die Zahl 6 auf einem Würfel liegt jedem Buchstaben zugrunde. Je nachdem welcher der 6 Punkte zu ertasten ist, ist das ein anderer Buchstabe«, erklärte Marie. Zeile für Zeile tastete ich mich über das Übungsblatt und verkündete jeweils, welcher Punkt im Sechsermuster fehlte. Marie lobte mich, ich war stolz und es machte wirklich Spaß.

»Wenn nur der Punkt oben links zu ertasten ist, ist das ein ›a‹, der Punkt oben links und in der Mitte links ist ein ›b‹«, lernte ich von Marie. Ich war wieder eine Leseanfängerin, eine Vorschülerin. Ich las sehr stockend: »a … b, ba … a … ba … a, a … b …b … a« Wie schon in der Grundschule war ich eine brave Schülerin, erledigte meine Hausaufgaben, machte langsame, aber stetige Fortschritte. Marie lieh mir eine schwere mechanische Prägemaschine für Punktschrift. Die 6 großen Tasten musste man in der entsprechenden Kombination drücken, um den gewünschten Buchstaben in das Punktschriftpapier zu prägen. Die Mechanik war sehr laut und Tippfehler konnte man kaum noch korrigieren. Okay, man kann nicht alles haben, dachte ich mir. Als der blinde Schüler Louis Braille 1825 die Blindenschrift erfand, war es schließlich eine echte Revolution. Vorher konnten blinde Kinder nicht wirklich lesen und schreiben lernen. Bald schon kannte ich alle Buchstaben und konnte, wenn auch sehr langsam, alle Wörter in Punktschrift lesen. Aber zu früh gefreut: Um das schnelle Lesen zu ermöglichen, gibt es die sogenannte Kurzschrift. Die häufigsten Silben und Wörter haben Abkürzungen, die man lernen und mit Disziplin und Geduld immer wieder üben muss. »fd« steht für »Freund«, »bf« bedeutet »Brief«, also heißt »bffd«… Brieffreund. Uff!

In manchen Stunden war ich mit Marie allein, in anderen Stunden waren wir gleich mehrere Anfängerblinde. Von Marie einmal abgesehen war ich die Blindeste in der Gruppe. Aber selbst ich konnte, wenn auch mit Mühe, noch alles irgendwie sehen. Selbst lesen und schreiben ging noch. Dass war gar nichts im Vergleich zu meinem Mitschüler Karl. Er kam mit dem Auto zum Blindenschriftkurs. Im Unterricht musste er eine Augenbinde tragen, denn Marie hatte ihn entlarvt; er las die Punktschrift mit seinen Augen. Früher leitete Karl eine Schule für Gehörlose. Seit Kurzem war er mit der Diagnose einer altersbedingten Makuladegeneration konfrontiert. Vielleicht würde er in fünf, zehn oder fünfzehn Jahren nicht mehr gut lesen können. »Ich will gewappnet sein«, meinte Karl nüchtern. So unaufgeregt konnte man die Sache also auch angehen. »Ganz erstaunlich«, fand ich.

Noch mehr überraschte mich meine Lehrerin Marie. Sie war etwa vierzig Jahre älter als ich und ein Leben lang blind. Ich glaube, sie war die erste blinde Frau, die ich kennenlernte, und ich mochte sie sehr. Einmal sagte Marie fast nebenbei und ganz ohne Pathos einen Satz, der mir bis heute im Gedächtnis geblieben ist: »Ich habe noch nie jemanden getroffen, dessen Leben ich gegen mein eigenes hätte eintauschen mögen.« Das war nicht der Satz, den ich von einer Blinden erwartet hätte. Manchmal kam auch ihr Mann Wolfgang, der genau wie Marie ehrenamtlich im Blindenverein engagiert war, bei uns vorbei. Er war sehbehindert, sah jedoch vermutlich noch besser als ich in den letzten Jahren. »Was wir nicht sehen, das fühlen wir eben«, kicherte Wolfgang und küsste seine Frau zärtlich in den Nacken. Die beiden waren enorm quirlig, scherzten viel miteinander und auch mit uns Blindenschriftlehrlingen. Sie waren ein sehr liebenswertes Paar. Ich erfuhr, dass Wolfgang und Marie regelmäßig zum Blindenkegeln gingen und dort viel Spaß hatten. Na ja, das musste ich ihnen ja nicht unbedingt nachmachen ...

Maries Expertise in der Blindenschrift hätte ich dagegen gern gehabt, doch als Späterblindete, die gerade wieder Appetit aufs Leben entwickelte, war ich absolut nicht gewillt, zu Hause zu sitzen und eine ganze Schulkarriere Lese- und Schreiberfahrung nachzuholen. Jede mittelmäßige Zweitklässlerin liest deshalb flüssiger, als ich es heute kann. Gäbe es für mich nur die Punktschrift, wäre ich eine funktionale Analphabetin. Eine Zeit lang erfand ich genau wie eine Analphabetin Ausreden, wenn mir beispielsweise eine Flugbegleiterin stolz das umfangreiche Braille-Exemplar der Sicherheitshinweise in die Hand drückte. Neben meinem neu entflammten Lebensdurst bremsten die digitalen Möglichkeiten für blinde Leser und Schreiber meine Karriere als Punktschriftleserin. Die mühsam in Maries Kursen erworbenen Fähigkeiten dienen mir heute lediglich zum Beschriften von Gewürzgläsern.

Neben der Blindenschrift lernte ich noch ein anderes neues Handwerk. Lin hatte mir erzählt, dass in China viele blinde Menschen Massage lernen und ihren Lebensunterhalt damit verdienen. Massage fand ich immer schon toll, auch wenn ich mir bisher nicht vorgestellt hatte, damit mein Geld zu verdienen. Ein bisschen Massage zu können, kann so oder so nie schaden, dachte ich mir. In einer Parallelstraße zu der Straße, in der ich wohnte, gab es eine Schule für Shiatsu. Was dieses Shiatsu genau war, wusste ich zwar nicht, aber ich würde den Weg dahin allein gehen können. Meine Auswahlkriterien waren jetzt andere. Der Schnupperabend in der Schule von Adrian und Gabi begeisterte mich sofort. Shiatsu stellte sich als eine japanische Druckmassage heraus, die am bekleideten Körper durchgeführt wird. Der Behandelte liegt auf einem Futon auf dem Boden und der Behandler arbeitet variationsreich an dessen gesamten Körper mittels Händen, Ellenbogen, Knien und Füßen. Die anderen Teilnehmer waren an diesem Abend ein bunter Haufen von aufgeschlossenen Sportlern, Physiotherapeuten, Ärzten und Heilpraktikern. Am besten aber war Adrian, der Shiatsu-Lehrer: ein kleiner Waliser, der kaum Deutsch sprach und einen umwerfend trockenen britischen Humor hatte. Wir waren sofort auf einer Wellenlänge. Dass ich kaum etwas sah, schien Adrian lediglich ein bisschen interessant zu finden, mehr nicht. Bemerkenswerter fand er, dass ich Akrobatik und Artistik gelernt hatte. Ihm gefiel, dass ich in England gelebt hatte und seine Sprache daher fließend sprach. Hier war ich richtig. Ich blieb, durchlief das gesamte berufsbegleitende Ausbildungsprogramm und absolvierte nach drei Jahren als eine von wenigen der anfänglichen Teilnehmer erfolgreich die Abschlussprüfung. Die Ausbildung war wie maßgeschneidert für mich. Ich machte in einer lebendigen Gruppe etwas mit Bewegung, hatte neben Adrian noch weitere englischsprachige Lehrer und konnte zeigen, dass ich etwas konnte. »Du hast wirklich Zauberhände«, kommentierte die Prüferin in meiner praktischen Abschlussprüfung.

In der Shiatsu-Schule kam ich vielen neuen Menschen sehr nah, nicht allein wegen der vielen gegenseitigen Shiatsu-Behandlungen. Nach und nach merkte ich, dass Shiatsu, wie andere alternative Gesundheitsverfahren auch, besonders Menschen anzieht, die aus den unterschiedlichsten Gründen selbst unzufrieden sind. Adrian analysierte treffend: »Shiatsu learn those who need it themselves the most.« Am anstrengendsten für mich waren einige wohlhabende einsame Frauen, die mich gern bemutterten. Einmal strich mir Rosi, als sie erkannte, dass ich fast blind bin, mitleidig über die Wange und meinte: »Ach, du armes Mäuschen.« Ich verstummte. Mitleid war das Letzte, was ich wollte. Einige der jüngeren Shiatsu-Schülerinnen hatten in ihrem Leben bereits viel angefangen, aber nichts zu Ende gebracht. Sie schienen ständig in etwas Neuem ihr Heil zu suchen. Sarah zum Beispiel war eine Studentin, die sich in Südamerika in einen Arzt verliebt hatte, dort von ihm zwei Kinder bekam, bevor sie erkannte, dass er ein gewalttätiger Macho war. Zurück in Deutschland versuchte sie ein Medizinstudium zu bewältigen, mit sehr wenig Geld ihre Kinder allein großzuziehen und nebenbei noch eine Shiatsu-Ausbildung zu machen. Ohne es zu wollen, konnte sie sehr verletzend sein. Mich sprach sie immer dann auf meine Erblindung an, wenn ich gerade gar nicht daran dachte. Besonders traf es mich, als sie mir beim Mittagessen im Plauderton von dem Fall Alina, von dem sie in der Zeitung gelesen hatte, erzählte. Bei dieser jungen Frau war wie bei mir Retinitis pigmentosa diagnostiziert worden. Auf ihren Wunsch hin halfen ihre Eltern ihr mit einer Plastiktüte beim Selbstmord. Konnte das wirklich wahr sein? Viel später erfuhr ich, dass es stimmte und dass es bis heute weitere ähnliche Fälle gibt. Auf diese Schilderung konnte ich nichts erwidern. Ich war zutiefst aufgewühlt und erschrocken über die Geschichte, aber auch über die Art, wie Sarah mir davon erzählte. Ich war dünnhäutig, hing immer noch in der Luft. Jederzeit konnte jemand kommen und mich aus Gedankenlosigkeit umpusten.

Für das Zertifikat als Shiatsu-Praktikerin musste ich außerhalb der Schule fünfzig verschiedene Menschen behandeln, zehn davon über mehrere Wochen. Ich lud meine Freunde dazu ein, meine Versuchskaninchen zu sein. Von ihnen musste zwar niemand therapiert werden, aber Massagen liebten alle. Mit den Shiatsu-Behandlungen konnte ich meinen Freunden etwas zurückgeben. Ich war nicht mehr nur diejenige, die Trost und Unterstützung brauchte. Mir gefiel es, mich mit Massagen für die Stunden des Zuhörens und für die vielen Begleitungen zu allen möglichen Orten bedanken zu können. Über Empfehlung kamen auch Menschen zu mir, die ich zuvor nicht kannte. Ich konnte mir durch Shiatsu etwas dazuverdienen und war nicht mehr allein auf Unterstützung durch meine Eltern angewiesen.

Jedoch waren diejenigen, die kamen und zahlten, Menschen, die sich eher unwohl in ihren Körpern fühlten, die unbeweglich oder auch krank waren. Mit ihnen konnte ich nicht so unbeschwert arbeiten wie mit meinen Freunden.

Günther kam über ein Jahr jede Woche. Er war ein sehr freundlicher, alleinstehender Beamter Mitte vierzig mit einer Gehbehinderung. Er mochte Shiatsu, aber am liebsten mochte er die Massagetechniken an den Füßen, die er jedes Mal ausführlich bekommen wollte.

Wenn ich dann nach etwa fünfzehn Minuten an seinen Füßen angelangt war, pupste Günther dreimal entspannt, schlief mit einem Grunzer ein und schnarchte dann leise vor sich hin. Ich drückte weitere dreißig Minuten an seinen Füßen herum. Dann wachte Günther auf und war selig. Ich nicht. Könnte es mich erfüllen, fremden Menschen die Füße zu kraulen? War ich auf dem richtigen Weg?

Insgesamt ging es für mich nach dem ersten Besuch in der Beratungsstelle von Herrn von Lüder bergauf, dennoch tappte ich immer wieder in Fallen, verirrte mich oder lief in Sackgassen. Umwege erhöhen die Ortskenntnisse, sagt man. Shiatsu war ein solcher Umweg mit ein paar positiven Nebenwirkungen.

Liebe auf den letzten Blick

»Ich bin nicht in dich verliebt und ich werde auch in Zukunft nicht in dich verliebt sein«, sagte ich zu Martin in unserer WG-Küche. Mir war der Gedanke gekommen, dass er vielleicht mehr für mich sein wollte als ein netter Mitbewohner. Wir unternahmen so viel miteinander, hatten so viel Spaß. Dabei schien mein eingeschränktes Sehen kaum mehr eine Rolle zu spielen. Martin brachte mir kein bisschen Mitleid entgegen, hatte kein Helfersyndrom. Er machte einfach kein Aufheben um meine Sehbehinderung. Er half, wo es nötig war, warnte mich vor Stufen und beschrieb manchmal etwas. Er sorgte sich um mich und für mich, ohne dass es viel Raum einnahm. Das war toll für mich, aber vielleicht war er in mich verliebt und ich benutzte ihn nur als Blindenführhund? Das wäre furchtbar und das wollte ich nicht. Ich musste die Situation dringend klarstellen, und zwar absolut unmissverständlich. Martin reagierte völlig perplex auf meine Ansage. Irritiert erwiderte er: »Mach dir mal keine Gedanken. Ich bin auch nicht in dich verliebt.«

Ich war erleichtert und gleichzeitig durcheinander. Ich hatte mich offensichtlich geirrt und das war mir ziemlich peinlich. Egal, jetzt war alles geklärt. Wir waren beide nicht verliebt.

Es war geregelt und nun konnten wir ohne Hintergedanken weiter Zeit miteinander verbringen. Es gab nichts Unausgesprochenes mehr zwischen uns. Gut so. Martin arbeitete zu dieser Zeit als Fotojournalist und fotografierte vor allem Theater- und Tanztheaterinszenierungen. Abends war er bei den unterschiedlichen Aufführungen und entwickelte danach bis tief in die Nacht seine Bilder im Labor. Tagsüber hatte er meistens Zeit. Wir gingen weiterhin häufig Hand in Hand, redeten und lachten unentwegt und waren uns selbst genug. Jeder, der uns nicht kannte, hätte keine Sekunde daran gezweifelt, dass wir ein Paar waren.

Wir entdeckten endlos viele Themen, die uns beide interessierten, endlos viele Aktivitäten, die uns beiden Spaß machten. Dennoch konnte ich Martin überhaupt nicht einschätzen. Er passte in keine meiner Schubladen. Was war er nur für ein Typ? Am meisten verwunderte mich, dass er seit mindestens zwei Jahren keine Freundin und auch keine Liebschaften hatte. Wenn er doch liebenswert, witzig, klug und auch noch gut aussehend war, musste es einen Haken geben. Warum dachte ich überhaupt darüber nach? Vielleicht war ich doch ein winziges, klitzekleines bisschen interessiert an ihm als Mann? Ich bat Sabine, meine ehemalige Theaterkollegin, um Rat: »Könnte der ganz eventuell zu mir passen? Was meinst du?«

»Nö, ich glaube nicht. Der lacht immer so«, meinte sie, ohne weiter nachzufragen.

Der Frühling kam und ich traf auf einer Feier im Mai einen ziemlich scharfen Typen, einen Studenten aus Brasilien. Miguel passte so genau in mein altes Beuteschema, dass ich es beim allerbesten Willen nicht hätte übersehen können. Aber wie sollte ich ein nächstes Treffen mit ihm organisieren?

»Wie sollte ich ihn an einem unbekannten Ort finden? Könntest du mich begleiten?«, fragte ich Martin.

»Nö ... habe keine Lust«, lehnte er ab.

Warum denn nicht? Wir waren doch Freunde, er war nicht in mich verliebt und Party mochte er sonst doch auch. Ein paar Tage später kam Martins Exfreundin Martina zu Besuch nach Hamburg und zu dritt gingen wir dann doch zu einer Party im Stadtpark, zu der mich Miguel eingeladen hatte. Ich machte mich zurecht: knallenge, orangefarbene Jeans, alte, schwarze Lederjacke über einem schwarzen Trägertop und Silberschmuck. Das würde Miguel gefallen. Martina war konsterniert, dass Martin auf den dunklen Gehwegen den Arm um mich legte, verstand dann aber, dass ich beschützt werden musste, weil ich so wenig sah. Der heiße Brasilianer kam dann gar nicht auf die Party und das war mir irgendwie egal. Wir hatten auch ohne ihn einen echt schönen Abend.

Kurze Zeit später sah ich morgens etwas, das für mich die ganze Situation schlagartig veränderte. In Martins Bett saß eine Frau mit einer Tasse Milchkaffee in der Hand. »Guten Morgen, Dörte«, begrüßte sie mich fröhlich. Es war Silke, die während meiner Zeit in China in meinem Zimmer gewohnt hatte. Sie war eine langbeinige

Musical-Tänzerin mit langen blonden Haaren, sehr nett und lustig. Was machte die denn da?! Das ging auf keinen Fall!

Ich erkundigte mich betont beiläufig bei Martin und erfuhr, dass es mit Silke nichts Ernstes war. Noch nicht. Ohne überhaupt nur eine Sekunde darüber nachzudenken, überhäufte ich Martin in den kommenden Tagen mit allem Charme, der in mir war. Ich hatte Champagner im Blut und flirtete, was das Zeug hielt. Martin wusste gar nicht, wie ihm geschah, und war vorsichtig mit mir. Ich hätte mich nicht stoppen können, selbst wenn ich gewollt hätte. Die Anziehung, die ich spürte, war wie eine sanfte Welle, eine Naturgewalt, gegen die ich mich nicht stellen konnte. Jedes Diskutieren, Taktieren oder Lavieren war jetzt zwecklos.

Gemeinsam gingen wir am nächsten Wochenende zu einem Kochkurs für Makrobiotik, der zu meiner Shiatsu-Ausbildung gehörte. »Pfui, das gehört sich aber nicht. Das ist unhygienisch!«, rief ein penibler Kochkollege empört, als ich die Suppe abschmecken wollte. Zwar hatte ich den kleinen Löffel abgespült, aber seiner Meinung nach viel zu kurz. »Ich bin nicht unhygienisch. Ich küss' mich ja auch mit Leuten«, sagte ich lachend. Das war gelogen. Ich hatte ganz lange niemanden geküsst. Die Leute in diesem Kochkurs waren unangenehm verbissen. Dabei machten wir hier doch etwas total Schönes: leckeres Essen zubereiten. Nur Martin war alles andere als verbissen. Er alberte rum und war total süß. Nach dem Kochkurs gingen wir beide in den kleinen Park am Kaiser-Friedrich-Ufer und legten uns unter einen Kastanienbaum ins Gras. Es war noch ein bisschen Zeit, bis Martin zu einem Fototermin losfahren musste. Ich lag auf dem Bauch und plötzlich berührte etwas zart meinen Rücken. Das fühlte sich gut an.

»Was ist das?«, fragte ich leise.

»Das sind Krabbelkäfer«, flüsterte Martin.

Die Krabbelkäfer krabbelten über meinen Rücken und meine Arme, wieder über meinen Rücken zurück, über meine Füße, meine Beine und meinen Po. Das fühlte sich kribbelig aufregend an. Es waren die noch ganz kleinen Früchte der Kastanie, die in seinen Fingern meinen Körper entlangrollten. Sanfte Schwingungen elektrisierten mich und die flatternden Schmetterlinge in meinem Körper verzauberten mich vollends.

117

Am nächsten Morgen stand ich barfuß in meinem blauen Träger-kleid am Herd und kochte mir einen Tee. Martin kam in die Küche und setzte sich an den Tisch. Unsere schrottig-abgewohnte WG-Kü-che funkelte. Mein Herz klopfte. Magisch von ihm angezogen setzte ich mich auf seinen Schoß und dann hielt das Universum den Atem an. Es war der Moment, für den ich keine Worte habe. Wir küssten uns. Während dieses zarten langen Kusses war mir klar, dass alles ent-schieden ist. Ich wusste, dass Martin das auch wusste. Wir gehörten zusammen.

Die Zeit blieb einige Tage lang einfach stehen. Wir verließen Mar-tins Zimmer nur, wenn wir Hunger hatten. Wir vergaßen alles um uns herum. Am Ende wussten wir kaum noch, wie wir heißen. Wir waren uns schon so vertraut, wussten schon so viel übereinander, aber es gab noch so viel zu entdecken, noch so viel zu erzählen, so viel aneinander zu lieben.

Es ging für mich nicht darum, mit einer Verliebtheit irgendeinen Mangel zu lindern. Ich hatte in die Hölle geblickt, war am Boden auf-geschlagen und nicht zerbrochen. Ich brauchte keine Liebesbeziehung, um mich stark und heil zu fühlen. Jetzt ging es allein um das Glück, so geliebt zu werden, wie ich bin, und um das Glück, jemanden so zu lie-ben, wie er ist. Von Anfang an konnten wir zusammen alles sein: wild und brav, verwegen und traditionell, sexy und spießig, cool und ver-dammt uncool, erfolgreich und gescheitert, stark und schwach, ernst und albern und eben auch blind und nicht blind. Nichts musste verän-dert werden.

Als wir uns langsam daran erinnerten, dass es außerhalb von uns beiden noch eine Welt mit anderen Menschen gab, machten wir uns daran, unseren Freunden von uns zu erzählen. Die meisten freuten sich mit uns, nur unsere Mitbewohnerin Susanne freute sich gar nicht darüber, von nun an mit einem liebestrunkenen Pärchen zusammen-leben zu müssen. Der WG-Segen hing völlig schief. Als wir schon überlegten, auszuziehen, kam Susanne uns zuvor. Sie fand eine kleine Wohnung und kurz danach begann Carsten ein Aufbaustudium in Konstanz. Er behielt fürs Erste noch sein WG-Zimmer, war aber kaum noch in Hamburg. So hatten wir die Wohnung ganz für uns. Ich konnte das Zimmer von Susanne für die Shiatsu-Behandlungen gut gebrauchen und zugleich auch damit finanzieren. Wie praktisch, wir mussten gar nicht den Schritt machen, in eine gemeinsame Wohnung zu ziehen. Wir waren ja schon längst da.

So viele Nächte hatte ich allein in meinem Bett gelegen und war dabei nur durch eine Wand von Martin getrennt gewesen. Es hatte drei Jahre gedauert, bis ich erkannt hatte, dass ich mit dem Mann meines Lebens in derselben Wohnung lebte? Warum hatte ich das nicht früher gemerkt? Ich glaube, ich war einfach zu beschäftigt mit Grübeleien über die Liebe. Bis zu dem Nachmittag mit den Krabbelkäfern verfing ich mich in den immer gleichen Gedankenspielen: Würden die Männer, die mir gefielen, meinen Wert überhaupt noch erkennen? Würden sie am Ende nicht doch nur »die Blinde« in mir sehen? Würden sich nur noch die hoffnungslos Übriggebliebenen für mich interessieren? Wäre es vielleicht besser, als blindes Huhn gezielt nach einem blinden Hahn zu suchen?

Es brauchte Zeit, bis meine Gedanken und das richtige Leben wieder in die gleiche Richtung laufen konnten. Außerdem gab es noch einen anderen, viel banaleren Grund für mein langes Zögern: Als ich begann in WGs zu leben, hatte ich mir ein Prinzip aufgestellt: »Fang' niemals etwas mit deinem Mitbewohner an.« Das war echt klug, denn in so einem Fall muss am Ende immer jemand ausziehen. Dieses Prinzip würde ich jetzt über Bord werfen. Zum Glück war ich nie eine Prinzipienreiterin.

Insgesamt fünf Jahre hatte ich nun gegen die Erblindung angekämpft und den Kampf verloren, aber ich hatte mein Leben zurückgewonnen. Mein dreißigster Geburtstag stand vor der Tür und mir war endlich wieder nach Feiern zumute. So viele unterschiedliche Menschen, die mich auf meinem Weg begleiteten, waren Gäste meiner Geburtstagsparty und ich hatte allen Grund, mit ihnen zu tanzen.

Bei meiner Recherche über alternative Heilmethoden für Retinitis pigmentosa war ich vor längerer Zeit auf die Kalifornierin Grace Halloran gestoßen. Sie hatte ebenfalls diese Augenerkrankung und hatte ein PHD in Natural Medicine erworben. Grace hatte ein Programm aus verschiedenen Methoden von Atemtechniken, Ernährung, Nahrungsergänzungsmitteln, Akupressur, Elektrostimulation und Akupunktur entwickelt. Ich hatte versucht, sie für einen Workshop nach

Deutschland zu holen. Aber keine Organisation war bereit, dies finanziell mitzutragen. Daraufhin lud Grace mich ein, kostenlos an einem Workshop in San Francisco teilzunehmen und gemeinsam mit Martin bei ihr zu wohnen. Das war ein tolles Angebot, obwohl ich die Diagnose mittlerweile akzeptiert hatte. Falls ich den allerletzten Sehrest noch ein bisschen halten könnte, wäre das natürlich trotzdem schön. Für zwei Wochen reisten wir nach Kalifornien. Der Workshop dauerte drei Tage. Ich staunte über die kalifornischen Teilnehmer. Wie locker sie mit ihrer Sehbehinderung umgingen. Sogar diejenigen mit sehr gutem Sehrest liefen ganz vergnügt und selbstverständlich mit einem Blindenstock in der Öffentlichkeit. Das war in Deutschland noch anders, nicht nur bei mir. Grace war nach anfänglichen Verbesserungen ihres Sehvermögens durch ihr Programm mittlerweile erblindet, hatte nur noch einen minimalen Sehrest. Das hielt sie aber nicht davon ab, ihr Programm mit Zuversicht an andere weiterzugeben. Grace war eine bemerkenswerte Frau mit einer unglaublichen Lebensgeschichte. In den wilden 60er-Jahren, als sie gerade volljährig war, fuhr sie mit ihrem Freund in einem nicht ganz legal geliehenen Wagen über die Grenze eines Bundesstaats. Diese Jugendsünde brachte ihr sechs Jahre Gefängnis ein. Sie hatte viel erlebt und viel zu erzählen. Es war ein großes Privileg, sie kennenlernen zu dürfen. Wir erkundeten San Francisco und die Bay Area, die Golden Gate Bridge, die Cable Cars, Fisherman's Wharf, Cafés und Restaurants.

Auf dem Campus der Uni von Berkeley ertastete ich ein Denkmal, eine große, runde Steinkugel. Martin und ich verabredeten uns genau an dieser Stelle fürs nächste Leben. »Aber nächstes Mal will ich nicht wieder blind sein. Wenn unbedingt einer blind sein muss, kannst du das ja mal übernehmen«, scherzte ich.

»Na gut, wenn's sein muss«, meinte Martin gelassen.

Unter den Mammutbäumen im Muir-Woods-Park fragte mich Grace: »Was he married before?« Nein war er nicht. Sie gab mir zu verstehen, dass ich einen außergewöhnlich wunderbaren Mann an meiner Seite hatte. Das hatte ich zum Glück endlich auch erkannt.

Grace brachte uns an einem Sonntagmorgen in die großartige Glide Memorial Church. Dort wurden Bilder von Aktionen der amerikanischen Bürgerrechtsbewegung an die Wand projiziert, alles wurde in Gebärdensprache übersetzt, eine Band spielte, der mitrei-ßende Gospelchor sang und es wurde getanzt. Die Kirche rockte.

Irgendwann hatten wir genug vom Dauerregen in San Francisco, verursacht durch das Klimaphänomen El Niño. Wir mieteten uns ein Auto und machten uns auf den Weg zum Highway, fuhren durchs Death Valley bis nach Las Vegas. Wir waren beide das erste Mal in den USA, waren total geflasht und staunten über alles: das atemberaubende San Francisco, die gastfreundlichen Menschen, die 24-Stunden-Supermärkte, die breiten Highways, die riesigen Portionen fettes Essen und das verrückte Las Vegas. Der Workshop für meine Augen war nur ein kleiner Teil des eindrucksvollen Erlebnisses, das Reisen, die Liebe, das Leben, all das war jetzt wichtiger.

Ich führte Grace' Programm in Hamburg noch eine Zeit lang ge-wissenhaft durch und bemerkte anfänglich sogar eine kleine Verbes-serung meiner Sehkraft. Doch auch das war nicht von langer Dauer. Also entschied ich, dass ich nicht dafür gemacht war, mein Leben in Watte gepackt zu verbringen. Selbst von schulmedizinischer Seite wird angenommen, dass eine gesunde Lebensweise einen Einfluss auf das Tempo des Fortschreitens einer Retinitis pigmentosa haben kann. Je-doch ist dieser Effekt bei den vielen verschiedenen Unterformen dieser Netzhautdegeneration kaum zu beziffern. Vielleicht hatte ich mit den Therapieversuchen meine genetisch programmierte »Sehzeit« schon verlängert, vielleicht auch nicht.

Es blieb mir wichtig, möglichst fit und gesund zu sein, denn physi-sche Fitness war hilfreich, um die Erblindung durchzustehen und blind zu leben. Der Augen wegen zur asketischen Gesundheitsfanati-kerin zu werden, war dagegen keine Option mehr.

Im Sommer lernte ich gemeinsam mit Martin Rudern. Wie für alle anderen im Kurs auch war mein Ziel, auf einem Skiff zu »fliegen«. Ein Skiff ist ein streichholzschmaler, sehr langer Einer, der sofort kippt, wenn man sich nicht mit den Skulls auf dem Wasser aufstützt. Anfän-ger ziehen daher die Skulls über die Wasseroberfläche zurück, wäh-rend Könner die Skulls durch die Luft zurückziehen. Ich beherrschte schließlich diesen Balanceakt, fühlte mich fast schwerelos. Es ist wirk-lich wie Fliegen. Um in den Hamburger Kanälen sicher die Spur zu halten, rief Martin mir immer wieder Kommandos zu: »Jetzt zwei

Schläge rechts, dann normal weiter.« Einmal blickte ich bei sehr gutem Licht in seine Richtung und sah ihn durch mein winziges Sehtunnelloch gestochen scharf. Mitte dreißig, trainiert, braungebrannt und mit sehr dunkelbraunem, vollem Haar saß er in einem weißen T-Shirt auf dem Skiff und lachte mich an. Dieses Bild ist bis heute in mein Gedächtnis eingebrannt. Martin hat wirklich Glück, denn seit diesem Moment auf dem Ruderboot wird er in meinen Augen keinen Tag mehr älter.

Lauf, lauf, lauf, Sprung!

»Wo bin ich, wo will ich hin und wie komme ich dort am besten an?«
Für mich waren das nun ganz praktische und alltägliche Fragen. Mittlerweile konnte ich auch tagsüber nicht mehr allein sicher über die Straße gehen. Ich wartete sehnsuchtsvoll auf das Orientierungs- und Mobilitätstraining mit dem weißen Langstock. Eigentlich ist es wegen der Nachtblindheit und dem eingeschränktem Gesichtsfeld bei Retinitis pigmentosa sinnvoll, schon in einem frühen Stadium mit einem Blindenstock unterwegs zu sein. Aus Angst vor Stigmatisierung und aus Scham schieben es aber viele Patienten genau wie ich weit hinaus. Lange stolperte ich lieber über Bordsteine, als mich als behindert zu outen. Aber es gab auch etwas Gutes an meiner Zögerlichkeit: Ich fand von Anfang an den Stock toll, als ich mich endlich dafür entschied.

Ben, mein Mobitrainer, holte mich zu Hause ab. Er war genau richtig für mich: ein junger Sportwissenschaftler mit zerrissenen Jeans und lässigem Cap, der mit mir von Anfang an auf Augenhöhe agierte. Ich fühlte mich von ihm nicht, wie befürchtet, wie ein hilfloser Pflegefall behandelt.

»Wir gehen zuerst in eine Schule, in das Emilie-Wüstenfeld-Gymnasium hier bei dir um die Ecke«, erklärte er.

»Was sollen wir denn da? Ich will doch lernen, draußen meine Wege zu finden«, protestierte ich.

»Wart's mal ab«, beruhigte er mich.

Tatsächlich war es sehr sinnvoll, zunächst in großen öffentlichen Gebäuden zu üben, mich mit Hilfe des Langstocks zu orientieren: Leitlinien wie Wände nutzen, Hindernisse erkennen, Eingänge suchen, Treppen finden und auf- und ablaufen. Für alles gab es ausgeklügelte Techniken. Es war so, wie eine neue Sportart zu lernen. Als Nächstes übte ich in ruhigen Wohngebieten, den Bürgersteig entlangzulaufen und Straßen zu überqueren. Das ging ziemlich leicht und Ben und ich hatten überraschenderweise eine Menge Spaß dabei. »Entschuldigen Sie, Sie werden von einem jungen Mann mit einem Käppi verfolgt«, warnte mich einmal ein aufmerksamer Passant. Ich musste lachen, denn er meinte Ben, der mir von Berufs wegen auf den Fersen war und jeden meiner Schritte beäugte. Stark befahrene Straßen und deren Ampelkreuzungen standen als Nächstes auf dem Lehrplan. Wir übten lange, denn ich fand das ganz schön beängstigend. »Du musst genau auf den Verkehr hören. Mit dem frisch anfahrenden Parallelverkehr hast du grün und kannst die Straße überqueren«, erklärte Ben geduldig. Für einfache Kreuzungen ging das irgendwann ganz gut, aber bei komplizierten Ampelschaltungen und womöglich noch mit Abbiegerspuren würde ich mich im richtigen Leben lieber nicht auf diese Technik verlassen wollen. Warum gab es nicht überall akustische Ampeln für Blinde? Wenn ich mit meinem Stock an einer Kreuzung stand und konzentriert lauschte, nahte oft menschliche Hilfe: »Kann ich Ihnen über die Straße helfen?«, hörte ich von freundlichen Stimmen.

»Eigentlich total gern, aber ich muss hier so lange stehen, bis ich die Ampelphasen selbst unterscheiden kann. Das will mein Trainer so. Er steht hier irgendwo und beobachtet mich«, versuchte ich meinen hilfreichen Mitmenschen den besonderen Sachverhalt zu erläutern. Ein großer Teil des Trainings galt der Orientierung im öffentlichen Nahverkehr und auf den verschiedenen Bahnhöfen. Es gab noch keine Leitstreifen entlang der Bahnsteige und ich musste mit dem Stock so nah an der Bahnsteigkante laufen, dass ich sie bei jedem Pendeln des Stocks spürte. Bloß nicht in den Abgrund fallen und auf den Gleisen liegen, ging es mir jedes Mal durch den Kopf. Auf diesen Nervenkitzel hätte ich gut verzichten können. Insgesamt war das mit dem Bahnfahren aber nicht so schwer, denn ich kannte das Netz des Hamburger Verkehrsverbunds gut. Überhaupt waren meine erinnerten Seheindrücke ein Segen für die Orientierung in der Stadt. In Hamburgs Westen kannte ich mich prima aus. Wenn ich durch die Straßen ging, hatte ich die alten erinnerten Bilder vor Augen. »Kennen Sie sich hier aus?«, fragte mich einmal ein Schaffner beim Ausstieg.

»Ja danke, sehr gut sogar«, antwortete ich.

»Dann ist das ja fast wie Sehen.« Und er hatte recht. Es ist ein himmelweiter Unterschied, blind in vertrauter oder in fremder Umgebung zu laufen. Auch Unvorhergesehenes oder alles, was sich plötzlich verändert hatte, machte die Orientierung schwierig: Baustellen oder Schienenersatzverkehr zum Beispiel.

Am Ende der achtzig Einzelstunden Mobitraining galt es eine Feuerprobe zu bestehen, den sogenannten Drop-off. Ben fuhr mich im Auto kreuz und quer durch Hamburg, ließ mich irgendwo aussteigen und nannte mir einen Treffpunkt. Die Spielregeln besagten, dass ich mich von niemandem führen lassen und kein Taxi rufen durfte. Ich sollte allein meinen Weg durch die Stadt finden. Ich stand an einer Straße und sortierte hochkonzentriert alle Geräusche: Passanten, Einkaufswagen eines Supermarkts, Straßenverkehr, Busse und weiter hinten eine S- oder U-Bahnlinie. Ich fragte jemanden: »Entschuldigen Sie, welches ist die nächste Bahnstation und könnten Sie mir den Weg dorthin beschreiben, bitte?«

»Soll ich Sie nicht einfach kurz begleiten?«, war die Antwort.

Die Leute waren so viel netter, als ich befürchtet hatte. Aber es nützte ja nichts, ich musste es an diesem Tag ohne fremde Hilfe schaffen. Schließlich fand ich den Weg zur Bahnstation, fuhr quer durch die Stadt, stieg in einen Bus und erfragte beim Aussteigen den Weg zum vereinbarten Café. Dort wartete Ben schon auf mich. Ich hatte es geschafft: Ich war nun eine qualifizierte Blindgängerin.

Mein erster Ausflug ganz ohne Ben war ein großer Erfolg. Ich verließ unsere Wohnung, unser Haus, ging die Straße entlang, über zwei kleine Kreuzungen und eine große Kreuzung mit Ampel hinweg zu einem Gemüseladen und zu einem Fischgeschäft. Ich kaufte Broccoli und Seelachsfilet, bezahlte und brachte meine Einkäufe nach Hause. So alltäglich, so großartig!

Es war eine so große Erleichterung, mit dem Stock unterwegs zu sein. Wurde ich zuvor oft angeraunzt, wenn ich jemanden anstieß: »Passen Sie doch auf. Sind Sie blind, oder was?«, entschuldigten sich die Leute jetzt bei mir. »Die spritzen alle zur Seite«, kommentierte meine Mutter amüsiert ganz treffend die Art, wie die Passanten uns den Weg frei machten. Wenn wir zusammen unterwegs waren, wurde sie meist für die blinde Person gehalten. Meine Mutter war eine ältere Dame mit einer leichten Gehbehinderung und passte offensichtlich eher in das allgemeine Bild von Behinderung als ich. Ihr machte das nichts aus. Auch Martin wurde manchmal für den Blinden und ich für seine sehende Begleiterin gehalten. »Schaffen Sie es, den jungen Mann dorthin zu bringen?«, fragte mich der Schaffner, als ich nach unseren Sitzplätzen im ICE fragte. Mich belustigte das, Martin nicht, aber er ließ sich das kaum anmerken.

Weniger Adrenalinstöße als beim Mobilitätstraining, aber viel mehr Frustration erlebte ich mit meiner blindengerechten Computerausstattung, die das Integrationsamt finanziert hatte. Eigentlich war das ein ganz normaler PC mit Bildschirm, Tastatur, Drucker und Scanner. Mit dem Bildschirm konnte ich trotz Einstellung mit starken Kontrasten bald nichts mehr anfangen und war auf die Sprachausgabe und die Braillezeile angewiesen. Eine Braillezeile steht vor der normalen Tastatur und setzt den Bildschirminhalt in tastbare Blindenschrift um. Die Sprachausgabe, die ich zuerst bei Herrn von Lüder gehört hatte, verwandelt den Bildschirminhalt in synthetische Sprache. Über den Scanner können Bücher und andere Texte eingescannt und dann ebenfalls mit der Computerstimme vorgelesen werden. So weit, so großartig. Ich war aber nicht nur als Blinde eine Anfängerin, ich war auch mit Computern eine Anfängerin. Den Beginn des digitalen Zeitalters hatte ich verpasst, weil ich so sehr mit Erblinden beschäftigt war. Mich interessierten Computer auch nicht. Es interessierte mich nicht, warum sie funktionierten, und noch weniger, warum sie manchmal nicht funktionierten. Ich wollte das Ding nutzen und nicht verstehen. Wenn etwas nicht so lief, wie ich es erwartete, führte ich stur denselben Befehl immer und immer wieder aus. Selten konnte ich den Computer mit dieser Strategie überzeugen. Meistens wurde ich wütend. »Nein, nein, nein, du verdammte Mistkiste!«, mit diesen und noch viel wüsteren Schimpfworten schrie ich einige Male den eigensinnigen Computer an. Einmal hämmerte ich zusätzlich zum Wutgeheul mit den Fäusten und voller Wucht auf der Tastatur herum. Martin war fassungslos. Als studierter Physiker analysierte er Fehler lösungsorientiert und führte denselben Befehl höchstens zweimal aus. Erstaunlich, wie emotionslos dieser sensible Mann sich gegenüber einer hinterhältigen Maschine verhalten konnte. Am Ende habe ich doch noch gelernt, ganz passabel E-Mails zu schreiben, Texte zu bearbeiten, Tabellen zu erstellen und im Internet zu recherchieren, aber ein Kinderspiel war das für mich nicht. Ich muss kleinlaut zugeben, dass die Blindheit meine Ignoranz hier nicht entschuldigen kann, denn später lernte ich hervorragende blinde IT-Spezialisten kennen. Wenn ich etwas wirklich erreichen wollte, war es blind meist gar nicht viel schwerer als sehend, denn die notwendigen Extrameilen schmerzten dann kaum. Wenn ich etwas aber nicht wollte, war es blind oft ungleich schwerer als sehend und wurde schnell zur Qual. An dieser Erkenntnis hat sich für mich bis heute nichts geändert.

Mein Studium hatte ich viele Semester lang schleifen lassen, erst wegen der Erfolge mit der Kirschkern Company und später, weil ich lernen musste, mit dem Sehverlust klarzukommen. Jetzt aber dachte ich: »Wenn ich als sehbehinderte Frau beruflich vorankommen will, ist es am besten, wenn ich einen Hochschulabschluss habe.« Aber wenn ich an der Uni noch einmal richtig loslegen wollte, sollte es in einem Fach sein, auf das ich richtig Lust hatte. Das Hauptfach, das ich von Anfang an am liebsten studiert hätte, war Sport. Jedoch war der NC dafür in Hamburg enorm hoch. Keine Chance also. So lange, bis ich mit der Diagnose der Retinitis pigmentosa in die Kategorie »Härtefall« fiel. Ich nahm den Zweiflern in der Behörde mit einem mehrseitigen handgeschriebenen Brief voller Leidenschaft und guten Argumenten den Wind des Widerstands aus den Segeln: »Natürlich macht es Sinn, dass eine Frau mit einer progressiven Augenerkrankung Sport auf Lehramt studiert.« Ich könnte doch im Bewegungsbereich mit mehrfach behinderten Kindern oder im Reha-Bereich arbeiten. Das mit dem Lehramt war eigentlich nicht mein Ziel. Aber es ließ sich nicht vermeiden, weil ich in Anglistik und Pädagogik schon fast alle erforderlichen Scheine hatte und beide Fächer mit Sport als Hauptfach nur in einem Lehramtsstudium zu kombinieren waren. Zugegeben, es klingt nicht so ganz vernünftig, blind Sport zu studieren, aber ich habe diese Entscheidung nicht bereut, ganz im Gegenteil. Sport war im Gegensatz zur anonymen vertrockneten Geisteswissenschaft eine Offenbarung für mich. Einige Akrobaten wie Ute und Robert studierten schon länger am Sportfachbereich und mit Ingo und Björn fingen mit mir zwei Jongleure an. Auch Stefanie, die bei unseren Straßenshows die Musikerin war, begann mit mir am Sportfachbereich. Die ersten beiden Schwerpunktprüfungen vor der Kommission des Lehrerprüfungsamts machte ich im Turnen und im Tanzen. Das war himmlisch leicht, weil ich dafür mehr als genug Können von der Zirkusschule im Repertoire hatte. Gemeinsam mit Björn erhielt ich sogar einen richtigen Lehrauftrag für Bühnenperformance. An diesem Fachbereich war ich absolut richtig!

Weil Ballsportarten nicht funktionierten, absolvierte ich Fachausbildungen in fast allen anderen Sportarten: Skifahren, Rudern, Judo, Kraftsport, Klettern und Schwimmen. Beim Schwimmen bestanden die meisten von uns beim Kraul- und Rückenschwimmen, fielen aber beim Brustschwimmen durch. Auch ich fiel durch und war genervt. Eine wirklich korrekte Brustschwimmtechnik beherrscht entgegen landläufiger Meinung kaum jemand und ich schwamm immer schon eher wie eine Ente. Abends hörte ich auf meinem Anrufbeantworter folgende Ansage:»Hallo, Dörte, ähm ... du bist ja heute auch durchgefallen, aber aufgrund deiner leichten Behinderung ist es ja auch nicht so leicht ... da würde ich sagen, du hast doch bestanden.« Das war die Schwimmdozentin. Sollte ich mich freuen oder weinen? Ich kann nicht sehen, aber auch nicht schwimmen. Das gleicht sich dann aus, oder wie?

Die dritte Schwerpunktprüfung musste ich in Leichtathletik machen und das war, anders als Turnen und Tanzen, überhaupt kein Heimspiel für mich. In dieser Prüfung wurde auch Hürdenlauf bewertet. Ich hatte schon so viele Sonderregelungen und wollte ungern noch ein weiteres Mal um eine Alternative bitten. Vor allem aber waren die Dozentin und meine Kommilitonen der Meinung, dass man blind Hürdenlaufen kann, oder sie wollten zumindest wissen, ob es möglich ist. Also los. Die Voraussetzung für einen gelungenen Hürdenlauf war eine hundertprozentig exakte Technik, aber wie sollte ich wissen, wo ich langlaufen und wann ich abspringen sollte? Wir probierten alles aus: Wir umwickelten Schaumstoffröhren mit rot-weißem Absperrband, aber auch das konnte ich kaum sehen. Wir legten eine Laufbahn aus Matten. Ich rannte auf Geräusche zu, lief an der Hand eines Kommilitonen und ließ mich an einem Band führen. Am Ende war klar: Der Rhythmus entscheidet alles. Diesen Rhythmus musste ich im Schlaf und vor allem blind beherrschen. Das Ende des Semesters kam und damit der Prüfungstag inklusive meines blinden Hürdenlaufs. Ich hatte keine Zeit, darüber nachzudenken, was die Prüfungskommission über dieses Unterfangen denken könnte, denn ich wollte mich nur auf meine Performance konzentrieren: Gewonnen oder verloren wird schließlich zwischen den Ohren. Als ich an der Reihe war, rannte ich auf Kommando los: »Lauf, lauf, lauf, Sprung, lauf, lauf, lauf, Sprung, lauf, lauf, lauf, Sprung …«, das war der Takt in meinem Kopf. Und das Ergebnis? Keine Hürde gerissen, Technik nach monatelangem Training sowieso perfekt. Die Prüfungskommission fand, das war insgesamt eine Eins. Natürlich war das völlig sinnlos für meine Karriere, aber wichtig für mein Selbstbewusstsein.

Irgendwo wird immer getanzt

»Aber nicht verraten, dass ich schon mal getanzt habe«, bat mich Martin, als wir uns für einen Anfängertanzkurs für Standard und Latein anmeldeten. Er hatte Sorge, dass er als Träger der Goldstar-Nadel dann immer vortanzen müsste. Die geschulten Tanzlehreraugen und ich als seine blinde Tanzpartnerin merkten natürlich sofort, dass er tanzen konnte. Aber nicht alle kapierten es, wie die Dame des Paares neben uns. Als wir am ersten Abend für zwei Tänze Partner tauschen sollten, hatte ihr eigener Partner hinterher gar nichts mehr zu lachen: »Jetzt weiß ich, wie sich das anfühlen muss. Mit dir klappt das einfach überhaupt nicht!« Das war dem armen Kerl gegenüber unfair und wir verabredeten, die beiden beim nächsten Termin in unser Geheimnis der tänzerischen Vorerfahrung einzuweihen. Leider kamen die beiden nie wieder. Spätestens beim Wiener Walzer konnte Martin sein Können vor niemandem mehr verbergen. Während alle auf der Stelle die Schritte übten, wirbelte er mich im Dreivierteltakt dreimal um die ganze Tanzfläche herum. Danach tanzten wir Tango und Belinda Carlisle sang dazu:»Then you held me, and you kissed me. And I knew I had to be with you. Ah la Luna, la Luna …«

Einige meiner Freundinnen fluchten immer mal wieder über die Männer im Allgemeinen und über ihren jeweiligen Partner im Besonderen. »Die sind aber nicht alle so, also Martin …«, fingen dann meine Beiträge zum Girls-Talk an. Bald mochten sie es nicht mehr hören und antworteten:»Ja, aber der ist von einem anderen Planeten. Davon gibt es nun mal nicht so viele.«

Tatsächlich war er ein bisschen außergewöhnlich und hatte ein paar wirklich seltene Eigenschaften. Aufgewachsen in einer sehr kinderreichen katholischen Familie, stand er als Kind selten im Mittelpunkt. In der Grundschule blieb er zweimal sitzen und kam dann gemeinsam mit seinem Zwillingsbruder auf eine Förderschule für Kinder mit Lernschwierigkeiten. Das gefiel seinen Eltern zwar nicht, aber bei neun Kindern hat man auch noch anderes zu tun. Bald entdeckte Martin seine Leidenschaft für das Universum und beschloss, Astrophysiker zu werden. Von der Sonderschule bis zum Physikdiplom mit Auszeichnung war es ein langer Weg, aber er hat es geschafft. Zu den Hürden gehörte zum Beispiel, dass er sich für das Abitur selbst Englisch beibringen musste, denn das wurde auf der Förderschule nicht unterrichtet. Wahrscheinlich sind in den 60er-Jahren eine ganze Reihe begabter Kinder mit falschen Diagnosen in die Sonderschulen abgeschoben worden, aber nicht viele haben sich davon so wenig beeindrucken lassen wie Martin und sein Bruder. Um das BAföG aufzubessern, machte er im Studium ziemlich einträglich Straßenmusik. Musikinstrumente mal eben als Autodidakt lernen? Kein Problem für ihn. Leider hatte sein Bildungsmärchen kein perfektes Happy End, denn in den 1990er-Jahren gab es fast keine Promotionsstellen für Astrophysiker. Warum nicht Fotografieren lernen und als Fotograf arbeiten? Tolle Veröffentlichungen waren der Lohn, aber bei den Cuxhavener Nachrichten oder dem Bauernblatt 25 Mark für ein Foto anzumahnen, war auf Dauer kein Spaß. Schließlich landete er beruflich in der IT, erst als Webdesigner und dann als Software-Entwickler. Martin hatte erfahren, dass es sich lohnt, entgegen aller Widerstände den eigenen Weg zu gehen, und er hatte auch erfahren, dass es trotz allem auch noch ganz anders kommen kann. Aber ganz egal, wie's auch immer läuft: Irgendwo wird immer getanzt.

Angefeuert vom Nestbautrieb renovierten wir zunächst unsere Altbauwohnung und zogen zwei Jahre später in ein Einfamilienhaus nach Prisdorf, in das Dorf, in dem ich aufgewachsen bin. Nun war ich tatsächlich Besitzerin einer Einbauküche und dann war es auch noch genau das Modell, dass ich früher bei meinen Freundinnen bewundern konnte: Das Standardmodell der 60er-Jahre. »Eigentlich hätten wir auch gern eine neue Küche gehabt, aber diese steht jetzt leider unter Denkmalschutz«, war lange unser Kommentar zur Kücheneinrichtung und manche Gäste glaubten uns staunend.

Wer weiß, wo es mich hin verschlagen hätte, wäre ich nicht erblindet. Jetzt war ich zurück in Prisdorf und fühlte mich sofort wieder zu Hause. Ich kannte alle Straßen und die meisten Häuser von außen und viele sogar von innen. Die meisten Nachbarn kannten mich ebenfalls schon als Dörte und ich war für sie nicht »die Blinde«.

Ich kaufte meinem Vater seinen grünen Benz ab. Es war ein besonderes Vergnügen mit einem Bauernbenz mit Pinneberger Kennzeichen am Samstagabend in Hamburg unterwegs zu sein. Einmal waren wir an einer Ampel so ins Gespräch vertieft, dass Martin erst merkte, dass grün war, als hinter uns jemand wütend hupte. Er fuhr in aller Ruhe los und sofort hinter uns war wieder rot. Alle Klischees erfüllt: Was für ein Hupkonzert.

Im Jahr unseres Umzugs bekamen Martin und ich Zuwachs. Leo, ein hübscher, schwarzer Flat-coated Retriever zog bei uns ein. »Ein Blindenführhund« hatte mein Augenarzt auf das Rezept geschrieben, das ich zusammen mit dem Kostenvoranschlag der Führhundschule bei meiner Krankenkasse eingereicht hatte. Ute Luhmann, die Führhundtrainerin, hatte mich schon vor einiger Zeit kennengelernt und befunden: »Du brauchst einen Hund mit Temperament. Mit einer Schlaftablette wärst du gestraft.« Leo war nicht nur temperamentvoll, er war auch dominant und hatte einen starken Charakter. Du darfst mich streicheln, aber arbeiten werde ich für dich nicht, schien er mir in den ersten Tagen vermitteln zu wollen. »Du musst ihm zeigen, wer der Boss ist, sonst wird das nichts«, meinte Ute. Ich sollte Leo bei Fehlern kurz und schmerzhaft in die Seite greifen und mit grimmiger Stimme »nein« sagen. Oje, musste das wirklich sein? Ich konnte doch kaum einer Fliege etwas zuleide tun. Es fiel mir so schwer, konsequent und streng zu sein, dass Ute schon die ganze Einarbeitung scheitern sah. Als Leo dann im Freilauf wieder nicht auf Kommando zu mir kam, sondern stattdessen gemütlich auf einem Acker liegen blieb und Fallobst mampfte, hatte ich die Faxen dicke. Erbost lief ich, dirigiert von Utes Richtungsangaben, zu dem eigensinnigen Hund, packte ihn am Halsband und schleifte ihn unter ständigem »Nein, nein, nein ...« quer über den Acker zurück zum Fußweg.

»Na, wie war ich?«, fragte ich Ute atemlos.

»Ich glaube, du hast ihn beeindruckt«, meinte sie mit ein bisschen Bewunderung.

Es brauchte noch ein paar weitere solcher Machtdemonstrationen, bis Leo wirklich zuverlässig auf mich hörte. Die ersten beiden Wochen trainierten wir am Ort der Führhundschule in Bergkamen in Westfalen, wo mich zum Glück niemand kannte, denn in der Fußgängerzone mischten sich immer wieder couragierte Passanten in den Erziehungsprozess ein. Es gab dabei zwei Lager: »Das muss er aber noch lernen. So geht es ja gar nicht«, kritisierten die einen, und »Hören Sie sofort auf, so grob zu sein, der arme Hund!«, meinten die anderen. Ich selbst fühlte mich abwechselnd als Tierquälerin und als Weichei, dem Leo nach Belieben auf der Nase rumtanzte. Nach zehn Tagen Einarbeitungszeit waren wir bei einer Familie zu Gast, die Kaninchen hatte. Leo stand schon seit zwanzig Minuten mit wedelnder Rute wie hypnotisiert vor dem Kaninchenkäfig, als Ute flüsterte: »Jetzt ruf ihn mal.«

Ich bangte, ob er kommen würde. Entschlossen rief ich das Kommando: »Leo, ran.« Blitzschnell war er da und Ute meinte anerkennend: »Du hast ihn.«

Wenn man die Einarbeitung übersteht und dann mit einem Blindenführhund als Gespann langsam zusammenwächst, gibt es viele ungeahnte Glücksmomente. Es ist so viel leichter und schneller mit einem Hund, als mit einem Stock zu laufen. Der Hund sucht den Weg um die Hindernisse herum, während man mit dem Blindenstock mit den Hindernissen zusammenstoßen muss. Ein Blindenführhund findet auf entsprechendes Kommando Eingänge, Ausgänge, Treppen, Briefkästen, Info- und Verkaufsschalter, Ampeln und vieles andere mehr. Allein mit einem Blindenstock durch eine Fußgängerzone zu gehen, ist einfach nur mühsam. Mit einem Führhund dagegen macht es Freude. Und das nicht nur wegen der einfacheren Orientierung, sondern auch wegen des viel unverkrampfteren Kontakts mit den sehenden Mitmenschen. Anders als während der Einarbeitung reagierten viele nun sehr positiv auf Leo, bewunderten seine Arbeit, seine Intelligenz und seine Schönheit. Teenies riefen häufig entzückt: »Oh mein Gott, ist der süß.« Ein Ausruf, den ein männlicher Blindenführhundhalter sicher noch ein wenig mehr zu schätzen wüsste als ich. Blindenführhunde sollten von anderen Menschen nicht angesprochen oder gar gestreichelt oder mit Leckerlis bedacht werden, denn das würde sie von ihrer Aufgabe ablenken. Mir fiel es nicht immer leicht, den Kontakt zwischen hundebegeisterten Fremden und Leo zu unterbinden.

»Bitte streicheln Sie ihn nicht. Er ist im Dienst«, bat ich wieder mal eine Frau, die mit uns am Bahnsteig wartete.

»Oh Entschuldigung … aber er hat angefangen.«

Ich wusste, dass sie recht hatte, und wir mussten beide lachen. Im öffentlichen Nahverkehr kam Leo immer mit vielen Fahrgästen ins Gespräch, und wenn mir danach war, unterhielt ich mich dann auch mit seinen neuen Freunden. Eines späten Nachmittags saß ich im Vorortzug in dem Wagen, den die meisten Prisdorfer nutzten. »Hi, Leo, auch schon da?«, begrüßte der erste zusteigende Fahrgast meinen Hund. »Guten Abend, Leo, hast du auch Feierabend«, meinte der nächste, und bald darauf stieg einer ein und rief: »Mensch, Leo, altes Haus! Wir haben uns ja lange nicht gesehen. Wie geht's denn so?«

Leo war bekannt wie ein bunter Hund. Ich war mit Collies aufgewachsen, hatte aber fast vergessen, wie tröstlich und stärkend die Gesellschaft eines Hundes sein kann. Nur mit dem Stock ausgerüstet, hatte ich immer gut überlegt, wie spät ich noch allein durch Straßen gehen, auf Bahnhöfen stehen oder in S-Bahnen sitzen möchte. Mit Leo hatte ich nirgendwo Angst. Anders als andere Hunde dürfen Blindenführhunde überall mit hin: ins Lebensmittelgeschäft, ins Kino, in die Uni, in die Passagierkabine im Flugzeug und auch zum Zahnarzt. Überall hatte ich jetzt Rückendeckung auf vier Pfoten.

Obwohl Leo ein wahrer Filou war und seine Freiräume gut zu nutzen wusste, arbeitete er konzentriert und ich konnte mich voll auf ihn verlassen. Dabei weiß kein Blindenführhund wirklich, was er tut und schon gar nicht, warum er es tut. Der Hund ist auf bestimmte Kommandos trainiert und reagiert auf diese Anweisungen. Mehrmals gelaufene Wege findet er meist auch schon ohne weitere Ansagen. Auch Leo wusste nicht, dass ich blind bin, und er mich deshalb führt. Sein größtes Laster war seine Fresssucht, die ich erst unterschätzt hatte und später kaum unterbinden konnte. Er fraß einfach alles und mittlerweile weiß ich besser, als mir lieb ist, dass die Städte voll mit zu Boden gefallenen Lebensmitteln sind: Pommes, Eiswaffeln, halbe Döner, Tortenstücke, Würstchen … Alles habe ich ihm rigoros aus dem Maul gerissen. Er mochte auch Papiertaschentücher, besonders benutzte, und natürlich wurde er überall fündig. Später, als ich beruflich und familiär so über die Maßen eingespannt war, dass ich keine Zeit finden konnte, mit einem Hund durchs Dorf zu spazieren, sorgte Leo selbstständig für seinen Freizeitspaß. Welchen Unfug er dabei anstellte, erfuhr ich oft erst Jahre später und wahrscheinlich oft auch gar nicht. Leo hatte ein gutes Gespür dafür, wo die Musik spielt. Einmal legte ein Bauer ein totes Kalb unter einer Plane vor dem Stall ab, das Tier sollte am nächsten Tag vom Abdecker abgeholt werden. Am Morgen stellte der Bauer fest, dass sein Kalb mitten auf dem Hof lag, mit nur einem Ohr. Ein anderes Mal brachte Leo einen verwesenden Rehschädel mit nach Hause. Der bestialische Gestank von verrottendem Hirn versetzte Martin und mich in Panik und ließ uns völlig irrational handeln. Wir verpackten den Schädel umgehend in Müllbeutel, fuhren damit völlig kopflos zu einem Autobahnrastplatz und schmissen das große Leichenteil in einen Müllcontainer. Warum nur? Vermutlich hatten wir so etwas Ähnliches mal in einem Krimi gesehen. Der Rastplatz wurde im Ranking des ADAC kurz darauf mit »schlecht« bewertet und im Jahr darauf geschlossen. Kein Wunder!

Mein facettenreicher Blindenführhund arbeitete treu, bis er fast dreizehn Jahre alt war, und wurde dann von seiner jungen Kollegin Lila, einer schwarzen Labradorhündin, abgelöst. Heute hat Leo sein Grab in unserem Garten und für immer einen Platz in meinem Herzen.

Obwohl Martin und ich beide seit dem ersten Kuss wussten, dass wir unser Leben miteinander verbringen möchten, dauerte es noch weitere vier Jahre, bis wir uns vor Gott und der Welt offiziell das Ja-Wort gaben. Es brauchte Zeit, bis wir uns im Konsens für meine Ideen für unsere Hochzeitsfeier entscheiden konnten. »Schön wäre, wenn wir mit den Gästen auf einer Wiese ein großes Picknick machen«, war Martins erste Idee. Ich sah ihn in alten Jeans und labbrigem T-Shirt mit einem Pappbecher im Löwenzahn sitzen. Ich wollte nichts an ihm ändern, aber das mit dem Picknick konnte auf keinen Fall so bleiben. Ich musste behutsam ganz von vorn anfangen, denn Martin hatte seit seiner Kommunion keinen Anzug mehr getragen. Nach langer freudvoller Planung hatten wir das Gefühl, alles für ein schönes Fest getan zu haben. Vor allem taten unsere Freunde und unsere Verwandten und Nachbarn alles, damit es schön werden würde: ein großer, geschmückter Kranz um die Eingangstür und zerpoltertes Porzellan, ein blühender Garten voller roter Herzballons, ein Empfang mit Champagner, ein geschmückter Saal, ein feines Festessen, eine selbst gebackene mehrstöckige Hochzeitstorte, bewegende Reden, Showeinlagen mit Jonglage, Einrad und Comedy, Musik und Tanz …

Doch selbst wenn man alles tut, damit es schön wird, kann man sich nicht gewiss sein, dass es wirklich schön wird. Aber es wurde alles schön, wunderschön! Meine Trauzeugin Sabine nahm mich in Empfang, nachdem ich schon zwei Stunden für hochgestecktes, mit Rosenblüten verziertes Haar und fürs Make-up beim Friseur gesessen hatte. Ich zog mein Brautkleid, Schmuck und Schuhe an und wir warteten auf Martin, der mich gemeinsam mit seinem Trauzeugen Daniel abholen sollte. Würde Martin weinen, wenn er mich sah? Nein, er lachte. »Sag' ich doch, der lacht immer so«, meinte Sabine und musste dann auch lachen. Die kirchliche Trauung fand in unserem großen Garten statt. Unsere fast hundert Gäste und alle Nachbarn waren gekommen und ein Gospelchor sang. Mitten in der Zeremonie überraschte uns ein heftiges Gewitter: Blitze zuckten, Donner grollten und für einige Momente schüttete es wie aus Eimern. Wir sagten »Ja« zueinander und küssten uns dann leidenschaftlich unter dem Beifall unserer Gäste.

Im Anschluss an die Trauung fuhren mein Blindenführhund Leo, Martin und ich mit einer Kutsche zum Hochzeitssaal. Unterwegs hielten wir kurz an, um ein paar Fotos zu machen. Auf den Bildern sah man hinterher, dass wir unter einem Straßenschild hielten: »Zum goldenen Stern«. Ich war an diesem Tag eine Märchenprinzessin. Oh »My love, take this waltz, it is all that there is«, begleitete Leonard Cohen mit seiner samtweichen, tiefgründigen Stimme unseren Brautwalzer.

Martins Geschwister zeigten Fotos aus seiner Kindheit. Sabine beschrieb mir ein Bild, das ihn als Frosch verkleidet zeigte. Ach so war das: Er hatte sich all die Jahre getarnt und ich hatte ihn bis zum ersten Kuss daher nicht erkennen können. Hatte ich als kleines Mädchen nicht schon gewusst, dass ich irgendwann den richtigen Frosch finden würde?

Zur Planung einer Hochzeitsreise fehlten uns die Zeit und auch das Budget. Wir entschieden uns, mit unserem alten Benz nach Dänemark auf die Insel Fanø zu fahren. Im Glücksstrudel der Hochzeitsvorbereitungen gingen wir ins DanCenter.

»Oh, auf Fanø ist gerade noch ein einziges Ferienhaus frei. Trotz Hochsaison ist es recht günstig«, flötete die Reiseverkehrskauffrau. »Was sind wir nur für Glückspilze«, strahlten wir uns an und fragten nicht nach. Wir kamen gar nicht auf den Gedanken, dass dieses Haus aus gutem Grund bisher von niemandem gewollt wurde. Angekommen in unserem Flitterwochendomizil entdeckten wir zuerst nur zwei winzige Schlafzimmer mit je einem Etagenbett. Ungläubig öffneten wir alle Türen in dem heruntergekommenen Haus. Es gab hier kein Doppelbett für uns. Kurzerhand räumten wir die Besenkammer aus und legten zwei Matratzen hinein. Selbst wenn man fast nichts dafür getan hat, dass es schön wird, kann es schön werden, außergewöhnlich schön sogar.

Licht und Schatten

In meinen Regalen türmten sich haufenweise Ordner mit handgeschriebenen Mitschriften aus unzähligen Vorlesungen und Seminaren. Meine eigene Schrift war für jeden gut lesbar, nur für mich nicht
mehr. Ich musste bei einigen Themen ganz von vorn anfangen, wenn
ich das Examen bestehen wollte. In Englisch wechselte ich meinen
Schwerpunkt von Linguistik zu Literaturwissenschaft. In Windeseile
arbeitete ich mich per Hörbuch durch den Kanon der englischen und
amerikanischen Literatur. Stapelweise Fachliteratur musste ich auf
Tonkassetten auflesen lassen, und zwar so, dass ich damit wissen-
schaftlich arbeiten konnte. Neunzig Minuten Fußnoten anhören, war
ein ziemlich zweifelhaftes Vergnügen, auf das ich lieber hätte verzichten mögen, aber ich hatte keine Wahl. »Bewegungstheater mit blinden
und sehbehinderten Menschen« war der Titel meiner Examensarbeit,
in der ich meine beiden bisherigen Lebensthemen zusammenbringen
konnte. Für diese Abschlussarbeit arbeitete ich mich auch durch alle
Autobiografien blinder Menschen, die ich in die Hände bekommen
konnte. Diese Lebensgeschichten waren für mich ungeheuer inspirie-
rend: Die Amerikanerin Helen Keller wurde, obwohl blind und taub,
zu einer weltbekannten Schriftstellerin. Der Franzose Jacques Lussey-
ran hatte als blinder Teenager eine Widerstandsgruppe innerhalb der
Résistance aufgebaut, wurde nach Buchenwald deportiert und über-
lebte das Konzentrationslager. Der Österreicher Andy Holzer und der
Amerikaner Erik Weihenmayer kletterten blind auf die höchsten Gip-
fel der Welt und sie haben beide mittlerweile den Mount Everest be-
zwungen. Die Deutsche Sabriye Tenberken reiste allein nach Tibet,
baute dort eine Blindenschule auf und gründete später in Indien eine
Akademie für Sozialunternehmer aus aller Welt. Verena Bentele gewann als blinde Biathletin unzählige Medaillen, bevor sie zunächst
Bundesbehindertenbeauftragte und später Präsidentin des größten
deutschen Sozialverbandes, des VdK, wurde. Wenn all das möglich

war, dann müsste es doch auch möglich sein, dass ich es in meinem eigenen kleinen Leben noch zu etwas brachte.

»Sensationell, das haben wir ganz selten«, raunte eine Mitarbeiterin des Lehrerprüfungsamts mir vor meiner letzten mündlichen Prüfung zu. Einige Tage später hielt ich ein Examenszeugnis in der Hand, auf dem es überall nur Einsen gab, und es stand mein Name darauf. Wie konnte das passieren? Gute Unterstützung von vielen Seiten, Glück und natürlich auch ein bisschen Fleiß bildeten ein ziemlich fruchtbares Gemisch. Stolz war ich aber vor allem darauf, dass ich keinen Blindenbonus bekam. Das Lehrerprüfungsamt verteilt keine Trostpreise. Letztendlich war das Ergebnis auf dem Papier nicht wichtig, denn ich wollte ja gar nicht als Lehrerin an einer Schule arbeiten. In Praktika an einer Regelschule und an der Blindenschule hatte mich der 45-Minuten-Takt, die Vorgaben durch die Lehrpläne und die ständigen Kämpfe um die Disziplin gehörig abgeschreckt. Ich hatte die Schule früher zwar gemocht, aber etwas gelernt habe ich dort nicht wegen, sondern trotz des Unterrichts.

Mit dem Thema meiner Examensarbeit begann ich, mir einen Namen in einer winzigen Nische zu machen. Ich war als Referentin für Theaterpädagogik mit blinden und sehbehinderten Kindern und Jugendlichen unterwegs und schrieb Artikel über dieses Thema. Mich interessierte jetzt alles, was mit Blindheit zu tun hatte, besonders wenn es ein wenig aus der Reihe fiel. Deshalb war ich neugierig auf eine Ausstellung in der Hamburger Speicherstadt, in der es nichts zu sehen geben sollte. Ich hatte keine Vorstellung, was mich hier erwartete, weder bei meinem ersten Besuch und schon gar nicht in den darauffolgenden Jahren.

Gemeinsam mit sechs anderen Gästen wurden Martin und ich von einem Mann begrüßt: »Herzlich Willkommen beim Dialog im Dunkeln. Mein Name ist Bernd. In unserer Ausstellung erleben Sie alles ausschließlich mit Händen, Ohren und der Nase; nur nicht mit den Augen, denn unsere Ausstellungsräume sind absolut lichtlos. Damit das auch so bleibt, stecken Sie bitte Feuerzeuge und Uhren mit leuchtenden Ziffernblättern unbedingt tief in die Taschen! Schalten Sie nun bitte Ihre Handys ganz aus. Ich gebe Ihnen jetzt einen Langstock, er hilft Ihnen im Dunkeln, denn so spüren Sie auch, ob sich vor Ihnen der Boden verändert, ob es bergauf oder bergab geht, ob Hindernisse im Weg sind oder ob eine Stufe nach oben oder nach unten führt. Wenn Sie keine Fragen mehr haben, bringe ich Sie zu Britta, Ihrem Guide.« Wir hatten keine Fragen mehr und folgten Bernd. Zwar nahm ich die zunehmende Dunkelheit wahr, aber auch bei Licht sah ich nur noch schemenhaft. Für mich änderte sich daher erst einmal nicht viel, während sich für die anderen Ausstellungsbesucher alles änderte. Mit zaghaften kleinen Schritten tappten sie in die Dunkelheit hinein. »Hallo, kommt auf meine Stimme zu«, lud Britta uns freundlich ein. Sie war wie ich blind, stellte sich als unser Guide vor und bat uns, ihr unsere Namen zu nennen. Allein das führte schon zu Verwirrung: Wer sollte starten? Mit Blicken konnte man sich hier nicht mehr verständigen. Als Nächstes öffnete Britta eine Schiebetür: »Was hört ihr?«, fragte sie. Wow, das klang total echt. Hinter der Tür zwitscherten Vögel und ein Bach plätscherte. »Wir machen jetzt einen Spaziergang durch den Park. Geht bitte alle rechts an meiner Stimme vorbei«, instruierte Britta uns. Wir gingen einen grasbewachsenen Hügel hinauf, der Untergrund wechselte zu Kieselsteinen, wir überquerten Brücken, saßen auf Parkbänken, fühlten Baumstämme und Pflanzen. Es gab zudem noch Düfte und Wind. Die ganze Welt, nur ohne Licht. Ich war total begeistert davon. Aber was war denn mit Martin und den anderen Ausstellungsbesuchern los? Sie wirkten alle so ängstlich, verwechselten Baumstämme mit Laternenmasten, fanden Brückengeländer und Parkbänke nicht. Ihnen war die bekannte Welt plötzlich ganz fremd. Sie waren frisch erblindet und ich hatte dagegen schon Übung. Es war eine aufrüttelnde Erfahrung für mich, wegen meiner Blindheit plötzlich anderen überlegen zu sein. Souverän führte Britta ihre Besuchergruppe an einen Marktstand und über eine Straßenkreuzung. Auch eine Bootsfahrt war Teil der Tour. Als die Gischt in den Bug spritzte, flüchtete ich mich schnell zu Britta, die im Heck am Steuer saß. »Dialog im Dunkeln« war einfach der Hammer! Abschließend konnten wir uns in der Dunkelbar am Tresen ein Getränk bestellen und Britta Fragen stellen. Ich erfuhr, dass die Ausstellung immer auf der Suche nach blinden Mitarbeitern ist, die als Aushilfen die sehenden Besucher durch die dunkle Welt führen.

»Na, das war ja drollig«, meinte Volker, der Teamleiter der Guides, zu mir, nachdem ich eingearbeitet und meine erste Gruppe allein durch den »Dialog im Dunkeln« geführt hatte. Es machte so viel Spaß, es war wie Theater, Kellnern und Blindsein zusammen. Bei jeder neuen Gruppe dachte ich bei den ersten Schritten: »Die kriege ich nie bis zur Bar«, doch dann wurden sie mit jedem Schritt mutiger und heiterer. Es passierten Situationen, die nur in dieser Umgebung möglich waren: Menschen hielten Briefkästen für Waschmaschinen, setzten sich auf den Tisch statt auf den Stuhl oder küssten den falschen Schatz. »Dialog im Dunkeln« ist keine Simulation von Blindheit, es ist eine inspirierende Ausnahmeerfahrung für Gäste und Guides.

Während des Gesprächs in der Bar fragten die Gäste mich alles: »Wie weißt du, wie spät es ist? Wie findest du dich im Straßenverkehr zurecht? Wie fährst du mit Bahn und Bus? Wie kochst du? Machst du Sport? Wie suchst du deine Kleidung aus? Hast du einen Mann? Ist der auch blind?« Die meisten Gäste wussten fast nichts darüber, wie blinde Menschen leben, genau wie ich früher. Hier war ein Ort, an dem sie alle Fragen stellen konnten und sie bekamen Antworten, die sie oft erstaunten. Meistens waren sie sehr überrascht, dass blinde Menschen eigentlich ganz normal sind, nur eben nicht sehen können und deshalb eine Menge Herausforderungen bewältigen müssen. Irritierend fand ich die große Bewunderung, die uns als Guides dafür entgegengebracht wurde, blind zu leben. »Ich bewundere so sehr, wie Sie das machen. Ich könnte das nicht«, war ein Satz, den ich nur schwer ertragen konnte. Als Guide eine Gruppe durch dunkle Räume zu führen, ist kein Hexenwerk. Man könnte das auch als sehender Mensch lernen. Blind den Alltag zu meistern, lernt man, wenn man keine Wahl hat. Es ist nicht einfach, aber außergewöhnliche oder gar übersinnliche Fähigkeiten benötigt man nicht dazu.

Wer war der Mann, der das geniale Konzept von »Dialog im Dunkeln« auf die Beine gestellt hatte? Prof. Dr. Andreas Heinecke, von allen nur Andreas genannt, kam als junger Mann in Kontakt mit Matthias, einem durch einen Autounfall erblindeten Journalisten. Andreas unterstützte ihn dabei, beim Südwestfunk als Dokumentar arbeiten zu können. Lange schon hatte sich Andreas mit den Themen »Vorurteile, Diskriminierung und Ausgrenzung« beschäftigt und wurde im Kontakt mit Matthias dennoch von seinen eigenen Vorurteilen gegenüber Menschen mit einer Behinderung überrascht. Durch diese Begegnung entstand die Idee, das Licht auszumachen und die Rollen zu tauschen. Die Blinden würden die Sehenden sein und die Sehenden wären blind.

Andreas hatte nicht nur eine unfassbar einfache und zugleich geniale Idee, er hatte auch das Zeug dazu, diese Idee gegen alle Widerstände in die Welt zu bringen. Er ist ein Treiber, ein Visionär, ein Weltverbesserer. Allein durch seine Beharrlichkeit und Hartnäckigkeit gibt es »Dialog im Dunkeln« heute in über vierzig Ländern. Neun Millionen Besucher konnten das Konzept erleben und Tausende blinder Menschen fanden dadurch Arbeit. Das ist ein ungeheurer Erfolg, aber man muss einen großen Bogen um Andreas machen, wenn man die Dinge so lassen möchte, wie sie sind, und wenn man nicht bereit ist, alles in Frage zu stellen. Denn Andreas konnte von einem Moment auf den anderen alles über den Haufen werfen und neu anfangen.

Schon bevor ich Andreas kennenlernte, wurde Klara auf mich aufmerksam. Die quirlige, energiegeladene Frau arbeitete eng mit Andreas zusammen und wurde später die Geschäftsführerin des Dialogmuseums in Frankfurt.

»Was machst du denn sonst so?«, wollte sie wissen. Dabei saß sie an ihrem Schreibtisch und ich hockte vor ihr auf dem Boden, weil ich Leo davon abhalten wollte, den Papierkorb auszuräubern. Augenhöhe sieht zwar anders aus, aber es wurde doch der Beginn einer partnerschaftlichen und sehr erfolgreichen Zusammenarbeit. Von Klara erhielt ich den Auftrag, ein pädagogisches Begleitheft zu schreiben und einen pädagogischen Workshop für Schulen zu entwickeln. Beides hatte es in Ansätzen in früheren Jahren schon gegeben, aber darauf konnte ich nicht zurückgreifen. Ich schrieb eine Handreichung für Lehrer mit Informationen, Spiel- und Übungsideen und mit Arbeitsblättern für alle Klassenstufen. Es wurden achtzig DIN-A4-Seiten. Die Welt musste doch noch so viel über das Leben blinder Menschen erfahren. Der Workshop sollte den Schulklassen vor dem Ausstellungsbesuch Einblicke in die Lebenswelt von blinden und sehbehinderten Menschen geben, so dass der Besuch in der Dunkelheit für die Schüler nicht nur ein großer Spaß sein würde. Mir war es wichtig, dass der Workshop von jemandem geleitet wird, der selbst nichts oder wenig sieht. Es würde sich lohnen, sich dieser Herausforderung zu stellen. Mir zitterten anfänglich die Knie, wenn ich blind vor einer unbekannten Gruppe sehender Schüler stand. »Hoffentlich sind die nett zu mir«, bangte ich dann jedes Mal, doch das waren sie ausnahmslos immer.

»Willst du nicht fest für mich arbeiten?«, fragte Andreas mehr als einmal. Er zog alle Register: Er lud mich mehrfach zum Essen und zum Kaffeetrinken in sein Büro ein, lobte meine Examensarbeit und gab mir Aktenordner mit seinem Material zur Idee »Theater im Dunkeln«. Ich war verlockt und geschmeichelt, aber ich wollte keine Festanstellung. Ich wusste, dass ich dafür nicht gemacht bin. Ich bin nicht gut darin, dass mir jemand fortwährend sagt, wann ich wo, was und wie machen soll. Ich bin nicht gut darin, einen Chef zu haben. Doch Andreas machte mir irgendwann ein Angebot, das ich nicht ablehnen konnte. Also gut, ich würde es versuchen und unterschrieb einen Vertrag für die Position der »pädagogischen Referentin«. Ich bezog ein großes Büro im sechsten Boden des alten Speichers direkt neben Andreas' Eckbüro. Es beflügelte mich sehr, nun auch für andere Ausstellungen weltweit zu arbeiten, zu reisen und inhaltlich alle Freiheit zu haben.

Andreas erwartete von uns Mitarbeitern, dass wir uns ebenso wie er mit Haut und Haar der Sache seines Sozialunternehmens verschrieben, und genau das tat ich. Wie alle im Team konnte ich dabei nie sicher sein, ob Andreas nicht plötzlich mit etwas ganz Neuem um die Ecke kommen und die Arbeit von Wochen in die Tonne treten würde. Am Ende ist »Dialog im Dunkeln« natürlich sein Werk und ihm gebührt der Löwenanteil der Ehre dafür. Nicht immer war das so leicht zu schlucken, besonders dann nicht, wenn ich selbst Unmengen Herzblut in ein Projekt gesteckt hatte. »Wir danken ganz herzlich Dr. Andreas Heinecke, Klara Kletzka und Dörte«, hieß es von der Leitung des Leipziger »Dialog im Dunkeln« zur offiziellen Eröffnung. Ich hatte zwei Wochen vor Ort intensiv mit den neuen Guides gearbeitet und alles gegeben, aber jetzt hatte ich noch nicht mal mehr einen Nachnamen.

Es war toll, für Andreas zu arbeiten, aber war es einfach? Nein, überhaupt nicht. »Wo so viel Licht ist, ist eben auch viel Schatten«, war der Satz, mit dem ich mich tröstete, wenn es mal wieder mehr schwierig als toll war, für diesen brillanten Mann zu arbeiten.

Die schönsten Kinder der Welt

»Wollt ihr eigentlich Kinder?«, fragte uns mein Bruder auf unserer
Reise durch Kanadas Westen. »Ja, klar, später mal«, waren Martin und
ich uns einig. Gerade waren wir wunschlos glücklich. Beruflich lief es
für uns beide richtig gut und wir konnten uns tolle Reisen leisten. Auf
Vancouver Island badeten wir unter Wasserfällen und in heißen Quel-
len, durchwanderten Urwälder und begegneten Walen, Bären und
Wildkatzen. Wir waren jung und es gab so viel, was wir gemeinsam
entdecken wollten. Auch sportlich war ich gerade neu durchgestartet.
Zweimal wöchentlich trainierte ich jetzt Aikido. Ute, meine an-
spruchsvolle Trainerin, hatte keinen Zweifel, dass ich blind in dieser
Kampfkunst mithalten konnte. »Ich habe eine blinde Katze. Ich kenne
mich damit aus«, versicherte sie mir in unserem ersten Telefonat. Mein
Trainingspartner war Thomas, ein Polizist. Wir stellten schnell fest,
dass wir früher auf den gleichen Demos waren, nur auf verschiedenen
Seiten. Jetzt bestanden wir gemeinsam die Prüfung vor dem Bundes-
trainer zum ersten Kyu. Ute unterrichtete auch Stockkampf und sah
keinen Grund, mich hier außen vor zu lassen. Der französische Soldat
Jean Jacques staunte nicht schlecht, als er an seinem ersten Trainings-
tag von einer blinden Frau in diese Kampftechnik eingeführt wurde.
Außerdem trainierten Martin und ich für die Euro-Tandemtour von
Pro Retina mit zehn geplanten Tagesetappen von bis zu 220 Kilometern. Auch wenn wir einmal vom Besenwagen aufgesammelt werden
mussten, wir schafften die Tour von Berlin nach London. Nur ganz
zum Schluss auf dem feierlichen Empfang beim Londoner Bürger-
meister schlief Martin einfach ein.

Mit Baby im Bauch oder auf dem Arm wäre vieles nicht mehr möglich. Und würde ich es überhaupt schaffen, mich blind um ein Kind zu
kümmern? Eine blinde Mutter von fünf Kindern machte mir Mut.
»Wenn die mit fünf Kindern klarkommt, dann werde ich es mit einem
vielleicht auch schaffen. Aber erst später«, dachte ich mir.

»Willst du eigentlich Kinder?«, fragte mich Stefan im folgenden Jahr. Er war Heilpraktiker und sehr kompetent in chinesischer Medizin, einer von den wenigen seriösen, die ich auf der Suche nach Heilung für meine Augen kennengelernt hatte. Ich war lange nicht bei ihm gewesen und kam jetzt wegen irgendeines kleineren Wehwehchens. Warum wollte er das mit meiner Familienplanung überhaupt wissen? »Klar, später mal«, antwortete ich ihm. Daraufhin meinte er sehr ernst: »Du bist 35 Jahre alt, lese ich hier auf deiner Karteikarte. Da gibt es kein Später mehr. Haltet euch ran!« Stefan hatte sich mittlerweile auf Behandlungen bei unerfülltem Kinderwunsch spezialisiert. Er kannte die Dramatik vieler Frauen, die wie ich erst mit Ende dreißig ans Kinderkriegen denken wollten. Er redete mir eindringlich ins Gewissen. Danke Stefan, diesen Schubs hatte ich dringend gebraucht.

»Beide Streifen pink«, beschrieb mir Martin den Teststreifen. Wieder würde ein medizinischer Test mein Leben umkrempeln. Dieses Mal war ich damit nicht allein, auch für Martin würde nichts mehr so sein wie zuvor. »Wir sind schwanger«, flüsterte ich, und Martin umarmte mich innig. Wir konnten es nicht fassen.

Meine Mutter wohnte ganz in unserer Nähe und schon bald machten wir uns voller Enthusiasmus auf den Weg, um die Babyausstattung einzukaufen. Sie würde mich unterstützen, wenn das Baby da war, und wir würden ein prima Team sein, da war ich mir ganz sicher. Alle freuten sich mit uns. Niemand schien erstaunt zu sein, dass wir uns für Kinder entschieden hatten.

»Hier sieht man die Wirbelsäule und hier sieht man sehr schön das Herz Ihres Kindes schlagen«, beschrieb mir meine Frauenärztin, was sie auf dem Ultraschallbildschirm sah. »Es sieht alles gut aus«, befand sie. Das Thema der pränatalen Diagnostik ist für keine schwangere Frau ganz unproblematisch. Die bange Frage: »Was ist, wenn unser Kind krank oder behindert zur Welt kommt?«, begleitet mehr oder weniger jede Schwangerschaft. Ich hatte mich in den vergangenen Jahren viel mit den Themen »Ausgrenzung von Menschen mit Behinderungen« beschäftigt und »pränatale Selektion« ist dabei ein besonders schwieriger Aspekt. Was hieß das jetzt für mein eigenes ungeborenes Kind? Sollte ich wegen meiner eigenen kritischen Haltung auf vorgeburtliche Diagnostik verzichten? Müsste ich ein schwerstbehindertes

Kind zur Welt bringen, weil ich schließlich selbst auch eine Behinderung hatte? Oder war gerade ich als blinde Mutter dem Leben mit einem Kind mit einer schweren Krankheit oder Behinderung besonders wenig gewachsen? Auf diese Fragen hatte ich keine Antworten und merkte schnell, dass die Beschäftigung mit diesen Themen Wunden aufriss und dunkle Wolken in mein Leben trieb. Der Ausspruch »Hauptsache, gesund« versetzt mir bis heute einen Stich, obwohl ich mittlerweile selbst erfahren habe, was für ein Glück gesunde Kinder sind. Wie hätten meine Eltern damals reagiert, wenn sie gewusst hätten, dass ihre kleine Dörte diese Hauptsache nicht erfüllt, sondern eine genetische Krankheit hat?

Martin und ich entschieden uns, ganz auf meine Frauenärztin zu vertrauen und alle Untersuchungen zu machen, die üblich waren. Dazu gehörte dann für mich als 36-jährige Erstgebärende auch eine Fruchtwasseruntersuchung. Fast war ich überrascht, dass der Arzt, der diese Untersuchungen durchführte, kein kaltherziger Aussortierer von behinderten Leben war, sondern ein sehr einfühlsamer Mediziner. »Es ist alles in Ordnung und es wird ein Mädchen«, erfuhren wir einige Tage nach der Untersuchung. Wir waren erleichtert und nun voller Vorfreude auf unser kleines Mädchen. Doch dann erreichte mich eine weitere Nachricht auf der Mailbox: »Hier ist noch einmal die Praxis für Pränataldiagnostik. Bitte rufen Sie uns zurück.« Mein Herz rutschte mir tief in die Umstandshose. Was war los? »Tut mir leid, das kann ich Ihnen nicht sagen. Der Arzt will Sie persönlich sprechen. Er ruft Sie am Nachmittag zurück«, war die kurze Auskunft der Arzthelferin. Was hatte das zu bedeuten? »Nein, es ist alles in Ordnung«, beruhigte mich der Arzt. »Aber sollten wir nicht die Zellen auf Retinitis pigmentosa testen?« Ich war über dieses Thema bestens informiert und erklärte dem Arzt, dass eine pränatale Diagnostik bei meiner Augenerkrankung nicht möglich sei. Wir wussten, dass das Vererbungsrisiko minimal war, hatten außerdem überlegt, dass eine Erkrankung erst in zwei Jahrzehnten zu einer Beeinträchtigung führen würde, falls denn dieser unwahrscheinliche Fall einträte. Vielleicht wäre die Medizin dann weiter und in letzter Konsequenz lebte ich ja mit meiner Erblindung mittlerweile auch ziemlich gut. Warum hätten wir also testen sollen?

»Wenn Sie vorher wissen, ob Ihr Kind auch erkrankt ist, dann können Sie sich schon einmal gedanklich darauf vorbereiten«, meinte der Arzt. Er ließ sich nicht von der Überzeugung abbringen, dass ein Test medizintechnisch möglich ist. Er war so hartnäckig und dabei freundlich, dass ich schließlich sagte: »Okay, wenn Sie unbedingt möchten, dann testen Sie gern auf Retinitis pigmentosa.« Am nächsten Tag rief der Arzt wieder an, um mir zu sagen, dass der Test tatsächlich nicht möglich sei. Puh, das hatten wir auch geschafft.

Ich genoss die Schwangerschaft, war fit und erklomm bis zum Beginn des Mutterschutzes mehrfach täglich die sechs Stockwerke zu meinem Büro. Ich arbeitete für drei Wochen in der Wolfsburger Autostadt, wo wir temporär einen »Dialog im Dunkeln« aufgebaut hatten, und flog nach Paris, wo die Ausstellung »Dialog im Stillen« mit gehörlosen Guides zu erleben war.

Unser Kind sollte im Klinikum Pinneberg zur Welt kommen. Die dortige Geburtsstation hatte einen hervorragenden Ruf und war trotzdem nicht überlaufen. Die Hamburger kamen hier nicht hin, denn sie wollten auf keinen Fall ihre Babys in Pinneberg zur Welt bringen. Dieses Stigma würde ja ein Leben lang im Personalausweis stehen. Ich dagegen hatte mich mit dem kleinen Pinneberg ausgesöhnt. Dank Nordbahn kam man jetzt sogar in nur zwölf Minuten mitten in die Großstadt. Das war praktisch, aber es ging mir nicht mehr darum, wie schnell ich von hier wegkomme. Hamburg ist die Stadt, der man leidenschaftliche Liebeserklärungen macht. Pinneberg dagegen ist gut, überschaubar und normal. Man kennt und grüßt sich hier. Die Pinneberger sind in Ordnung, die meisten sogar echt liebenswert. Gäbe mir also heute jemand eine Farbdose in die Hand, ich würde ans Rathaus sprayen: »Doch wieder Pinneberg.« Ich glaube, heute ist es revolutionärer, Pinneberg öffentlich zu mögen, anstatt diese Stadt zu mobben.

Vor dem Geburtstermin fuhr ich gemeinsam mit meinem Blindenführhund Leo zu fünf Terminen geburtsvorbereitender Akupunktur ins Klinikum. Wie es so seine Art war, wickelte Leo das gesamte Personal dort um die Pfote. »Begleitet er Sie auch in den Kreißsaal?«, fragten die Hebammen hoffnungsvoll.

»Nein, auf keinen Fall. Der war ja auch nicht mit zur Geburtsvorbereitung. Ich habe dann lieber meinen Mann dabei«, antwortete ich kichernd.

Meine Hebamme stöhnte beim Kaffee: »Am schlimmsten sind unter der Geburt erstgebärende ältere Lehrerinnen.«

Sie dachte dabei anscheinend gar nicht an mich, aber ich dachte: »Na warte, dir werde ich's schon zeigen.« Ich hatte so viele Kühe kalben sehen, so schwer konnte es doch gar nicht sein mit dem Kinderkriegen. Ich war theoretisch, praktisch und mental glänzend vorbereitet, aber Martin hing in einem zähen Projekt, das dringend noch fertig werden musste, auch wenn es die Nächte kosten würde. Als er zwei Tage vor dem voraussichtlichen Geburtstermin um drei Uhr nachts ins Bett fallen wollte, war ich gerade aufgewacht: Die Fruchtblase war geplatzt. »Schlafen geht jetzt nicht mehr. Das Baby kommt«, ließ ich ihn wissen.

Viele Stunden später nach einer unkomplizierten spontanen Geburt hielten wir unser winziges, wunderschönes Menschenkind in den Armen. Eileen hatte unglaublich dichtes, langes dunkles Haar und war überhaupt nicht zerknautscht. Sie verzauberte uns und alle um sie herum gleich mit. »Was ist los?«, fragte Martin, als er mich wenige Tage nach der Geburt tränenüberströmt im Bett sitzen sah.

»Ich bin einfach so glücklich«, schluchzte ich.

Viele Freunde und Verwandte kamen zu uns, um Eileen zu begrüßen. »Die Leute sagen, dass es so schade ist, dass Dörte nicht sehen kann, was für eine hübsche Tochter sie hat«, erfuhr ich von meinem Neffen Sven. Obwohl es oft unpraktisch war oder mich einschränkte, war für mich Blindsein mittlerweile normal. Ja, meine Tochter und später meinen Sohn, meine beiden Kinder habe ich noch nie gesehen, aber das muss ich auch nicht, denn ich weiß: »Das sind die schönsten Kinder der Welt.«

Stillen, Wickeln, Anziehen, Baden, Spaziergänge im Dorf mit Tragetuch oder Kinderwagen – alles schien mir blind genauso einfach oder schwierig zu sein, wie es sehend gewesen wäre. Tasten und Fühlen konnten in der Babypflege das Sehen für mich meistens gut ersetzen. Unser erstes Kind stellte dennoch alles auf den Kopf, machte die Nacht zum Tag und forderte uns mit Haut und Haar. Die Umstellung fiel mir nicht leicht. Statt Dienstreisen gab es jetzt Babymassagekurse, Krabbelgruppen und Treffen mit anderen Mamis. Es war eine größere Herausforderung für mich, eine spätgebärende Akademikerin zu sein, die Beruf und Familie unter einen Hut bekommen will, als eine blinde Mutter zu sein.

Kurz nach Eileens Geburt wurde bei Martins Mutter Bauchspeicheldrüsenkrebs diagnostiziert. Trotz des Schocks, der Trauer und obwohl sie schon sehr geschwächt war, verbrachten wir einen unvergesslich schönen Babynachmittag mit ihr im Krankenhaus. Es war der erste Tag, an dem Eileen über lange Zeit hinweg im Wipper lag, lachte und schäkerte. »Ich kann nur ganz kurz sprechen, das Kindchen muss doch gleich trockengelegt werden«, wies sie Anrufer an diesem Tag entschieden ab. Kurze Zeit später schon verstarb meine Schwiegermutter in einem Hospiz. Meine eigene Mutter unterstützte uns mit all ihrer Herzenswärme, genau wie wir es uns ausgemalt hatten. Sie fuhr mit Eileen spazieren, schaukelte sie und spielte mit ihr. Vier Tage nach Eileens Geburt kam die Tochter meines Neffen zur Welt. Pia war das erste Urenkelkind meiner Mutter. Sie hatte gut zu tun mit ihrer wachsenden Enkelschar.

Nachmittags und abends ging es meiner Mutter stets hervorragend und sie war voller Tatendrang, aber morgens ging es ihr sehr schlecht. Die Ärzte fanden dafür keinen Grund. Als es ihr zunehmend schlechter ging, ließ ich sie in ein Krankenhaus einweisen und bald hatten wir bittere Gewissheit: Sie hatte einen Hirntumor. »Es tut mir leid wegen Eileen«, sagte sie zu mir. Besonnen kümmerten sich meine Brüder und ich um alle nötigen Schritte, waren aber zutiefst erschüttert über den anonymen Krankenhausbetrieb und die Ratlosigkeit der Ärzte. Auf der Krebsstation gab es keine Hoffnung mehr für meine Mutter und Eileen und Pia durften meine Mutter dort auch nicht besuchen. Zu Pfingsten entschied ich dann Hals über Kopf, sie in ein Hospiz verlegen zu lassen. Es war die richtige Entscheidung, denn hier wurde sie vom Personal liebevoll umsorgt und konnte in ihren letzten Lebenstagen noch einige Stunden ungestört mit ihrer Familie verbringen. Als sie schon nicht mehr sprechen konnte, reagierte sie trotzdem beherzt auf die Rufe von Eileen und Pia, die mit ihr in ihrem Bett sitzen durften. Neubeginn und Abschied, Glanz und Elend lagen so nah beeinanander. Es tat mir weh, dass meine Kinder nicht mit meiner wundervollen Mutter und auch nicht mit Martins Mutter aufwachsen würden. Das Band zwischen meiner Mutter und mir jedoch war so eng, dass ich bis heute nie das Gefühl hatte, sie für immer verloren zu haben.

Was sollen die Leute sagen?

»Wow, was für große pinkfarbene Blumen«, dachte ich bewundernd während eines Spaziergangs durch den Botanischen Garten. »Wer nicht gut sieht, sollte sich stärker am Duft erfreuen«, meinte ich, ging sogleich in die Hocke und begann, an der Blumenpracht zu schnuppern. Plötzlich zog mich Martin sehr unsanft von den leuchtenden Blumen weg.

»Ey, was soll denn das?«, pflaumte ich ihn an. »Ich will doch nur an den Blumen riechen.«

»Das sind keine Blumen. Das ist der Rock einer alten Dame«, flüsterte Martin.

Ähnliche Missverständnisse gab es zuhauf, als ich noch ein wenig sah und sich mein Kopf aus den Bruchstücken der Welt ein eigenes Bild zusammensetzte. Einmal hüpfte ich auf einer Autobahnraststätte nach einem Toilettenbesuch wieder auf den Beifahrersitz. Ich strahlte Martin an: »Da bin ich wieder. Wir können weiterfahren.« Das Schweigen des Fahrers klang so ratlos, dass ich erkannte: Das ist nicht unser Auto. Unter gestammelten Entschuldigungen stieg ich wieder aus und bemerkte auf dem Nebenparkplatz unseren alten Benz.

Den meisten Menschen mit Retinitis pigmentosa sieht man ihre Sehbehinderung und sogar Blindheit nicht an. Das liegt daran, dass die Augen gesund aussehen und die Gestik und Mimik, deren Muster über Jahrzehnte sehend erworben wurden, weitgehend unverändert bleiben. Oft sind meine Gesprächspartner überzeugt, dass ich sie direkt anschaue. Das ist keine bewusste Handlung. Ich kann gar nicht anders, als meine Augen in die Richtung meines Gegenübers blicken zu lassen oder eben dorthin, wo ich etwas höre. Erkennt jemand es nicht am Führhundgeschirr meines Hundes oder an meinem Blindenstock, hält er mich für normal sehend. Das kann natürlich genauso passieren, wenn ich meine eigene Haustür öffne und einem für mich unsichtbaren Menschen gegenüberstehe. Was soll ich dann tun? »Guten Tag. Ich bin blind und sehe Sie nicht«, will ich nicht jedem gleich entgegenträllern, denn manchmal spielt es bei einer kurzen Begegnung schlicht keine Rolle.

»Wie krass, du siehst voll aus wie so 'ne Blinde mit dem Hund und der Sonnenbrille«, rief der Bruder meiner Freundin Gesche amüsiert, als ich mit dem angeleinten Leo ohne Führgeschirr und ohne Stock in die Wohnung kam. Obwohl ich blind war, blendete mich gleißendes Sonnenlicht oft so stark, dass ich eine Sonnenbrille trug. Gesches Bruder kannte mich nicht und wusste nicht, dass ich tatsächlich nicht sehe. »Oje, das wird ihm gleich furchtbar unangenehm sein«, schoss es mir durch den Kopf. Könnte ich den ganzen Besuch über vielleicht so tun, als wäre ich nicht blind, um ihm die Peinlichkeit zu ersparen? »Krass, die meisten sagen das genau andersherum. Ich bin tatsächlich blind«, lachte ich und bemühte mich, ihm aus der Patsche zu helfen.

Menschen, die mich zunächst für sehend halten und dann erkennen oder erfahren, dass ich blind bin, verändern ihr Verhalten schlagartig, als würde bei ihnen ein Schalter umgelegt. Ganz plötzlich werden sie freundlicher, behutsamer und sorgfältiger. Diesen Effekt bemerke ich bei Schaffnern, Taxifahrern, Personal in Ämtern, Hotels und Geschäften. Bin ich gemeinsam mit Freunden, Familie oder einer Assistentin unterwegs, können sie ebenfalls diese wundersamen Verwandlungen bestaunen. In einem Blumenladen, in dem sowohl ich als auch unser Au-pair-Mädchen Oksana regelmäßig einkauften, arbeiteten zwei Mitarbeiterinnen, eine sehr zuvorkommende, nette und eine sehr mürrische. Immer wenn ich einkaufte, hatte die Nette Dienst, während die arme Oksana immer an die Mürrische geriet. Wie erstaunt waren wir, als wir einmal gemeinsam in den Laden gingen: Die Nette und die Mürrische waren ein und dieselbe Person.

Im »Dialog im Dunkeln« warnte mich Anne, meine Kollegin aus dem Eventbereich: »Dieser Herr Mohr ist ein echter Kotzbrocken, fordernd und unfreundlich. Er ist gerade mit seinem Team beim Imbiss und er will, dass du mal zu ihm kommst.« Auweia, für diesen Herrn und sein Team sollte ich gleich einen Workshop leiten. Das würde kein Spaß sein. Doch dann stand ich einem ruhigen, umsichtigen Herrn Mohr gegenüber, der sich erstaunt zeigte, dass die Trainerin blind ist.

Seit ich blind bin, sind meine Begegnungen mit fremden Menschen komplizierter, aber sie gestalten sich oft höflicher, verbindlicher und freundlicher. Menschen sind immer nett zu Blinden. Das finde ich gut, denn ich finde, generell sollten Menschen möglichst nett zu Menschen sein. Das macht vieles leichter, für alle.

Die Kehrseite des Nett-zu-Blinden-Seins ist die damit oft verbundene Unterschätzung. Man hält mich für harmlos, traut mir generell nicht so viel zu. »Bist du denn immer zu Hause oder gehst du auch einer kleinen Tätigkeit nach?«, fragte mich Martins Onkel auf einer Familienfeier und legte mir voller mitleidiger Fürsorge seine Hand auf die Schulter. Was sollte ich sagen? Würde ich ihm erklären, dass ich mehr als Vollzeit arbeite, dabei um die Welt reise und ebenso gut verdiene wie sein Neffe, würde er denken, ich mache einen kläglichen Scherz. An einem dieser verrückten Tage, an dem das Telefon im Büro ununterbrochen läutete, ein Meeting das andere jagte und ich noch zwei Seminare und einen Vortrag vorbereiten musste, nahm ich ein Taxi zu meiner Lieblingsboutique. Ich brauchte dringend noch einen neuen Blazer für die Dienstreise und mit der U-Bahn würde ich zu spät zum Elternabend von Eileens Klasse kommen. Das ging nicht, denn schließlich war ich die Elternvertreterin. Mein Taxifahrer plapperte wie ein Wasserfall, jammerte über seinen stressigen Tag und meinte zum Schluss gütig: »Aber Sie haben ja keinen Stress. Sie dürfen den ganzen Tag nur sitzen.« Von wegen!

Ein anderer Taxifahrer in Frankfurt fragte mich, nachdem wir schon eine Weile, ohne zu sprechen, unterwegs waren, unvermittelt: »Aber haben Sie denn überhaupt keine Verwandten?!«

»Warum fragen Sie?«, wollte ich irritiert wissen.

»Na, weil Sie hier so ganz allein unterwegs sind.«

Ich konnte verstehen, dass die Menschen wenig über ihre blinden Mitmenschen wissen, denn ich wusste ja früher auch gar nichts über Blindheit. Durch meine Arbeit beim »Dialog im Dunkeln« kannte ich alle schlauen und nicht ganz so schlauen Fragen, die sehende Menschen zu diesem Thema haben. Meist hatte ich Freude daran, für ein wenig Aufklärung sorgen zu können. Verblüffend fand ich jedoch, wenn jemand aus dem Nichts erschien und gleich mit der Tür ins Haus fiel: »Sind Sie schon immer blind?«, wurde ich manchmal von einer fremden Stimme im Bus gefragt.

»Wollen wir nicht zuerst ein bisschen übers Wetter plaudern?«, war dann meine Antwort.

»Wann haben Sie denn Ihr Gesicht verloren?«, fragte einmal eine zögerliche Stimme vom Nachbartisch, als ich genüsslich meinen Cappuccino schlürfte.

»Ich weiß nicht so recht. Ich habe mich eigentlich immer bemüht, mein Gesicht zu wahren«, versuchte ich mittels Humor auch jetzt mein Gesicht nicht zu verlieren. Erstaunlich, ich würde doch auch keinen übergewichtigen Menschen fragen, ob er schon immer dick gewesen ist, und das schon gar nicht, wenn ich bisher noch nie ein Wort mit diesem Menschen gewechselt habe.

Missverständnisse entstanden auch dann, wenn sehende Menschen grundsätzliche Annahmen über blinde Menschen hatten, die auf mich nicht zutrafen. In dem Schreibwarenladen um die Ecke fragte ich nach fünf Schnellheftern und zwei Ringbüchern. »Die Farbe ist Ihnen sicher egal, oder?«, erkundigte sich der Verkäufer.

»Nein, überhaupt nicht!«, erwiderte ich ehrlich empört. Vor meinem inneren Auge sah ich mich schon mit den braunen und beigefarbenen Ladenhütern beim Kundengespräch sitzen. Seitdem war dieser Verkäufer immer hundertfünfzigprozentig aufmerksam, wenn ich in seinen Laden kam. Bei meinen Einkäufen bei ihm galt seine erste Frage der gewünschten Farbe. »Ich hätte gern Klammern für meinen Tacker«, sagte ich und er antwortete, ohne nachzudenken: »Welche Farbe?«

Ich wusste, dass er darüber nachgrübeln würde, wenn ich auf sein »Auf Wiedersehen« mit »Tschüss« reagierte. Beim nächsten Mal sagte er »Tschüss« und ich reagierte mit »Auf Wiedersehen«. Sollte ich vielleicht mal zu ihm »Lange nicht gesehen. Wie sieht's denn so aus?« sagen? Die Sprache ist voller Begriffe, die mit »Sehen« zu tun haben. Blinde Menschen nutzen diese Begriffe ebenso wie alle anderen. Kein sehender Mensch muss sich deswegen auf die Zunge beißen.

In der S-Bahn hatte ich eine ganze Reihe bizarrer Begegnungen. Einmal saß ich morgens neben einem älteren Herrn, mit dem ich schon eine Weile nett plauderte, als sich eine gegenübersitzende Dame besorgt erkundigte: »Wo wollen Sie denn bloß hin?«

»Wieso, ich will zur Arbeit«, wollte ich gerade antworten, als sie mir erklärte, dass der Mann neben mir im Schlafanzug und barfüßig in Pantoffeln unterwegs war. Gemeinsam übergaben wir den offensichtlich dementen Mann am Jungfernstieg dem Bahnpersonal und erfuhren, dass er bereits gesucht wurde. Mitten in einer anderen angeregten S-Bahn-Plauderei meinte mein Gesprächspartner plötzlich: »Du siehst mich ja gar nicht. Ich bin ein Punk.«

Das war mir eigentlich ziemlich egal, aber ihm offensichtlich nicht. Er beschrieb mir seine Aufmachung in allen Details. Da hatte er sich so viel Mühe gegeben, die Bürger zu schrecken, und nun traf er auf eine Blinde. Eine andere besondere Begegnung hatte ich, als ich einmal müde von der Arbeit nach Hause fuhr und einfach nur meine Ruhe haben wollte.

»Das ist aber ein schöner Hund. Schön, dass es so etwas gibt«, fing der mir gegenübersitzende Mann ein Gespräch an. Ich reagierte nur kurz, versuchte zu signalisieren, dass ich mich nicht unterhalten wollte und drückte auf meine sprechende Uhr. »Oh, die Uhr spricht mit Ihnen. Schön, dass es so etwas gibt.« Ich fing an, auf meinem Smartphone rumzuwischen. »Oh, das Handy spricht ja auch mit Ihnen. Schön, dass es so etwas gibt.« Er gab mir keine Chance, mich einem Gespräch zu entziehen.

»Und Sie, haben Sie auch Feierabend? Was machen Sie denn so?«, drehte ich den Spieß um. »Ich bin mobiler Verkäufer für Kondome und andere Utensilien im Rotlichtviertel«, erzählte er und schilderte mir in vielen Einzelheiten, worauf es dabei ankommt. »Gerade habe ich zehn Kilo Kondome eingekauft. Fühl mal«, sagte er und packte mir den Sack auf den Schoß. Tatsächlich, es war ein großer, schwerer Plastikbeutel voller Kondome.

»Schön, dass es so etwas gibt«, sagte ich schmunzelnd.

Wenn ich allein mit Hund oder Stock unterwegs bin, kann es immer mal sein, dass ich in einer unerwarteten Situation auf fremde Hilfe angewiesen bin. Im Normalfall weiß ich aber natürlich, was ich tue und wie ich zu meinem Ziel komme. Manchmal sind Begegnungen mit übereifrigen Helfern nicht ganz einfach. Besonders wenn sie mich beim Einstieg in Bus oder Bahn ungefragt und wortlos am Arm packen, erschreckt mich das und kann mehr Schaden anrichten, als dass es mir nützt. Aber sie meinen es natürlich nur gut und ich bleibe höflich. Laufe ich auf ein Hindernis zu, kann es sein, dass jemand panisch »Achtung!« ausruft. Was soll das heißen? Soll ich stehen bleiben, mich ducken oder flüchten? Gelegentlich überkommt mich mein Schalk und ich antworte auf die Frage »Wo wollen Sie denn hin?« eines besorgten Passanten mit: »Wieso? Wollen Sie mit?«

Aber ich bleibe zur Sicherheit immer freundlich, denn ich weiß, dass ich die Situation natürlich auch falsch einschätzen könnte.

Ich kann auch verstehen, dass Menschen dankbar sind, selbst sehen zu können, wenn sie einem blinden Menschen begegnen und daran erinnert werden, dass gesunde Augen nicht selbstverständlich sind. Auch ich empfinde so ein Gefühl der Dankbarkeit, wenn ich von Krankheiten oder Unfällen höre. Ich schäme mich dann ein wenig, dass ich neben dem Mitgefühl mit den Betroffenen auch denke: »Zum Glück ist mir das nicht passiert.« Es verwirrt mich jedoch, wenn jemand diese Dankbarkeit ganz offen in meiner Anwesenheit ausdrückt. »Ich bin dankbar, dass ich sehen kann«, sagte mal ein Teilnehmer am Ende eines Workshops. Ich finde das irritierend und unhöflich. Ich sage doch auch nicht beim Anblick eines Glatzköpfigen: »Ich bin dankbar, dass ich Haare habe.«

»Lieber Herr Jesus, ich danke dir, dass ich sehen kann. Deine Brigitte«, lautete ein Eintrag in das Gästebuch des »Dialog im Dunkeln«. Ich musste laut lachen. Wieso glaubte Brigitte, dass Jesus ausgerechnet über unser Gästebuch mit ihr kommunizierte?

Begegnungen zwischen blinden und sehenden Menschen können gründlich schiefgehen, und auch wenn es insgesamt selten vorkommt, hören blinde Menschen immer wieder mal unbedachte Äußerungen, die kränkend oder verletzend sein können. Ich möchte weder als Opfer noch als Heldin behandelt werden. Augenhöhe wäre mir am liebsten. Blindsein ist für mich mittlerweile alltäglich, keine Sensation, sondern eine Selbstverständlichkeit. Es wäre schön, wenn andere es auch so sehen könnten. Aber in vielen Erstbegegnungen ist das oft noch nicht möglich, denn den Sehenden fehlt die Routine im Umgang mit blinden Menschen. Meine Erfahrung ist, dass Humor für mich am besten die Gefahr bannt, in Dauerempörung oder Dauerverärgerung gegenüber den ahnungslosen Guckis zu geraten. Ein dickes Fell hilft ebenfalls gegen Ahnungslose, Bemitleider oder Überbehüter. Und es hilft auch, mir missglückte Begegnungen nicht zu Herzen zu nehmen. Am besten ist es, gute Verbündete zu haben, mit denen man gemeinsam über solche Situationen lachen kann. Gut ist, dass ich in den Augen meines Mannes und meiner Kinder kein armer Tropf bin und wir gemeinsam viel Spaß haben, wenn ich das Best-of meiner bemerkenswerten zwischenmenschlichen Kontakte mit ihnen teile.

Als Eileen auf das Gymnasium kam, war ich nicht sicher, ob eine blinde Mutter nicht uncool sein könnte. Schließlich hatte ich selbst erfahren, dass auf weiterführenden Schulen andere Maßstäbe gelten können. Wir luden Eileens neue Freundinnen zum Kindergeburtstag in den »Dialog im Dunkeln« ein. Das schien gut anzukommen. Ein paar Tage später besuchte uns Jemima, eine der neuen Freundinnen, und ich kochte für die Kinder etwas Leckeres. Abends holte ihre Mutter beide Mädchen ab, denn meine Tochter wollte bei Jemima übernachten. Eileen erzählte mir später, dass ihre Freundin im Auto fragte: »Mama, kannst du nicht auch blind sein? Dann hättest du einen coolen Job, könntest trotzdem kochen und wir hätten einen Hund.« Wahrscheinlich gefiel Jemimas Mutter diese Frage nicht ganz so gut wie mir.

Mit der Zeit habe ich gelernt, der Welt zu zeigen, wie ich behandelt werden möchte. Proaktive Kontaktaufnahme, Körperhaltung, Kleidung, all das hilft gegen Mitleid in Zufallsbegegnungen. Das ist natürlich auch anstrengend, denn manchmal bin ich auch einfach nur ein Mensch mit einem ziemlich schlechten Tag. Dann erinnere ich mich im besten Fall an das Gleichnis vom »Hund im Spiegelsaal«. Es erzählt von einem Hund, der sich in den Spiegeln tausend Hunden gegenübersieht. Er wedelt und alle Hunde wedeln zurück. Er glaubt, fast alle Hunde sind freundlich. Ein anderer Hund sieht sich dann ebenfalls tausend Hunden gegenüber. Er fletscht die Zähne und knurrt sie an. Sofort knurren tausend Hunde zurück. Dieser Hund ist sich sicher, dass die meisten Hunde böse sind. Dieses Gleichnis mag banal oder gar einfältig sein, aber es steckt für mich Wahrheit darin, und das umso mehr, seit ich mit dem besonderen Merkmal »blind« unterwegs bin und anderen Menschen mit dem gängigen Merkmal »sehend« begegne.

Spiele mit der Macht

»Dörte has played around with some groups in the dark and designed some nice little activities. This of course has only very little to do with leadership and the business world. We have to develop a serious program for executives, and I will bring together some experienced HR people and coaches. We will present our program in January at the World Economic Forum in Davos. By the way, Dörte, you are also taking part in the developing-group.«

Nach der Präsentation meines Konzepts für Workshops im Dunkeln vor den versammelten internationalen Teilnehmern unseres jährlichen Meetings verniedlichte Andreas meine Arbeit des vergangenen Jahres. Das war hart. Zu meinem Glück hatte ich längst gelernt, dass es für meinen Seelenfrieden und auch für meine Karriere besser war, nicht allzu viel auf seine Kommentare – egal ob überschwänglich oder niederschmetternd – zu geben. Viel entscheidender war, dass ich Teil dieser hochrangigen Entwicklungsgruppe sein würde. Das klang nach einer echten Chance. Mal abwarten, mit welchen Vorschlägen die allesamt sehenden HR-Entscheider und Führungskräfte-Coachs die Sache voranbringen würden. Von ihnen, so war ich mir sicher, würde ich enorm viel lernen können.

Doch in den kommenden Wochen gab es zu meiner Verwunderung gar keine Treffen dieser hochrangigen Planungsgruppe und auch keine Mails dazu. Vermutlich waren alle einfach zu wichtig und zu beschäftigt, um frühzeitig einen Gedanken an das World Economic Forum zu verschenken. So konzipierte ich schon mal allein einen Workshop, von dem ich wusste, dass er funktioniert. Warum die Übungen im Dunkeln sogar auf seminarmüde Führungskräfte eine enorm starke Wirkung hatten, konnte ich nicht begründen. Ich hatte dazu keine Theorie.

Als zentrale Übungen für Davos wählte ich »Matrjoschka« und »Black Coffee« und bettete beide Übungen in eine Gesamtdramaturgie mit Reflexions- und Feedbackschleifen ein. Die Übungen hatte ich mir selbst ausgedacht und in der Arbeit mit Gruppen im Dunkeln über viele Monate feingeschliffen.

Bei der Matrjoschka-Übung erhalten alle Teilnehmer einer Kleingruppe in kompletter Dunkelheit Teile einer russischen Puppe in verschiedenen Größen. Auch Ober- und Unterteile werden gemischt verteilt und die Teilnehmer bekommen keine Informationen darüber, was sie da in die Hand gedrückt bekommen haben. Ohne die Teile der anderen anzufassen und ohne zu probieren, soll die Gruppe herausfinden, wo genau der richtige Platz für jedes einzelne Teil in dem großen Ganzen ist. Dabei geht es zunächst um die gemeinsame Vision: Was bauen wir eigentlich? Danach geht es um das Schlüsselproblem: Wie finden wir im Dunkeln ein gemeinsames Maß? Innovative Ideen sind hier gefragt und schließlich muss sich die Gruppe auf ein Vorgehen einigen. Die Aufgabe ist denkbar einfach und enthält zugleich wesentliche Schritte eines typischen Teamprojekts.

Beim »Black Coffee« stehen im lichtlosen Raum Tische, Stühle und Servierwagen mit allen Utensilien für eine gemütliche Kaffeerunde bereit. Die Teilnehmer sind aufgefordert, alles aufzubauen und einzudecken. Das Ziel ist es, schließlich heiße Getränke und Kuchen zu teilen und gemeinsam zu genießen. Bei Licht könnte man den Tisch natürlich ganz nebenbei in wenigen Minuten decken, doch im Dunkeln bedarf die gleiche Aktion einer abgestimmten Vorgehensweise und sehr guter Kommunikation. Weil die Selbstverständlichkeit des Sehens hierbei keine Option ist, sind die Soft Skills der Teilnehmer gefragt und gefordert.

Meinen Vorschlag für den Workshop schickte ich schließlich an alle Mitglieder der Planungsgruppe. Ich erhielt keine Rückmeldung. Das verunsicherte mich sehr. Ich hatte meine Karriere als Businesstrainerin gerade erst begonnen und alles, was ich kreiert hatte, beruhte auf Intuition und Ausprobieren. Alles war handgestrickt und ich hatte keine Ahnung, was *State of the Art* war. Es war bestimmt vermessen von mir zu denken, ich könnte wissen, was es braucht, um einen erfolgreichen Workshop für das World Economic Forum zu konzipieren. Ich war damals weder Coach noch hatte ich irgendeine andere wesentliche berufliche Qualifikation, die in Davos irgendjemanden hätte beeindrucken können. Auf der anderen Seite war ich die Einzige, die mehr als sporadische Erfahrung mit der Arbeit mit Unternehmensgruppen im Dunkeln hatte. Ich hatte im vergangenen Jahr viele Veranstaltungen geleitet mit einem Konzept, das es bislang weltweit noch nicht gab: Blinde Trainer leiten Workshops für Führungskräfte im Dunkeln. Bei der Eröffnung des »Dialog im Stillen« in Rendsburg nahm Klara mich zur Seite, fragte, wie wir vorankommen mit Davos. »Liegt alles auf deinen schmalen Schultern«, sagte sie und ich wusste nicht, ob das besorgt oder motivierend klingen sollte.

Am Abend vor dem einzigen und damit entscheidenden Meeting zur Festlegung der Inhalte unseres Workshops in Davos traf mein Chef einige seiner Freunde aus der Planungsgruppe zum Dinner. Ich war nicht eingeladen. Alles, was ich erhielt, war eine E-Mail, in der er mir mitteilte, dass Puppen und Kaffeeklatsch für ein Programm in Davos unangemessen seien. Stattdessen sollten unsere Teilnehmer im Dunkeln Schachfiguren auf ein Schachbrett stellen, und zwar mit acht Teilnehmern pro Schachbrett. Dies, so habe man diskutiert, sei angemessen, da es sich bei Schach um ein Spiel mit Niveau handele, bei dem es um den Aspekt der Macht ginge. Auweia, das hörte sich für mich nicht gut an. Was nun? Außer meinem Bauchgefühl hatte ich keine Argumente dafür, dass meine Ideen für Davos geeignet waren, und so hätte ich gern einer guten Idee, für die ich nicht die Verantwortung tragen müsste, zugestimmt. Diese Schachbrett-Sache aber war keine gute Idee. Sie erschien mir als eine total saftlose Hirngeburt. Die Mail von Andreas erhielt ich um 23.30 Uhr und am nächsten Tag sollte mittags das finale Meeting zu unserem Workshop stattfinden. Es war also fünf vor zwölf und mir blieb nicht viel Zeit, die Sache zu retten. Zunächst antwortete ich auf die E-Mail: »Guten Abend zusammen, die Idee mit dem Schachspiel ist großartig und die Argumente dafür sind überzeugend. Vielleicht gibt es ein kleines Risiko, dass sich bei einem Spiel für zwei Personen in einer Achtergruppe sechs Teilnehmer langweilen ... Ich freue mich auf unser morgiges Meeting! Liebe Grüße, Dörte.«

Danach rief ich zwei wichtige Ratgeber an: Uschi, Andreas' Exfreundin in Frankfurt, die ursprünglich die Idee für die Workshops im Dunkeln hatte, und Javier in Mexiko, ein gemeinsamer Freund von Andreas und mir. Beide hatten Einblicke in die Seele meines Chefs, die mir bislang verborgen geblieben waren. Uschi machte mir Mut und stärkte meine Ideen. Javier nahm der Geschichte ihre Dramatik und weckte meine Spielfreude. Nach diesen beiden nächtlichen Telefonaten wusste ich, was ich zu tun hatte.

Am nächsten Tag machte ich mich ausgestattet mit einer großen, nagelneuen Matrjoschka und einem alten, abgegrabbelten Blindenschachbrett auf den Weg in den sechsten Stock unseres Gebäudes, wo im großen Eckbüro meines Chefs unser Meeting stattfinden würde. Unten im Treppenhaus traf ich Bruno. Er war langzeitarbeitslos und seit Kurzem in unserem Sozialunternehmen über eine sogenannte 1-Euro-Maßnahme als Hausmeisterhelfer beschäftigt. Bruno machte aus seiner Abneigung gegenüber überflüssigen Äußerlichkeiten wie Styling und Fitness keinen Hehl und er war ein echter Schatz. Er unterstützte seine blinden Kollegen, wo er nur konnte. »Süße, das kannst du nicht alles allein tragen. Her damit!« Ich drückte ihm das Schachspiel in die Hand und trug die glänzende Matrjoschka selbst. Er hasste Treppensteigen und grummelte leise fluchend vor sich hin, als er merkte, dass ich bis in den sechsten Stock laufen wollte. Schließlich stand ich gemeinsam mit dem heftig schnaufenden Bruno vor verschlossener Tür. Ich musste grinsen, denn ich war sicher, dass weder Bruno noch das Schachbrett im Entferntesten so aussahen, als würden sie jemals den Weg zum World Economic Forum nach Davos finden wollen. Kurz nach uns erklomm auch mein Chef gemeinsam mit der schicken HR-Dame behände den letzten Treppenabsatz. Andreas blickte auf den verschwitzten Hausmeisterhelfer mit dem ollen Schachbrett und fragte irritiert: »Was ist das?«

Ich lächelte und antwortete knapp: »Ein Schachbrett.«

Ich bat Bruno, das Schachbrett und die Matrjoschka mitten auf den Tisch in Andreas' großem Büro zu stellen. Ich bedankte mich bei ihm und fragte beim Abschied noch, wo ich ihn in der Mittagspause finden würde. Zu dritt setzten wir uns um den Tisch. Zu meinem Erstaunen wurde das Schachbrett in dem folgenden Gespräch nicht ein einziges Mal erwähnt und vermutlich auch keines Blickes mehr gewürdigt. Stattdessen wurden von der HR-Lady komplizierte Hypothesen über das besondere Innenleben von Teilnehmern des World Economic Forums angestellt. Ich teilte mangels besseren Wissens den Glauben, dass Menschen, die die Welt bewegen, auf eine bestimmte Art besonders sein müssten. Da ich aber keine Ahnung hatte, wie diese speziellen Besonderheiten sich ausdrücken könnten, schwieg ich die meiste Zeit und staunte über die komplexen Mutmaßungen meiner Mitplaner. Kurz vor Ende des Meetings fragte ich ganz bescheiden nach den finalen Inhalten des Workshops. Ohne zu zögern, einigte man sich auf die Matrjoschka. Die Kaffeetafel wurde dagegen nicht wirklich akzeptiert. Lediglich ein Glas Orangensaft sollte es nach der Matrjoschka-Übung für jeden Teilnehmer geben, so entschied Andreas in der letzten Minute unseres Meetings. Das fühlte sich zwar nicht nach Sieg auf ganzer Linie an, aber es war definitiv keine Niederlage. Dass die Matrjoschka allein keine neunzig Minuten würde füllen können, behielt ich für mich. Erst einmal war es Zeit, Bruno einen Kaffee und einen Schokokuchen auszugeben.

Ich würde also tatsächlich zum World Economic Forum nach Davos fahren und dort Workshops für sehr einflussreiche Menschen durchführen. Ein blindes Huhn findet eben auch mal ein Korn, dachte ich mir. Zugleich staunte ich mit gemischten Gefühlen über diese Entwicklung und meinen Freunden erging es ebenso. Wir kannten das Weltwirtschaftsforum natürlich aus unseren Studentenzeiten, in denen Sympathien für die linksautonome Szene für uns quasi zum guten Ton gehörten. Damals war es ganz einfach: In Davos traf sich das Großkapital, also der Feind. Wenn man dort hinfuhr, dann zum Demonstrieren für eine bessere Welt. Insofern war es mir nicht richtig geheuer, dass ich nun ein bisschen auf der vielleicht falschen Seite mitspielen sollte. Letztlich beschäftigte mich dies aber nur ganz am Rand, denn ich war viel zu neugierig, um auf die Davos-Erfahrung zu verzichten.

Doch eine wirklich schwierige Frage galt es noch zu klären: Was sollte ich beim World Economic Forum anziehen? Natürlich wusste ich, was ein angemessenes Business-Outfit ist, denn davon hatte ich mittlerweile einige im Schrank hängen. Davos aber war nicht irgendein Business-Meeting und deswegen trieb mich die Frage nach dem Dörte-beim-Weltwirtschaftsforum-Dresscode ziemlich um. Auch mit meinem wunderbaren Aikido-Trainingspartner Thomas sprach ich über meine anstehende Reise nach Davos. Er war ja Polizist, früher hätte ich »Bulle« gesagt, und hatte eine besondere Antwort auf meine Frage, welche Garderobe dort wohl angemessen sei. Er zeigte sich wenig beeindruckt und brummelte: »Na, was willst du denn schon in Davos anziehen? Lederjacke, Springerstiefel und Palituch!«

I am with three blind people

»Für mich ist Fliegen wie Busfahren, nur habe ich sonst selten Kleidersäcke dabei«, meinte Andrea, die im HR-Bereich eines weltweiten Konzerns Karriere gemacht hatte. Andreas hatte sie gebeten, uns nach Davos zu begleiten, damit sie über ihre Erfahrungen mit unseren Workshops in der Personalentwicklung berichten könnte, eine Marketing-Maßnahme. Zudem gab es eine Hidden Agenda für Andrea, von der sie kalt erwischt wurde. Sie würde die Assistentin für meine blinde Kollegin Daniela aus Bulgarien, meinen blinden Kollegen Antonio aus Rom und auch für mich sein. In der Limousine, die uns vom Flughafen zum Hotel fuhr, wurde ihr dieser Teil des Arrangements langsam klar. Sie hatte keine andere Wahl, als ihren drei blinden Teammitgliedern zu assistieren, denn Andreas, seine Frau Orna und Oded, der das Debriefing nach dem Workshop im Dunkeln leiten würde, waren in anderen Hotels untergebracht. Offensichtlich hatte sich Andrea ihren Auftritt auf dem World Economic Forum anders vorgestellt. Sie sah sich vermutlich in ihrer teuren Garderobe beim Galadinner mit Bill Gates an einer Tafel sitzen. Für sie war es schwer zu schlucken, dass lediglich Andreas und Orna Zugang zum zentralen Bereich des Forums hatten. Womöglich würde sie keinen der Empfänge besuchen und am Ende noch nicht mal einen Blick auf die mächtigen Männer der Wirtschaftswelt werfen können. Doch sie war flexibel und nun entschlossen, die Verantwortung für jeden unserer Schritte zu übernehmen. Antonio, Daniela und ich benötigten zwar gar nicht viel Unterstützung, aber Andrea war eine engagierte Perfektionistin, und wenn sie etwas machte, dann mit vollem Einsatz. Sobald wir ein Restaurant betraten oder ein Taxi bestiegen, rief sie: »Attention please! I am with three blind people!« Besonders Antonio, ein sehr smarter italienischer Anwalt, brachte sie zur Verzweiflung, als er ganz selbstverständlich immer wieder seine eigenen Wege ging. Gleich am ersten Morgen suchte Andrea panisch nach ihm, während er es sich im Spa-Bereich des Hotels gut gehen ließ. Als er schließlich ganz entspannt in den Frühstücksraum kam, strahlte er die aufgelöste Andrea an und fragte in seinem unwiderstehlichen Italo-Englisch:»Andrea, good Morning, how are you? You seem to be a bit stressed ...«

Der Weg von unserem Hotel zur Workshop-Location führte an mehreren Kontrollposten vorbei. Insgesamt 5000 Soldaten der Schweizer Armee schützten die Verkehrswege und die Gebäude und überwachten sogar den Luftraum, um die 2500 Wirtschaftsbosse, Politiker und die Vertreter aus Wissenschaft, von Nichtregierungsorganisationen, aus Religion und Medien vor Terroranschlägen zu bewahren. Bei jeder dieser Kontrollen rief Andrea, die mit uns hinten im Wagen sitzen musste, den Uniformierten zu:»I am with three blind people!« Es klang wie der Hilferuf einer Gekidnappten, doch niemand bewahrte sie vor der Überforderung, die der plötzliche dreifache Blindenkontakt für sie bedeutete.

Oded war das genaue Gegenteil von Andrea: ein israelischer Religionswissenschaftler in seinen späten 70ern, sehr weise und dabei ebenso witzig wie entspannt. Als ich Oded erzählte, dass unsere Räumlichkeiten direkt neben denjenigen des kanadischen Präsidenten und seinem Stab lagen, meinte er kichernd:»What an honour for him.«

Weil Andreas als einer der erfolgreichsten Sozialunternehmer Europas gilt, hatte er die Möglichkeit, seine Projekte beim Weltwirtschaftsforum zu präsentieren. Wir verdunkelten einen Seminarraum und konnten in fünf Workshops insgesamt gut hundert Teilnehmer hinters Licht führen und ihnen in der Dunkelheit die Augen öffnen. Nur für den Fall der Fälle hatte ich neben den Tischen und Stühlen auch alles bestellt, was wir für»Black Coffee«, die Kaffeetafel im Dunkeln, brauchen würden. Alles war bereit, die Zeit war da und so konnte ich schließlich im Dunkeln genau den Workshop umsetzen, den ich ursprünglich geplant hatte. Das war mein kleiner persönlicher Triumph, doch noch wichtiger war, dass der gesamte Workshop unter der Leitung unseres zusammengewürfelten Teams funktionierte. In Davos war es wie bisher immer: Im Dunkeln kann sich keiner verstecken. Die Stimme verrät den Seelenzustand, der ungewohnte Raum erhöht die Bereitschaft, offen zu reden. Zurück im Licht moderierte Oded die Reflexionsrunden, in denen die Teilnehmer bewegt ihre Empfindungen und Ängste teilten. Antonio, Daniela und ich schilderten lebhaft unsere Beobachtungen: »Als wir euch baten, Platz zu nehmen, seid ihr, Peter und Stefano, mutig vorgeprescht und habt euch die beiden nächstbesten Stühle geschnappt. Ihr habt es euch bequem gemacht und wart bald ungeduldig, warum das Programm nicht weitergeht. Ignal und Lubna waren dagegen ängstlich und langsamer. Sie hatten es zunehmend schwerer, noch einen der vereinzelten Stühle zu finden. Obwohl neben euch ein freier Stuhl war, habt ihr euch amüsiert, anstatt Hilfe anzubieten. Später haben sich alle mehr und mehr entspannt und an die Situation angepasst. Ihr scheint erkannt zu haben, dass ihr im Dunkeln aufeinander angewiesen seid. Das hat euch geholfen, eure Ziele gemeinsam zu erreichen und am Ende dafür zu sorgen, dass jeder ein Stück vom großen Kuchen abbekommt.« Stefano war Präsident einer internationalen Consultingfirma und auch Peter führte weltweit über 40.000 Mitarbeiter. Für uns war es leicht, auf Augenhöhe mit ihnen zu reden, denn wir sahen ihre Insignien der Macht, die teuren Uhren und die maßgeschneiderten Anzüge nicht. »Warum reagieren wir Menschen so extrem, wenn uns plötzlich der wichtigste Sinn fehlt?«, wollte Peter aufgewühlt wissen. Oded gab eine Antwort, die den Kern des Seminars traf: »Weil wir den Machtverlust spüren und weil wir erkennen müssen, dass wir andere Menschen brauchen.«

Timothy Shriver, der Neffe von John F. Kennedy und Vorsitzender der Special Olympics für Menschen mit geistigen Behinderungen, brachte uns alle zum Lachen, als er verriet: »Da habe ich heute Morgen zwanzig Minuten gebraucht, um eine Krawatte auszusuchen und dann spielt das im Dunkeln auf einmal gar keine Rolle mehr.« Am bewegendsten aber waren die Reflexionen der Teilnehmer aus Kriegs- und Krisengebieten: »Man müsste zerstrittene Gruppen oder Staatenlenker einfach mal für eine Weile im Dunkeln zusammenbringen, denn dort würden sie erkennen, dass wir alle zuallererst Menschen sind.«

»Das hast du gut gemacht«, meinte Andreas knapp zu mir, als alle Workshops hinter uns lagen. Das klang ehrlich. Ein echtes Lob braucht keine Schnörkel, keine Euphorie und auch keine Superlative.

Bereits einige Wochen nach Davos waren wir eingeladen, in Brüssel einen Workshop im Dunkeln auf einer Veranstaltung zum jüdisch-muslimischen Dialog anzubieten. Hätte es mir niemand gesagt, wie hätte ich wissen sollen, dass unter unseren Teilnehmern sowohl vollverschleierte Frauen als auch Männer mit Kippa waren? Im Dunkeln hatte all das keine Bedeutung: nicht für uns und für die Teilnehmer auch nicht. Seit ich blind bin, höre ich immer wieder das schöne, wenn auch abgegriffene Zitat von Antoine de Saint-Exupéry aus »Der kleine Prinz«: »Man sieht nur mit dem Herzen gut. Das Wesentliche ist für das Auge unsichtbar.« Oft kann ich dann nicht anders, als die sehenden Zitierer zu enttäuschen, denn Vorurteile entstehen nicht allein durch das visuell Wahrgenommene. Leider macht physische Blindheit daher einen Menschen nicht notwendigerweise toleranter. Dennoch kann das Ausschalten des Sehsinns bei der Wahrnehmung anderer Menschen einen sehr erkenntnisreichen Prozess anstoßen. Die Juden und Muslime in Brüssel waren zusammengekommen, um aufeinander zuzugehen, und unser Workshop sollte dafür der ebenso ungewöhnliche wie inspirierende Auftakt sein.

»Was passiert, wenn ich mit jemandem etwas erlebe, den ich zuvor visuell nicht in eine Schublade einsortieren konnte?«, war die Frage eines lebhaften Dialogs über Zugehörigkeit und Ausgrenzung.

Davos war ein fulminanter Auftakt. Jetzt würden wir den Workshop im Dunkeln in die Welt bringen, das war klar. Im Mai richteten wir einen Workshop für die oberste Führungsebene eines internationalen Warenprüfkonzerns aus. Die Begeisterung war enorm und vielleicht würden wir bald viele der fast hunderttausend Mitarbeiter weltweit erreichen. Andreas war ganz aus dem Häuschen, schwärmte von dem nächsten Big Deal im Oktober.

»Kann ich dich mal kurz unter vier Augen sprechen?«, bat ich ihn.

»Klar, was gibt es?«, fragte er mich in einer ruhigen Ecke.

»Im Oktober kann ich nicht. Da habe ich schon etwas anderes vor«, gestand ich.

»Was ist los?«, wollte Andreas irritiert wissen.

»Ich bin schwanger. Im Oktober kommt mein zweites Kind.«

Andreas schwieg einen Moment und sagte dann leise: »Scheiße.«

Das war wirklich nicht schön gesagt und dennoch war ich darüber nicht böse. Er hatte gesagt, was er dachte. Ich selbst schwamm ja ebenso wie Andreas auf der neuen Woge und wäre es nicht mein Baby gewesen, wäre ich auch nicht begeistert gewesen von der Abwesenheit einer Mitarbeiterin bei einem wichtigen Termin. Martin und ich hatten keinen festen Plan für ein zweites Kind. Mit unserer Tochter Eileen war es wunderbar und zugleich wussten wir auch genau, wie ein Baby alles auf den Kopf stellt. Wir überließen die Entscheidung der Natur und sie traf ihre Entscheidung am Abend, als ich aus Davos zurückkam. Das weiß ich deshalb so genau, weil ich ja zuvor nicht zu Hause war und dann sofort für zehn Tage eine fette Erkältung hatte. Manchmal kommt eben viel Gutes auf einmal.

Andreas und ich waren uns sicher, dass wir das schon alles hinkriegen würden. Wir würden andere blinde Trainer ausbilden und ich würde auch nur ganz kurz weg sein. »Ich kriege das Kind und dann mache ich gleich weiter«, der Sache wegen, meinetwegen und auch wegen Andreas. Von Frankfurt flogen wir nach Wien, wo hundert Investmentbanker unter unserer Anleitung im Dunkeln tappen wollten. Bei »Black Coffee« bemerkte ich, wie überschwänglich der Kaffee gelobt wurde: »This coffee is so wonderful. Never had such a good coffee«, meinte einer und ein anderer sagte: »It is amazing how coffee can be so tasty in the dark!« Das war natürlich kein Wunder, denn es waren in der Mehrzahl Amerikaner und Wiener Kaffee muss für sie der pure Genuss sein. Als die Teilnehmer nach dem Workshop den Raum verlassen hatten, machten wir Licht an und das Küchenpersonal kam herein, um die Tische abzudecken. »Was ist denn das? Die hatten ja alle Wasser in den Tassen!«, rief jemand aus dem Catering-Team. Da hatten die Investmentbanker die Kanne mit dem Teewasser für den Kaffee gehalten und die Flüssigkeit trotzdem über den grünen Klee gelobt. Bald darauf begann die Finanzkrise. Ich hätte sie nach dieser Erfahrung zuverlässig vorhersagen können ...

»Kannst du dir vorstellen, Workshops im Dunkeln zu leiten?«, fragte ich Daniela, als wir im Hotelzimmer träge auf unseren Betten lagen.

»Ja, in ein paar Jahren vielleicht«, meinte sie schläfrig.

»Nein, das muss schon in ein paar Monaten sein. Ich bin schwanger.«

Daniela war über die Schwangerschaft begeistert und freute sich sehr für mich. Was aber ihre neue Rolle bei den Workshops betraf, wollte sie sich noch an den Gedanken gewöhnen.

Während ich in der ersten Schwangerschaft noch eine Pädagogin war und Umstandsjeans aus dem Secondhand-Laden trug, war ich jetzt eine Businesstrainerin im nadelgestreiften Anzug aus einer Boutique für Umstandsmode. Noch bis kurz vor dem Mutterschutz leitete ich Workshops in Hamburg, Frankfurt, Mailand und schließlich noch in Jordanien beim Weltwirtschaftsforum Nahost.

Wie immer waren Hans und Timo als Erste vor Ort, um die Seminarräume lichtdicht abzudunkeln. Danach kamen Andreas, Orna und unsere Kollegen aus Israel, Gil, Liram, Jilda und ich in das atemberaubende Luxushotel am Toten Meer. Wie würde es hier für mich laufen? Würden die Scheichs eine blinde, schwangere Frau akzeptieren? Ich war gespannt.

Der Hotelkomplex war aufwendig gesichert und umstellt von Militär mit Maschinenpistolen im Anschlag. Vielleicht besser, dass ich das nicht sehen konnte. Die Anlage lag auf Terrassen, die bis hinunter zum Strand des Toten Meeres reichten. Die üppigen Pflanzen verströmten einen berauschenden Duft. Auf jeder Terrassenebene war ein Pool, der mit dem nächsten über einen kleinen Wasserfall verbunden war. Mit Babybauch badete ich im Toten Meer. Man sitzt tatsächlich einfach in dieser Salzlösung und geht nicht unter, ein ziemlich außergewöhnliches Gefühl.

Das gesamte Rahmenprogramm des lokalen Weltwirtschaftsforums war ein Traum aus tausend und einer Nacht. Das Galadinner, zu dem der pakistanische Präsident uns eingeladen hatte, fand im Freien statt. Wir wurden mit einem süß-fruchtigem Cocktail begrüßt und mit einem leichten, feingesponnenen bunten Seidenschal beschenkt. Die besten Tänzer und Musiker Pakistans traten auf und die exotisch gewürzten Speisen betörten unsere Sinne.

»Die Frauen haben alle so komische Kostüme an«, beschrieb mir Timo, was er sah. Ich stellte sie mir alle in engen mausgrauen Businesskostümchen und weißen Blusen mit streng hochgesteckten Haaren vor, bis mir Hans im Detail beschrieb, dass die meisten Ladys reichbestickte seidene Sahris in bunten Farben trugen und glänzende, lange dunkle Haare hatten. Meine Welt war jetzt so schön, wie ich sie über Fühlen, Hören, Riechen und Schmecken wahrnehmen konnte, und auch so trist oder farbenfroh, wie sie mir jemand beschrieb. Ich sah die Welt jetzt mit meinen verbleibenden Sinnen und durch die Augen der anderen.

Die Workshops im Nahen Osten gehörten zu den eindrücklichsten, die ich bisher leiten durfte. Die Scheichs, die Anzugträger und die ganz wenigen Frauen waren im Dunkeln zunächst ebenso orientierungslos und laut wie alle andern Gruppen auch. »Sir, you are producing light. I have to take your phone. Sorry«, rief Gil und brachte das Handy eines Teilnehmers schnell aus dem Raum. Nach dem Moment des Ankommens teilte einer der Scheichs bewegt und bewegend die Geschichte seiner blinden Mutter: »Sie war eine glückliche Frau, aber zweimal habe ich sie wegen ihrer Blindheit weinen gesehen: einmal bei der Hochzeit ihrer Tochter und das zweite Mal, als sie ihr erstes Enkelkind das erste Mal im Arm hielt«, erfuhren wir. Da standen wir nun im Dunkeln, Scheichs, Europäer und Israelis und alle weinten. Später rangen unsere Teilnehmer bei den Übungen wie immer um gelingende Kommunikation und erfolgreiche Kooperation. Nach dem Workshop bekam der Lichtmacher zuerst sein Handy zurück. »No problem. I am only the Foreign Minister of Bahrain«, meinte er gelassen. Ups, da hatte mein israelischer Kollege das Telefon von Scheich Khalid bin Ahmed Al Khalifa, einem Außenminister eines Golfstaats, in der Hand …

Das anschließende Debriefing leitete Andreas selbst. Wir waren mittlerweile an Teilnehmer gewöhnt, die ergriffen aus der Dunkelheit kamen, aber diese Gruppe übertraf sie alle. Ein Mann, der lange ein hochrangiger Militär und jetzt Leader im zivilen Bereich war, teilte seine Erfahrung mit zitternder Stimme: »Ich habe meine Leute immer angeschrien, damit sie tun, was ich will. Im Dunkeln habe ich verstanden, warum das nicht der beste Weg ist …« Und wieder flossen Tränen.

Unsere Workshops sollten so viel erreichen: Kommunikation verbessern, Teambuilding stärken, Bewusstsein für den Wert von Diversity schaffen, Vorurteile abbauen und Ausgrenzung verringern. Obwohl man sich da nie ganz sicher sein kann, bestätigten die Teilnehmer auf den Feedbackbögen genau diese Wirkung. Mag also sein, dass wir mit den Workshops unsere Ziele erreichten. Ganz sicher aber erreichten wir, dass sich meine eigenen Vorurteile verringerten, denn die Scheichs hatte ich mir ganz anders vorgestellt.

Wir haben es geschafft

»Thermalwasser, 7 Euro 50«, las Martin verwundert auf einer kleinen Sprühflasche, als wir an der Kasse in unserer Apotheke standen. Ich erinnerte mich daran, in einem Geburtsbericht gelesen zu haben, dass ein Mann seine Frau unter der Geburt liebevoll mit Rosenwasser einsprühte. »Ja, kauf das mal. Das können wir zur Geburt mitnehmen«, meinte ich. Wir waren schon bestens vorbereitet und nun hatten wir auch noch dieses tolle Thermalwasser dabei. Allein unser zweites Baby ließ auf sich warten. Bei der Untersuchung eine Woche nach dem errechneten Geburtstermin hatte ich der Ärztin in der Klinik erklärt, dass wir auf jeden Fall noch ein wenig Zeit hätten.

»Wieso wissen sie das denn so genau?«, fragte sie mich verblüfft.

»Das habe ich ertastet«, antwortete ich ungerührt.

Sie hatte das zuvor noch bei keiner Schwangeren erlebt, was ich wiederum kaum glauben konnte. Wie so oft, wenn ich etwas Außergewöhnliches tue oder sage, versuchte sie es mit meiner Blindheit in Verbindung zu bringen. Das war natürlich Unsinn: Ich war nur auf einem Bauernhof aufgewachsen und wusste außerdem ein bisschen etwas über Biologie. Einen blindenspezifischen siebten Sinn hatte ich nicht entwickelt.

Am Tag der Geburt machten wir noch einen Spaziergang zu einem Restaurant. »Ich hätte gern das Zanderfilet mit Pastinaken-Püree. Wir haben allerdings nicht so viel Zeit. Das Baby kommt ja gleich«, bestellte ich mein Essen. Der Kellner war sichtlich beunruhigt. Er schien zu befürchten, dass eine blinde Frau ihr Kind in seinem Speisesaal zur Welt bringen würde. Nein, gebären wollte ich hier nicht, nur mich zuvor noch ein wenig stärken. Anschließend fuhren wir in die Klinik und trafen dort Kerstin, unsere Beleghebamme. Sie hatte einen wunderbaren Humor und passte ganz prima zu uns. Die Geburt ging zügig voran, was Martin nicht davon abhielt, voller Engagement die Yogamatten in Position zu legen. »Nee, jetzt wird hier kein Yoga mehr geturnt. Jetzt bringt deine Frau erst mal euer Kind zur Welt«, neckte

Kerstin ihn. »Den habe ich richtig gut ausgesucht, oder?«, lachte und stöhnte ich unter Wehen. Kerstin half mir in die Wanne für die Wassergeburt und informierte die Ärztin, dass es gleich so weit sein würde. Weil Yoga nun leider ausfiel, ging Martin dazu über, sich mit dem Thermalwasser zu erfrischen. Kerstin fand es so lustig, dass jemand ein Glas Wasser in einer Sprühflasche für so viel Geld kauft, dass sie sogleich die Ärztin darauf aufmerksam machte. Wir mussten alle vier Tränen lachen, während ich unseren Sohn in der großen Wanne zur Welt brachte.

»Hallo, Babybruder«, begrüßte Eileen Emil, als sie ihn am nächsten Tag zum ersten Mal sah. Um seine Schwester von Anfang an für sich zu gewinnen, hatte Emil ihr ein Puppenhaus mitgebracht, inklusive Möbel und Bewohner: Eltern, Kind, Hund und Baby. Die filzbekleideten Püppchen in dem hölzernen Spielhaus waren wie wir: Wir teilten miteinander ein gemeinsames Zuhause. Eileen hatte uns zu Eltern gemacht und Emil hatte uns jetzt zu einer Familie gemacht.

Unser Sohn kam einige Tage vor meinem vierzigsten Geburtstag zur Welt. Er hatte mir nicht nur die Geburt leicht gemacht, er war überhaupt ein sehr entspannter Säugling, der viel schlief. Martin hatte die letzten Jahre bis zur Erschöpfung in einer kleinen IT-Firma gearbeitet, die ihn als Cashcow gut zu melken wusste. Nun war er froh, von der neuen Elterngeldregelung profitieren zu können. Er würde vierzehn Monate Elternzeit nehmen, während ich bald wieder in Nadelstreifen und mit Milchpumpe im Gepäck zur Arbeit fahren würde. In den ersten Monaten als Working Mum mit zwei Kids war ich, mit Ausnahme meiner Teilnahme am Internationalen Meeting des »Dialog im Dunkeln« in Israel, nur in Hamburg im Einsatz. Im Herbst fuhren wir dann mit einem großen Team nach London. Die »Young Presidents Organisation«, eine Vereinigung für junge, extrem erfolgreiche Manager finanzstarker Unternehmen, lud die Workshops im Dunkeln und auch die neu entwickelten Workshops im Stillen zu ihrem Jahrestreffen ein. Uli Hase, der langjährige Behindertenbeauftragte von Schleswig-Holstein und zugleich ein großartiger gehörloser Trainerkollege, leitete die geräuschlosen Workshops. Unter unseren Teilnehmern waren sowohl beeindruckend gescheite und sozial hochkompetente Businesstalente als auch Flegel á la »Wolf of Wallstreet«: Bei einem Workshop am Abend fuhr einer dieser High Potentials mit seinem Lamborghini mit Fotomodellschönheit auf dem Beifahrersitz fast in die Location hinein. Einzelne andere ließen an ihrer Affinität zu harten illegalen Drogen keinen Zweifel. Die Jungs hatten es auch nicht leicht ...

Die Workshops im Dunkeln liefen gut, nur das Konzept für die anschließende Reflexion war immer noch nicht komplett ausgereift. Andreas hatte einen Senior Business Executive aus Hongkong für das Debriefing gewinnen können. Zwar war er seit Jahrzehnten in der Unternehmenswelt zu Hause, aber den Transfer der Erfahrung aus der Dunkelheit und die Moderation von Gruppenprozessen waren auch für ihn Neuland.

»Ich finde, dass Dörte das Debriefing moderieren sollte«, meinte Uli in unserer Teambesprechung. Dazu wäre ich bereit gewesen, denn im Hamburg machte ich das längst. Doch Andreas war anderer Meinung: »Bei allem Respekt vor Dörtes Leistung: Sie hat keinen Businesshintergrund ...«, begann er sein flammendes Plädoyer für einen wie auch immer gearteten nicht blinden Debriefer. Das nahm ich klaglos hin: »He's the boss.« Doch am letzten Tag in London stand noch ein letzter Workshop auf der Agenda. Andreas war bereits abgereist und zu unserer Überraschung war auch der Businessmann aus Hongkong nicht mehr da. Wer außer mir hätte also nun dieses Debriefing machen sollen? Also Augen zu und durch. Es lief gut, und das, obwohl alle Teilnehmer englische Muttersprachler waren. Diese Nachricht erreichte auch Andreas. War das ein Grund zur Freude für mich? Na, mal abwarten.

Wenige Tage später saßen wir schon wieder im Flieger, diesmal nach Delhi zum Hindustan Times Leadership Summit. Andreas entschied, dass ich die Workshops im Dunkeln leite und auch das anschließende Debriefing moderiere, dreimal am Tag je drei Stunden. Hatte ich es nun geschafft? Keine Ahnung, denn vor allem hat es mich geschafft. Die Klimaanlage im Hotel tat ein Übriges und zurück in Hamburg fiel ich wegen einer heftigen Bronchitis für drei Wochen aus.

Angela, die inzwischen die Geschäftsführung des Hamburger »Dialog im Dunkeln« übernommen hatte, setzte in ihrer Unternehmensstrategie voll auf die Businessworkshops und dabei auf mich als ihr liebstes blindes Pferd. Sie erstritt beim Gründer Andreas, dass ich nicht mehr auf Reisen gehen solle, und mir war das recht. Mit Homeoffice und viel Gestaltungsfreiraum in meiner Arbeit war es ganz gut möglich, Job und Familie unter einen Hut zu bringen. Es war eine Sache von Planung, Organisation und Zuversicht. »Für einen Blinden ist es leichter, Hoteldirektor zu sein als Hotelpage«, habe ich mal irgendwo gelesen und das stimmt.

Eine sehr große Hilfe, unser kleines Familienunternehmen am Laufen zu halten, waren unsere Au-pair-Mädchen. Als Erstes kam Oksana aus der Ukraine zu uns. »Ich trage eine sehr dicke Brille und sehe damit nicht ganz hundert Prozent«, schrieb sie. »Pillepalle«, dachte ich, »mit fünfzig Prozent kann man sogar Auto fahren. Wer braucht schon hundert Prozent.« Doch sehr bald merkte ich, dass »nicht ganz hundert Prozent« ein ziemlicher Euphemismus war. Ich testete Oksana, als mir in der Küche ein Glas zu Boden gefallen war und ich ertastet hatte, dass noch viele große Scherben auf dem Boden verteilt lagen.

»Guckst du mal, ob hier noch etwas liegt?«, bat ich sie.

»Nein, da ist nichts mehr«, sagte Oksana.

Sie sah das nicht und ich wollte der Sache auf den Grund gehen.

»Weniger als zehn Prozent«, war das Ergebnis des Augenoptikers, dem ich den Vorfall geschildert hatte.

»So ein Mist, Mama blind und das Au-pair-Mädchen sieht auch nicht viel mehr«, war meine erste Reaktion. Ich war wütend, auch weil Oksana uns angeflunkert hatte, und wollte sie nach Hause schicken.

Martin aber behielt einen kühlen Kopf und meinte: »Wir kennen uns doch damit aus. Sie muss eben manches so machen wie du.«

Oksana blieb. Nach kurzer Zeit machte sie einen super Job und wir hatten zusammen eine sehr gute Zeit. Sie war eine große Bereicherung für unsere Familie.

Wenn ich den tatsächlichen Grad ihrer Sehbehinderung gekannt hätte, hätte ich Oksana nicht als Au-pair ausgewählt. Das ist ebenso beschämend wie schockierend und gibt mir immer wieder zu denken. Heute ist sie selbst Mutter von drei Kindern und hält ihre Familie als Deutschlehrerin in der Ukraine über Wasser. Ihre Augen sind noch schlechter geworden und vermutlich gilt sie der gesetzlichen Definition nach als blind. Doch an der Schule, an der sie unterrichtet, weiß keiner davon. Sie liest die Schulbücher zu Hause mühselig mit einer Lupe und lernt sie nachts auswendig. Inklusion ist ein weltweit geltendes Menschenrecht, das in einigen Staaten weniger als in anderen umgesetzt ist. Bis alle Menschen mit einer Behinderung gleichberechtigt teilhaben können, ist es überall noch ein langer Weg.

Im Hamburger »Dialog im Dunkeln« wurde ich Mitglied im Leitungsteam und konnte ein ganz besonderes Trainerteam aufbauen. Anoma, Britta, Miro, Volker, Marco und Timo waren alle blind oder stark sehbehindert. Sehende Unterstützung in den Workshops und Seminaren leistete uns meine Assistentin Julia. Jeder im Team war einzigartig, zusammen waren wir großartig, es ging gut voran. Mit Angela hatte ich jetzt eine außerordentlich engagierte, bisweilen übereifrige und meist hektische Chefin. Ich war nicht mit allem, was sie tat, einverstanden und versuchte dennoch loyal zu sein. Angela lobte mich viel, freute sich über meine Erfolge, sagte aber einmal fast drohend: »Werd' mir bloß nicht zu stark.« Bei Präsentationen standen Angela und ich immer mal wieder zusammen vor Publikum, was für mich nicht einfach war. Sie neigte dazu, mich in der Aufregung wie ein kleines Kind zu behandeln. Ich befürchtete immer, dass sie eines Tages vor den Augen aller auf ein Taschentuch spucken und mir einen Klecks Wimperntusche vom Nasenrücken rubbeln würde. Bei einem dieser gemeinsamen Bühnenauftritte in einer schicken Privathochschule in der Hafencity machte ich wieder einmal gute Miene zum fragwürdigen Spiel. Plötzlich würgte meine Blindenführhündin Lila und kotzte ihr Abendessen vor unsere Füße. Meine Chefin drehte verbal total durch und schmiss mit unzusammenhängenden Sätzen um sich. Ich erklärte in meiner Verzweiflung dem Publikum: »Manchmal ist es besser, wenn man nicht sieht«, und Gabriela, unsere patente kaufmännische Leiterin, stülpte einfach einen Mülleimer über das Malheur. Aus den Augen, aus dem Sinn? Na ja, nicht ganz.

So schlimm, wie Lila es auf ihre Art ausdrückte, war es für mich dann auch wieder nicht, eine bestimmende Chefin zu haben und nicht selbst entscheiden zu können. Oft war es mit Angela sogar ausgesprochen amüsant. Humor hilft über vieles hinweg.

Im Mittelpunkt meiner Arbeit standen natürlich die Workshops selbst. In dem Hamburger Speicherstadtgebäude hatten wir das Glück, sowohl den lichtlosen Ausstellungsparcours als auch einen großen leeren Raum, die sogenannte Blackbox, für die erlebnisorientierten Module der Workshops nutzen zu können. Über die Zeit entwickelten wir für die Arbeit in der Dunkelheit ein Repertoire von über fünfzig speziellen Aufgaben. Wir absolvierten an einer Akademie Ausbildungen zum systemischen Coach und zum Teamentwickler, von denen wir enorm profitierten. Diese qualifizierenden Fortbildungen wurden großzügig finanziert durch die Ernst und Elfriede Griebel-Stiftung, deren Zweck es ist, die Augenheilkunde und die Bildung blinder und sehbehinderter Menschen zu unterstützen. Bald hatten wir die notwendige Kompetenz, um ganztägige und auch mehrtägige Programme für Teams und Führungskräfte anzubieten. Vorstände großer Konzerne, Staatsräte, Teams aus den unterschiedlichsten Unternehmen und Branchen, Sachbearbeiter aus Kreisämtern und Azubis waren Teilnehmer zu den Themen Führung, Teambuilding, Kommunikation und Diversity. Im Dunkeln machte es kaum einen Unterschied, ob jemand Vorstandsvorsitzender oder angelernter Arbeiter war. Die Verhaltensmuster waren verblüffend ähnlich. Mitarbeiter sind eben in erster Linie Menschen und das gilt sogar für die allermeisten Führungskräfte. Die Unterschiede zeigten sich bei Licht dann aber doch. Als es darum ging, das Erlebte zu reflektieren, persönliche Erkenntnisse zu gewinnen und daraus gemeinsam einen Nutzen für das eigene Unternehmen zu ziehen, hatten die eloquenten Hochschulabsolventen einen klaren Vorsprung.

Bei der Bewältigung der Aufgaben gab es wiederkehrende Muster und zugleich war jede Gruppe anders. Auch nach Jahren wurde ich nicht müde, meine Teilnehmer im Dunkeln genau zu beobachten und ihnen später bei Licht mein Feedback anzubieten. Eine meiner Lieblingsaufgaben zum Thema »Führung« lautete: »Dein Team durchquert einen dunklen Park. Auf eurem Weg befinden sich zwei Brücken, wobei die zweite Brücke eine schwankende Hängebrücke mit zusätzlichen Hindernissen ist. Organisiere einen Prozess, der gewährleistet, dass alle Teammitglieder die Brücken sicher überqueren! Achtung: Es ist deinem Team nicht gestattet, mittels ständigen Körperkontakts zu agieren!«

Es war so spannend, in welche Fallen selbst die erfahrensten Führungskräfte hierbei tappten. Beispielsweise war es meist so, dass der Leader vorwegging und seine Mannschaft detailliert über jeden bevorstehenden Schritt informierte, solange er sich selbst einigermaßen sicher war. Kam das Team dann an die schwankende Holzbrücke, war das vorbei. Der Führende wagte sich vorsichtig voran, entdeckte die Hindernisse, fluchte leise vor sich hin, überstieg umständlich die Hürden, erreichte das Ende der Brücke und rief dann erleichtert aus: »Wir haben es geschafft!« – während die Teammitglieder noch vor der Brücke standen und keine Ahnung hatten, wie es nun für sie weiterging. Eine starke Metapher für die Prozesse im richtigen Leben.

Was hatten wir nach zehn Jahren Business-Workshops im Hamburger »Dialog im Dunkeln« geschafft? Wir haben tausend Workshops mit über zehntausend Teilnehmern durchgeführt, den Coaching Award 2016 für das beste Konzept erhalten und vielen unterschiedlichen Teams eine Unterstützung gegeben, die man in ihrer Wirksamkeit nur schwer beziffern kann. Das war eine ganze Menge, aber während ich mit Stolz auf Hamburg und die Erfolge meines Teams blickte, lag Andreas' Fokus weit darüber hinaus. Weltweit erreichen seine Ausstellungen jährlich fast eine Million Menschen. Als Sozialunternehmer reicht ihm das nicht. Er wird nicht lockerlassen, bevor er nicht mit seinen kreativen Ideen fundamentale gesellschaftliche Probleme gelöst, seine Projekte weltweit in jeder größeren Stadt etabliert und so viele Menschen wie nur irgend möglich damit erreicht hat. Nein, wir hatten es noch lange nicht geschafft.

Zurück ins Rampenlicht

Manchmal stehen Blinde auf Bühnen und werden vom Publikum gefeiert, aber nur dann, wenn sie wie Ray Charles oder Stevie Wonder Musiklegenden sind, sonst nicht. Für meine Examensarbeit hatte ich rauf und runter recherchiert und wusste: Unmusikalische Blinde stehen nicht auf Bühnen. Keine Chance also, denn leider bin ich unmusikalisch. Sogar so unmusikalisch, dass wir bei der Kirschkern Company die Charaktere so konzipieren mussten, dass schiefe Gesangseinlagen Teil meiner Rollen waren. Anke und Sabine dagegen trafen die Töne immer. Beides war nicht gespielt. Wir konnten wirklich nicht anders. Nur auf Laienbühnen gab es blinde Schauspieler, in den Theatergruppen der Blindenvereine zum Beispiel. Das war keine Option für mich. Es hätte mir meinen unfreiwilligen Abschied von der professionellen Bühne nur immer wieder schmerzhaft vor Augen geführt. Es führte kein Weg daran vorbei: Ich musste mich damit abfinden, dass ich auf Bühnen weder Blumentöpfe gewinnen noch Geld verdienen würde. Es war besser, nicht mehr darauf zu hoffen oder womöglich darauf zu warten.

Dann kam ich doch wieder mit der Schauspielerei in Kontakt, und zwar weil ich im »Dialog im Dunkeln« so etwas wie die »Beauftragte für alle Sonderfälle« war. Ich sollte die Schauspielerin Barbara Wussow bei der Arbeit an der Rolle einer erblindeten Sängerin unterstützen. Ich kannte Barbara aus der »Schwarzwaldklinik«, die meine Mutter sich manchmal angeschaut hatte, und ich erfuhr, dass sie oft in Rosamunde Pilchers Filmen zu sehen war. Das war nicht meine Welt und umso erstaunter war ich, sie als ernsthafte und vor allem wirklich hervorragende Schauspielerin kennenzulernen. Der Fernsehfilm »Mit deinen Augen« war zwar auch kein anspruchsvolles Werk, aber ich war zu neugierig, um nicht mitwirken zu wollen. Die Produktionsfirma lud Martin, mich und auch meinen Blindenführhund Leo zum Filmdreh nach Venedig ein. Im Film bekam ich eine kleine Statistenrolle. Barbara und ich streiften zwei Tage lang begleitet von einem

Presseteam kreuz und quer durch Venedig. Barbaras Disziplin und ihr reiches kunsthistorisches Wissen beeindruckten mich tief. »Genauso stellt sich Lieschen Müller das vor«, riefen die Fotografen, als wir gemeinsam in einer Gondel durch die Kanäle fuhren. Ich bezweifle, dass unsere Story behindertenpolitisch korrekt war, aber das ganze Spiel machte mir dennoch Spaß. »Lasst uns die Blinde mit den Tauben fotografieren. Das wird Lieschen Müller mögen!«, schlug ich grinsend ein Motiv mit Tauben auf meinem Arm auf dem Markusplatz vor. Ich hatte anscheinend den richtigen Riecher, denn die Klatschzeitschriften entschieden sich reihenweise für dieses Bild. »Liest eh keiner, den ich kenne«, beruhigte ich mich und war dann ziemlich erstaunt, was meine Freunde beim Arzt oder Friseur so lesen. Als der Film ins Fernsehen kam, gab es dazu eine Pressekonferenz in Hamburg. Ich war ein paar Wochen zuvor zum ersten Mal Mutter geworden und gab daher einige Interviews, während ich gleichzeitig mein Baby stillte. Barbara wurde bald darauf mit ihrer Tochter Johanna schwanger und durfte nicht mehr reisen. Aus den Plänen für gemeinsame Talkshowauftritte wurde daher nichts mehr. Auch die wunderbare Fritzi Haberlandt kam in den »Dialog im Dunkeln«, um sich von meiner Kollegin Anoma und mir ein wenig bei ihrer Rolle in dem Kinofilm »Erbsen auf halb sechs« unterstützen zu lassen. Fritzi spielt in dieser Tragikkomödie eine von Geburt an blinde Rehabilitationslehrerin, die sich in einen erblindeten Regisseur verliebt.

»Können Sie sich vorstellen, in einem Film mitzuspielen?«, erhielt ich eines Tages eine Anfrage von einem Produktionsbüro. Ich war sofort hellhörig. »Es geht um einen Kinofilm, eine Beziehungskomödie. Es geht dabei auch um Blindenführhunde und da sind wir auf Sie gekommen«, erläuterte der Anrufer.

»Das klingt spannend. Worum geht es denn genau?«, wollte ich wissen. Mein Herz hüpfte. »Ein junger Mann sitzt im Gefängnis und zur Resozialisierung bildet er dort einen Führhund für eine junge blinde Frau aus. Der Mann im Knast ist zwar wild und verwegen, aber doch sehr einfühlsam und außerdem sehr attraktiv. Deshalb funktioniert ja dann auch die Liebesgeschichte. Wir hätten Sie gern als Darstellerin der blinden Frau«, schilderte er mir weiter sein Anliegen.

Das klang verlockend und ich war Feuer und Flamme. »Ach so, die blinde Frau und der Mann im Gefängnis lernen sich über den Hund kennen und haben dann diese wilde Liebesaffäre, richtig?«, fragte ich nur noch mal zur Sicherheit nach. »Nein, natürlich nicht! Die Liebesaffäre hat er mit der Gefängnisleiterin. Die Blinde bekommt doch den Hund«, erstickte er meine Fantasien im Keim. Das war ja total trostlos: Die Justizbeamtin vernascht den tollen Kerl und die Blinde streichelt ihren Hund. »Da mache ich nicht mit«, entschied ich.

Jahre später erreichte mich wieder eine überraschende Anfrage. Die Fortbildungsakademie der Wirtschaft war auf der Suche nach einer Moderation für einen Inklusionskongress und fragte beim »Dialog im Dunkeln« an. »So was machen wir doch gar nicht«, kommentierte Angela die Anfrage. Sie hatte natürlich recht: Veranstaltungsmoderation gehörte nicht zu unserem Portfolio. »Ich würde das gern ausprobieren«, meinte ich und sie ließ mich machen. Wie lautete noch mal dieses Zitat von Pippi Langstrumpf? »Das habe ich noch nie vorher versucht, also bin ich völlig sicher, dass ich es schaffe.« Stimmt, dieses Motto hatte mich tatsächlich schon öfter weitergebracht, aber hier ging es nicht um Spielerei, sondern um einen Wirtschaftskongress mit zweihundert Teilnehmern, Fachvorträgen renommierter Wissenschaftler und Podiumsdiskussion. Das Ganze sollte im Konferenzzentrum bei Airbus in Finkenwerder stattfinden. Ich musste mich vorbereiten, also: »Lauf, lauf, lauf, Sprung!«

Thomas, ein Journalist und Medientrainer, mit dem ich gemeinsam die Ausbildung zur Teamentwicklerin gemacht hatte, schien mir ein geeigneter Coach zu sein. Er wusste, worauf es bei Podiumsrunden ankam, und ich war dankbar für seine Expertise. Akribisch planten wir Eingangsfrage, Leitfragen, weiterführende Fragen und Abschlussfrage. Neben dem Coaching mit Thomas und meiner Recherche im Internet zum Veranstaltungsthema »Berufliche Inklusion von Menschen mit Behinderungen« traf ich mich zum ausführlichen Briefing-Gespräch mit Manfred Otto-Albrecht, meinem Auftraggeber. Wir sprachen den Ablauf der Veranstaltung, die Hintergründe und Ziele und alle Referenten und Podiumsgäste durch. Die weiteren Schritte meiner Vorbereitung ging ich völlig intuitiv. Ich schrieb alle Bühnenakteure an und verabredete mich mit ihnen für telefonische Vorgespräche. Gerade weil ich die anderen Menschen auf der Bühne nicht sehen würde, wollte ich sie vorher schon ein wenig kennenlernen. Tatsächlich erfuhr ich in diesen Telefonaten nicht nur inhaltlich eine Menge, sondern ich gewann auch einen Eindruck, mit welcher Energie jemand über sein Thema sprechen würde. Ich erkannte, in welchen Aspekten echte Leidenschaft bei einem Referenten steckte. Mit dem Destillat aus all diesen sachlichen, fachlichen und emotionalen Informationen erstellte ich mir meinen ersten Moderationsleitfaden. Ich konnte noch nicht ahnen, dass dieses Verfahren mich über die Jahre durch über hundert Moderationen begleiten würde. Ich dachte damals: »Ich mache mal für einen Abend etwas anderes als sonst und dann schaue ich, was daraus wird.«

Eine wichtige Frage galt es vor der Veranstaltung noch zu klären: »Was ziehe ich als Moderatorin an?« Dazu hatte ich eine ganz genaue Vorstellung: Ich brauchte einen Lederrock, wie damals, als ich anfing, als Straßenkünstlerin vor Publikum zu stehen, nur müsste er jetzt mehr business-like sein. Das würde teuer werden, war aber alternativlos. »Man muss auch mal ein bisschen in sich investieren«, rechtfertigte ich meine Ausgaben.

In dem neuen schwarzen Rock und einem gewickeltem Oberteil moderierte ich viele renommierte Teilnehmer aus der Wirtschaft an, brachte die Experten in der Podiumsrunde miteinander ins Gespräch und interviewte eine aus Venezuela stammende Zahnärztin mit einer inklusiven Praxis. Ich war fasziniert von ihrem mitreißenden südamerikanischen Temperament und ihrem Einsatz voller Herzblut. Dieses Interview war das Highlight des Abends und danach durfte ich die Gäste zum Feierabend mit Speisen und Getränken einladen. Puh, ich war nicht von der Bühne gefallen und hatte keine der Namen und Titel durcheinandergebracht. Es lief gar nicht so schlecht. Wie aber konnte ich da sicher sein? Vielleicht weil ich später in der Presse las:

»Ich bin blind, das hat Vor- und Nachteile für mich: Ich kann nicht sehen, wenn Sie mich anlächeln, ich sehe aber auch nicht, wenn Sie die Augen verdrehen.‹ So eröffnete Dörte Maack als Moderatorin die 10. Veranstaltung der Kampagne ›… und es geht doch‹ zum Thema ›Inklusion gelingt‹ – und damit hatte sie die über zweihundert Gäste im

Auditorium des Airbus Kongress Centers überrascht und gewonnen.« Und am Ende des Berichts hieß es dann: »Beim abschließenden Feierabend gab es dann viele Nachfragen und Diskussionen, zu der inklusiven Zahnarztpraxis und zu den autistischen IT-Profis – vor allem aber zu der faszinierenden Moderation von Dörte Maack, die an diesem Abend alles ›im Blick‹ hatte.«

Trotz des Erfolgs kam mir überhaupt nicht in den Sinn, dass dies der Beginn einer neuen Karriere für mich sein könnte, daher änderte ich nach dem Abend nichts. Beruflich blieb für fast ein Jahr alles, wie es schon lange war. Meine zweite Moderation war dann die Eröffnungsfeier des »Dialog im Stillen«. Nach einem ähnlichen Konzept wie »Dialog im Dunkeln« hatten Andreas und Orna eine interaktive Ausstellung mit gehörlosen Guides konzipiert, die nun dauerhaft im ersten Boden unseres Speichergebäudes in Hamburg laufen sollte. Für die Anmoderationen und die Zwischenmoderationen nutzte ich Storytelling und Interaktionen mit dem Publikum. Ein bisschen wie früher beim Straßentheater, aber zugleich natürlich viel seriöser.

Wie schon bei meiner ersten Veranstaltung war Sozialsenator Scheele auch wieder einer der Redner und meinte über mich später am Abend: »Wenn die jemand entdeckt, ist sie weg aus dem ›Dialog im Dunkeln!‹« Das klang schön, aber wer sollte mich denn entdecken und wo sollte ich denn hin?

Gute zwei Jahre später traf ich Detlev Scheele wieder. Inzwischen hatten mich viele entdeckt. Es schien so zu sein, als ob ich als blinde Moderatorin zur richtigen Zeit kam. Inklusion wurde ein viel diskutiertes Thema und Veranstalter waren neugierig, ob jemand mit einer Behinderung den Job der Moderatorin machen könnte. Im Schneeballsystem wurde ich von einer Veranstaltung zur anderen weitergereicht. Dann überraschte mich der Anruf von Peter Clever, Mitglied der Hauptgeschäftsführung des Deutschen Arbeitgeberverbandes, auf dem Bahnhof in Magdeburg. »Haben Sie am 28. März noch Zeit? Wir hätten Sie gern als Moderatorin für die Verabschiedung des Vorstandsvorsitzenden der Bundesagentur für Arbeit Frank-Jürgen Weise und die Amtseinführung seines Nachfolgers Detlev Scheele. Sie würden dann unter anderem die SPD-Vorsitzende Andrea Nahles anmoderieren und die saarländische Ministerpräsidentin Annegret Kramp-

Karrenbauer, den Generalsekretär des Caritasverbandes Georg Cremer und noch ein paar andere interviewen. Passt das?« Oh ja, das passte mir ganz gut …

Per Staatskarosse wurde ich zur Friedrichstadtkirche in Berlin gefahren. Die Veranstaltung hatte Sicherheitsstufe 1 und nach der Technikprobe mussten wir alle für eine Stunde das Gebäude verlassen, denn die Sprengstoffhunde mussten ja auch noch ihre Arbeit machen. Mein persönliches Highlight des Abends war der musikalische Beitrag des Liedermachers Bodo Wartke. Im seinem Song »Das falsche Pferd« sang er, als wäre es nur für mich:

»Ich glaube, das ist echt das Schönste, was es gibt. Wenn man das, was man tut, leidenschaftlich liebt. Man tut damit sich nicht nur selbst einen Gefallen, sondern, letzten Endes, allen.«

Wer soll es denn sonst machen?

»Eine kugelsichere Weste im Look eines Sonderkommandos – mit Taschen auf der Vorderseite, die Platz bieten für Funkgerät, Pistolenmagazin und Handgranate hatte Dörte Maack vor ihrem Auftritt im Willy-Brandt-Haus angelegt. ›Da brauchst du eine Schutzweste‹ – das sei der Ratschlag einer Freundin gewesen, als diese erfuhr, dass Dörte Maack die Veranstaltung der AG ›Selbst Aktiv‹ in der SPD-Parteizentrale moderieren sollte. Will heißen: Beim Thema Inklusion kann die Diskussion schon einmal hitzig werden – da kann ein wenig Selbstschutz nicht schaden. Die martialische Schutzweste kam selbstverständlich nicht zum Einsatz, vielmehr legte die Moderatorin Maack sie bereits zum Veranstaltungsbeginn ab. Trotzdem: Kontrovers war die Debatte zum Bundesteilhabegesetz allemal.« So war es am folgenden Tag in der Presse zu lesen und mit dieser Weste war ich am Abend sogar in den Tagesthemen zu sehen. Meine Botschaft war, dass wir keine scharfen Schüsse, sondern Dialog und Offenheit in der Debatte um das Bundesteilhabegesetz brauchen. »Das wird uns heute gelingen. Ich bin sicher, dass wir keine Schutzwesten brauchen«, sagte ich und zog demonstrativ meine Verkleidung aus. Die Idee mit der Schutzweste hatte jedoch nicht eine Freundin, sondern meine Mentorin Sabine Asgodom.

Ich war immer noch überwältigt von den zahlreichen Anfragen für hochkarätige Moderationen, die mich inzwischen erreichten. Ja, ich brachte Wissen und Erfahrung mit, aber war ich für Veranstaltungen mit den Spitzen aus Wirtschaft und Politik wirklich gewappnet? Ich brauchte jemanden, der sich mit der Sache auskannte. Schon länger las ich begeistert die Bücher von Sabine Asgodom. Mir gefiel ihre erfrischend unkonventionelle Herangehensweise an Businessthemen. Im deutschsprachigen Raum war sie zudem die bekannteste Frau im Bereich Coaching und Training. Darunter ging es für mich nun auch nicht mehr. Ich war so schnell so hoch nach oben gespült worden, dass ich die Unterstützung von einem mit allen Wassern gewaschenen Vollprofi brauchte.

»Können Sie sich ein Coaching für eine blinde Moderatorin vorstellen?«, fragte ich Sabine in einer Mail. Umgehend schrieb sie zurück, wir telefonierten: Begeisterung auf beiden Seiten. Aber hier ging es nicht um ein Charity-Projekt und eine Sabine Asgodom hat ihren Preis. Ich schrieb einen langen leidenschaftlichen Brief an die Griebel-Stiftung, die mich schon bei der Ausbildung zum Coach gefördert hatte. Es musste einfach klappen und zum Glück klappte es. Die Stiftung finanzierte mir ein Jahr Begleitung durch die Grande Dame des Coaching. Für mich war das ein Geschenk von unschätzbarem Wert. Was mich in diesem Jahr vor allem weiterbrachte, war Sabines Bestärkung, mich nicht zu verstecken und mit unkonventionellen Konzepten rauszugehen. Das fühlte sich an, als hätte ich jetzt die Erlaubnis, meine Ideen umzusetzen. Sabine musste es schließlich wissen.

Dennoch hatte ich vor der Veranstaltung in der SPD-Zentrale ziemlich Bammel und heulte mich bei meiner Freundin Dunja aus: »Was, wenn die Transparente im Publikum ausrollen, die ich nicht sehe? Was, wenn wütende Rollstuhlfahrer die Bühne stürmen? Was, wenn die mit faulen Tomaten werfen?« Und dann hörte ich mich plötzlich sagen: »Aber nützt ja alles nix: Wer soll es denn sonst machen?« Das wusste Dunja auch nicht. Also gut: Lauf, lauf, lauf, Sprung!

Es war naheliegend, dass ich für Veranstaltungen zur Inklusion gebucht wurde: Inklusion in der Bildung, Inklusion auf dem Arbeitsmarkt, barrierefreies Bauen … Für diese Themen nahm man gern eine blinde Moderatorin. Mir kam das entgegen, denn ich war mit all diesen Inhalten gut vertraut. Bald kamen auch Aufträge zu benachbarten und auch zu ganz anderen Themen: Altenpflege, Kinder- und Jugendhilfe, Digitalisierung, Mehrsprachigkeit, Wohnungsnot und Stadtplanung. Auch eine Veranstaltung mit Hamburgs Innensenator Andy Grote zur Entwicklung der Kriminalität in Hamburg kurz nach den Ausschreitungen beim G20-Gipfel habe ich moderiert. Auf keinem dieser Gebiete war ich eine ausgewiesene Expertin, doch als Moderatorin musste ich natürlich die entscheidenden Fragen stellen können. Ich recherchierte tagelang, telefonierte lange mit den Fachleuten und staunte jedes Mal, wie viele unterschiedliche Aspekte sich hinter einem Thema verbargen. Auch mein Bild von Politikern hat sich mit dieser Arbeit gewandelt. Meine kritische Haltung habe ich nicht aufgegeben, aber es ist ein sehr großer Respekt für die Arbeit aller demokratischen Politiker dazugekommen. Auch meine Blindenführhündin freundete sich mit der Spitzenpolitik an. Lila begleitete mich zu einer Veranstaltung für Unternehmer. Der große Saal war schon brechend voll, aber meine Hündin fand noch einen Stehplatz für mich mit einem höchst komfortablen Liegeplatz für sie selbst. BDA-Präsident Ingo Kramer hatte den Hauptredner des Abends bereits angekündigt, doch er kam nicht auf die Bühne. Was war los? Alle wurden unruhig. Direkt hinter mir war die Unruhe besonders groß. Schließlich fragte jemand:»Lieber Hund, wärst du bitte so nett, mir den Weg frei zu machen?« Mit Murren und sehr langsam stand Lila auf. Mir wurde zugeflüstert:»Das ist Wolfgang Schäuble.« Der damalige Bundesfinanzminister musste sich selbst den Weg frei machen, denn seine Personenschützer waren unschlüssig, was sie mit dem Tier auf der Rollstuhlrampe machen sollten.

Immer mal wieder stieß ich auf Skepsis, ob denn eine Blinde wirklich als Moderatorin arbeiten könnte. Ich hatte anfänglich selbst meine Zweifel und konnte die Skeptiker verstehen, doch zugleich spornten mich ihre Vorbehalte an. Einige Male hörte ich von einem Auftraggeber:»Ich kann mir zwar nicht vorstellen, dass man das blind hinkriegen kann, aber machen Sie mal.« Und natürlich weiß ich nicht, was die sagten, die mich gar nicht erst buchten. Ich fand vielfältige Wege, das fehlende Sehen möglichst zu kompensieren: akribische Vorbereitung, aufmerksames Hin- und Zuhören und mittels Interaktion einen beständigen Draht zum Publikum aufbauen. Dass ich meine Auftraggeber wirklich überzeugt hatte, wusste ich, wenn ich anschließend hörte:»Na ja, eigentlich ist es ja auch leichter zu moderieren, wenn man nichts sieht. Dann wird man nicht so abgelenkt von den unwichtigen Dingen.« Da ist sogar etwas dran. Moderieren, ohne zu sehen, ist schwerer und leichter zugleich.

Sabine Asgodom unterstützte mich nicht nur als Moderatorin, sondern befand, dass ich auch als Rednerin auf die Bühne gehen sollte.»Speakerin, was soll das sein?«, fragte ich ungläubig. Meinte sie etwa solche Motivationskasper und Businesshampelmänner, die »Jeder-kann-es-schaffen-Chaka!« ins Publikum schrien?

Im Internet hörte ich mir Hunderte TED-Talks an. TED ist eine Organisation, die Vorträge unter dem Motto »Ideas worth spreading« im Internet veröffentlicht. Ich war überwältigt von der Qualität und der Unterschiedlichkeit all dieser Redner. Ich hörte die Reden von Wissenschaftlern aus den verschiedenen Bereichen, von Aktivisten für Menschenrechte oder Umweltschutz und von Menschen, die ihre besondere Lebenserfahrung teilten. Ich erinnerte mich daran, dass vor langer Zeit schon einmal diese Begeisterung für Reden in mir ent-flammt war. Wie war das damals noch im Deutschleistungskurs? Bei Frau Kotarowski. Ja, ich konnte mir vorstellen, auf einer Bühne zu ste-hen und zu reden. Ob das etwas taugte und ob das überhaupt jemand hören wollte, würde sich dann ja zeigen.

Nach meiner ersten öffentlichen Rede auf einem kleinen Redner-abend in Hamburg kam Jan auf mich zu und fragte: »Wir machen auch so Rednerabende. Hast du Lust, da zu sprechen?« »Na klar, Bühne bringt Bühne«, hatte ich bei der German Speakers Association, mei-nem neuen Berufsverband gelernt. Jans Veranstaltung heißt »12 min. me« und fand in einer IT-Etage am Hamburger Gänsemarkt statt. Das Publikum war großartig und ging total mit. Hier entstand auch ein Video: das erste, das im Internet über mich veröffentlicht wurde. Und dann ging alles sehr schnell: Der Auftritt auf der GSA-Winterkonfe-renz, die Einladung zu »Gedankentanken«, ein Auftritt bei René Bor-bonus »Inspiration am See« und die Einladung in die NDR-Talkshow zu Barbara Schöneberger und Hubertus Meyer-Burckhardt. Mal schauten Hunderte, mal Tausende und mal Millionen zu.

»Sie stehen für dich auf«, hörte ich vom Moderator der Veranstal-tung, während das Publikum mir noch applaudierte. Wow, Standing Ovations an vielen Orten der Republik. Aber ich sah das ja nicht und ich hoffe, das verringert ein wenig die Gefahr, mir darauf irgendetwas einzubilden.

Für die Bühne und die Medien mussten meine Erfahrungen ver-dichtet werden, denn für Umwege und Widersprüchlichkeiten ist in zwanzig Minuten kein Platz. Ohne die vielen Ecken und Kanten bleibt von meiner Geschichte die Geschichte einer Heldin übrig. Natürlich ist das nicht die ganze Wahrheit und genau das musste ich nun aushalten. Ich kannte zum Glück das Schaustellergeschäft und wusste, dass man den größten Beifall selten für die schwierigsten Kunststücke bekommt.

Mein Anliegen ist es, ein Stück meines Lebens zu teilen, in der Hoffnung, dass andere mit ihren eigenen Erfahrungen und den Herausforderungen ihres Lebens daran anknüpfen können. Am liebsten möchte ich die Geschichten erzählen, die ich vor 25 Jahren selbst hätte hören müssen, um mit ein bisschen weniger Dramatik, weniger Selbstzweifeln und einer Portion mehr Zuversicht durch die Achterbahnfahrt meiner Erblindung zu kommen. Vielleicht sitzt ja jemand im Publikum, der sich so fühlt wie ich früher, oder vielleicht hört jemand zu, der jemanden begleitet, der gerade etwas Ähnliches durchlebt wie ich damals. Manchmal sagt mir jemand, dass ihm meine Geschichte Mut gemacht hat. Wenn meine Rede in einem Saal mit Tausenden Menschen auch nur einem einzigen Menschen ein Stück weiterhilft, dann hat es sich gelohnt.

Immer noch Konfetti im Haar

»Guckt mal, die is ja genau wie wir. Die sitzt da, isst Kuchen und trinkt Kaffee, genau wie wir«, rief Yvonne und ich musste laut lachen. »Genau das habe ich über euch auch gerade gedacht«, verriet ich. Zusammen mit vier Frauen saß ich um eine Kaffeetafel in der Justizvollzugsanstalt Hahnöfersand herum. Wir näherten uns vorsichtig an und bestaunten einander, während wir von einem Fernsehteam gefilmt wurden. Yvonne hatte zwei Jahre in Caracas wegen Drogenschmuggel im Gefängnis gesessen, bevor sie hierher verlegt wurde. Kerstin hatte acht Jahre Haft wegen Unterschlagung bekommen und Melanie saß wegen Mordes. Ein Bekannter hatte die junge, stark übergewichtige Frau als »fette Qualle« beschimpft, sie drehte durch und tötete den Mann mit siebzig Messerstichen. Die drei Frauen nahmen an einem neuen Sozialprojekt teil. Sie kümmerten sich für neun Monate um Welpen, die einmal Blindenführhunde werden sollten. Mit ihrer Mitwirkung in diesem Projekt sollten die Frauen die Möglichkeit bekommen, der Gesellschaft etwas zurückzugeben und neue Lernerfahrungen zu machen, so die Idee von der Initiatorin der »Hundebande« Manuela Maurer. Nach anfänglicher Skepsis unterstütze die JVA das Projekt, denn die Frauen übernahmen Verantwortung, entwickelten offenbar mehr Einfühlungsvermögen und bauten stabile emotionale Bindungen auf. Damit die Ladys hinter Gittern erfuhren, wie ein fertig ausgebildeter Führhund arbeitet und was einer Führhundhalterin wichtig ist, hatte Manuela meine Blindenführhündin Lila und mich eingeladen. Die inhaftierten Frauen hatten für mich Apfelkuchen gebacken, Sahne geschlagen und Kaffee gekocht. »Wir waren ganz aufgeregt, dass du kommst«, erzählten sie mir. »Wie wird die wohl sein, die Blinde?«, hatten sie sich gefragt. »Wie werden die wohl sein, die Kriminellen?«, hatte ich mich gefragt. Nun wussten wir: Ich war wie sie, nur blind und sie waren wie ich, nur kriminell. Wir wurden immer lockerer und trauten uns, einander alles zu fragen. Der Hof, in dem Lila mit den jungen Hunden spielen konnte, war von einem mächtigen Zaun umgeben. Hier kam keine raus. »Hat ja auch was Gutes. Da hauen euch die Hunde nicht ab«, meinte ich trocken. Auweia, durfte ich das sagen? Aber alle lachten. Sie hatten Humor. Das hilft immer.

Meine Mitschüler hatten damals beim Abitur ganz richtig getippt: Ich würde einmal in den Knast kommen. Aber was war mit den vielen vagen Plänen, die ich im Übermut der Abizeit aufgeschrieben hatte? Weltreisende, Unternehmerin, Journalistin, Poetin, Barbesitzerin, Zirkus machen? An meinen fünfzigsten Geburtstag fragte ich mich: Was davon ist Wirklichkeit geworden? Überraschend viel, eigentlich fast alles, aber der Reihe nach:

Auf der Suche nach Heilung und dann später für »Dialog im Dunkeln« hatte ich die Welt bereist. Gemeinsam mit Anke und Sabine hatte ich ein kleines, erfolgreiches Theaterunternehmen aufgebaut und seit zwei Jahren habe ich als Moderatorin wieder ein eigenes Business. Zur Vorbereitung der Moderationen arbeite ich journalistisch, recherchiere, führe Interviews und schreibe Artikel. Poetin bin ich auch ein klein bisschen, zumindest wenn ich großzügig ein Auge zudrücke, bei der Arbeit an meinen Redemanuskripten. Aber bin ich jemals Barbesitzerin geworden? Ja, irgendwie schon, aber die Erfüllung dieses Plans hat sich besonders gut getarnt, denn meine Bar ist kein angesagter Szeneladen. Es gibt dort nur wenige Gäste, aber die kommen täglich und bestellen meist Wasser, Orangensaft oder Kakao. Meine Kinder wissen genau, dass ich im eigenen Haus fast gar nicht beeinträchtigt bin. Sie sehen, dass ich mich blind zurechtfinde. Sie schonen mich nicht, lassen sich ihre Sachen von mir hinterhertragen oder sich bei Tisch bedienen. Aber sind Kinder von Blinden nicht besonders hilfsbereit, empathisch und sozial? Ja, meine Kinder haben diese Eigenschaften genau wie andere Teenager auch. Weil ich häufig das Catering für meine Kinder und ihre Freunde ausrichte, kann mein Plan »Barbesitzerin« auch als erfüllt gelten, finde ich.

Und schließlich: Auch wenn ich mich von der Varietébühne verabschieden musste, ist meine Leidenschaft für Bewegung im Allgemeinen und Zirkus im Besonderen geblieben. In unserem Garten gibt es Turnstangen, Slacklines und Trampoline und im Wohnzimmer hängt ein Trapez. Als die Kinder noch kleiner waren, haben wir viel Akrobatik miteinander gemacht. Wir sind damals sogar mit unserer Familienakrobatik in einer echten Manege aufgetreten. Als dann Eileen, Emil und sogar auch Martin Einradfahren lernten, dachte ich:»Moment mal, dafür war ich doch eigentlich immer die Expertin.« Und probierte aus, was für mich auf einem Einrad noch ging. Hand in Hand klappte es bald ganz gut und seither sieht man uns manchmal auf vier Einrädern durchs Dorf fahren.»Mama, du musst aber auch mal frei fahren«, fand Eileen und entwickelte dafür eine Methode. Wer vor mir fährt, muss fortwährend sprechen oder sich ein Smartphone mit Musik in die Hosentasche stecken, damit ich, ohne zu gucken, weiß, wo ich langfahren muss. Meine Kinder haben einen großen Anteil daran, dass ich meine alte Spielfreude und Leichtigkeit wiedererwecken und schließlich auch wieder auf die Bühne bringen konnte. Zu Beginn meiner Laufbahn als Moderatorin war für das Publikum vor allem meine Blindheit besonders, aber mit der Zeit wurden es mehr und mehr die spielerischen Elemente und Interaktionen, die mein Publikum an meiner Arbeit schätzte. In Potsdam zum Beispiel pustete ich einen großen Herzballon auf, hielt ihn hoch über meinen Kopf:»Herzlich Willkommen zur Jahrestagung der Inklusionsunternehmen«, rief ich, ließ den Ballon platzen und stand im bunten Konfettiregen.»Okay, das war schon einmal ein Knaller«, kommentierte ich und hatte damit die Lacher auf meiner Seite.»Einmal Zirkus, immer Zirkus«, dachte ich bei mir. Das Publikum in Potsdam freute sich über dieses überraschende Showelement, aber kaum einer ahnte, wie sehr ich mich selbst darüber freute, denn es war früher einer der schönsten Momente unserer Straßenshow, wenn ich auf Felix' Schultern stehend einen bunten Schirm aufspannte und wir beide in einem Schauer aus schillernden Konfetti standen. Einige Jahre später war der bunt glitzernde Regen versiegt und ich stand allein in einer Wolke aus Trübsinn. Am Tiefpunkt meiner emotionalen Achterbahnfahrt hatte ich es nicht mehr für möglich gehalten, eines Tages wieder Konfetti im Haar zu haben. Doch wenn ich die gesamte Geschichte meiner Erblindung betrachte, ist vieles gar nicht so anders gekommen, als ich es mir vor der Diagnose gewünscht habe. Das Leben hat meine eigenen kleinen Pläne nicht einfach ignoriert, sondern nur auf eine besondere Weise interpretiert. Mein Leben ist insgesamt sogar schöner und erfüllender geworden, als ich es mir selbst hätte ausdenken können. Zunächst schien meine Erblindung nur Trümmer zu hinterlassen: Meine Karriere, meine Liebesbeziehung, meine Zukunftspläne, mein Selbstvertrauen und mein Selbstwertgefühl, alles war kaputt. Aber ich hatte die Chance, alles Schritt für Schritt wiederaufzubauen: Schließlich konnte ich aus Trümmern ein Schloss bauen.

Phasen der Veränderung

Bei einer Recherche zu meinen Workshops für Teams und Führungskräfte entdeckte ich die sogenannte Veränderungskurve. Sie illustriert die emotionalen Phasen von Veränderungsprozessen und zeigt, wie wir einschneidende Veränderungen bewältigen. Ich stellte erstaunt fest, dass mein eigener Bewältigungsprozess ziemlich exakt mit dem skizzierten Verlauf übereinstimmt. Das Phasenmodell hat seinen Ursprung in den Arbeiten der Trauerforscherin Elisabeth Kübler-Ross.

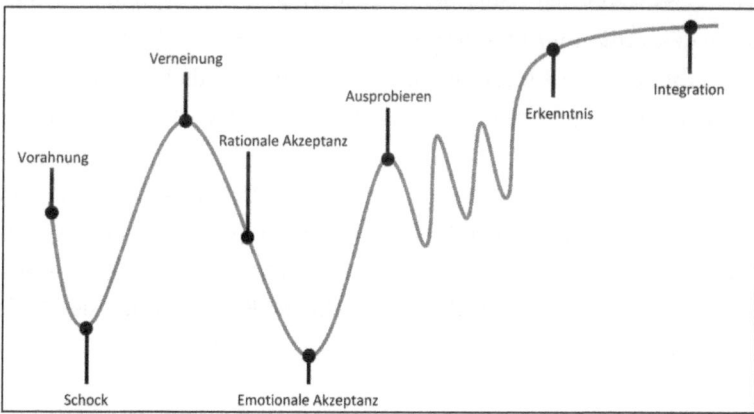

Das Schaubild gibt einen Überblick über die unterschiedlichen Phasen, die wir durchleben, wenn wir eine Veränderung bewältigen müssen, die wir nicht selbst initiiert haben und die negative Folgen für uns hat. Die Waagerechte zeigt den zeitlichen Verlauf und die Senkrechte zeigt die jeweilige emotionale Reaktion.

Das Modell zeigt lediglich einen idealtypischen Verlauf, von dem die Prozesse realer Menschen im wahren Leben stark abweichen können. Die Phasen können je nach Art und Ausprägung der Veränderung und den Lebensumständen des betroffenen Menschen unterschiedlich lang andauern. Auch können sich die Phasen überlappen, sie können mehrfach durchlaufen werden oder einzelne Phasen können auch übersprungen werden.

Vorahnung

Rückblickend gab es eine Reihe von Hinweisen, dass mit meinen Augen etwas Gravierendes nicht in Ordnung ist, aber eben nur im Rückblick. Allzu häufig haben wir im Nachhinein das Gefühl: »Hab ich's doch gewusst!« Dabei vergessen wir, dass wir täglich so unendlich viele Gedanken haben und darunter auch unzählige Vorahnungen, von denen die allermeisten nie eintreten. In manchen Fällen könnte man sich im Nachhinein fragen: »Warum habe ich nicht früher etwas unternommen? Es hätte dann doch gar nicht erst so weit kommen müssen.« Wenn ein Versäumnis zu Schuldgefühlen führt, kann dies eine zusätzliche Belastung sein. Aus meiner Sicht war es aber ein Segen, dass weder ich selbst noch sonst jemand den Vorboten meiner Augenerkrankung Beachtung geschenkt hat, denn es hätte nichts an der Erblindung geändert und ich hätte es nicht früher wissen wollen. Bei einer behandelbaren Erkrankung wäre natürlich das Gegenteil der Fall gewesen.

In der Phase der Vorahnung kann es sehr wichtig sein, Ängste und Befürchtungen ernst zu nehmen, sie zu äußern und in Ruhe abklären zu können. In sehr vielen Fällen sind ahnungsvolle Sorgen ganz unbegründet oder lassen sich durch gezielte Maßnahmen aus der Welt schaffen.

Schock

Obwohl ich eine vage Vorahnung hatte, traf mich die Diagnose »unheilbare Augenerkrankung« unvorbereitet. Auf diesen übermächtigen Schlag reagierte ich schockiert und war in den ersten Momenten wie gelähmt.

Wenn eine negative Vorahnung real wird oder eine niederschmetternde Nachricht uns völlig unvorbereitet trifft, ist Schock in aller Regel die erste Reaktion. In unserem Kulturkreis reagieren viele von uns äußerlich gefasst und erleben zugleich ein innerliches Erstarren. Oft verschlägt es uns die Sprache und uns fehlen Worte, um unsere Emotionen auszudrücken. Die Tragweite des erschütternden Ereignisses ist in dieser Phase noch nicht greifbar. Oft sind wir in der Phase des Schocks erstaunlich gut in der Lage, routinemäßige Alltagshandlungen auszuführen. Die akute Phase des Schocks ist meist sehr kurz und dauert oft nur Stunden oder Tage. Im Nachhinein erinnern wir uns an diese lebensverändernden Momente mit bemerkenswerter Klarheit. Gerade daher macht es für den weiteren Bewältigungsprozess einen Unterschied, wie sich andere Menschen in der allerersten Zeit verhalten. Nahe Freunde oder Angehörige fühlen sich anfänglich oft ebenfalls ohnmächtig, sind bestürzt oder sprachlos. Obwohl andere in dieser Phase meist noch nicht viel tun können, ist es von unschätzbarem Wert, wenn sie einfach für den betroffenen Menschen da sind und ihm beistehen. Ganz wichtig ist es, dabei achtsam und behutsam zu sein, um Äußerungen, die verletzend sein können, zu vermeiden.

Ärzte, Chefs oder Beteiligte anderer Professionen haben natürlich eine andere, meist distanziertere Beziehung zum Geschehen. Oft gehört es zu ihrem Berufsalltag, auch negative Nachrichten zu überbringen. Für den betroffenen Menschen ist es jedoch hilfreich, wenn sie sich menschlich und ehrlich empathisch zeigen.

Ich erinnere mich an wenige Momente in meinem Leben so exakt wie an den Nachmittag und Abend, an dem ich zum ersten Mal mit der Diagnose Retinitis pigmentosa konfrontiert wurde. Durch die Erfahrung dieser intensiven Momente weiß ich, dass es eine große Bedeutung hat, was einzelne Menschen in den ersten Stunden sagen, und wie wichtig es ist, nicht mit der Situation allein gelassen zu werden.

Verneinung und Widerstand

»Du musst dein Schicksal akzeptieren und die Veränderung annehmen«, ist ein Ratschlag, den Menschen in Veränderungsprozessen oft hören. Dabei übersehen die Ratgebenden häufig nicht nur, dass Akzeptanz keine Entscheidung auf Knopfdruck ist, sondern auch, dass Widerstand sogar eine sehr wichtige Funktion hat. Es ist ausgesprochen sinnvoll, dass wir als selbstbestimmte Menschen nicht jedes Urteil, nicht jede Entscheidung eines anderen und nicht jede Diagnose ohne Weiteres annehmen. Die intensiven Gefühle von Verunsicherung und Orientierungslosigkeit lassen uns Nachrichten in Frage stellen. Dieses Anzweifeln gehört aus gutem Grund zur menschlichen Existenz, denn nur so können wir neue Erkenntnisse gewinnen. Häufig können wir negative Veränderungen vermeiden, weil wir eine zweite Meinung einholen oder uns mit anderen zusammen dagegen organisieren und Widerstand leisten. Chefs und andere Entscheider fürchten oft den Widerspruch ihrer Mitarbeiter und übersehen dabei, dass es gerade die engagierten, ambitionierten Menschen sind, die auf eine fremdinitiierte Veränderung mit starker Abwehr reagieren. Anfängliche starke Veränderungsresistenz zeugt nicht unbedingt von mangelnder Flexibilität oder mangelnder Bereitschaft zum Wandel, sondern möglicherweise von einer starken Identifikation mit dem gegenwärtigen Zustand und einer Wertschätzung dessen, was bisher war. Nicht zuletzt können Verneinung und Widerstand wichtig sein, wenn die Auswirkungen einer Veränderung so weitreichend sind, dass der betroffene Mensch die ganze Wahrheit auf einen Schluck nicht ertragen könnte.

Gegen meine Erblindung habe ich mich lange mit aller Vehemenz gewehrt. Nun könnte man meinen, dass es völlig vergebens war und mir nichts genützt hat. Jedoch gingen die Diagnose und ihre Konsequenzen so sehr gegen meine damaligen wichtigsten Werte wie Freiheit und Selbstbestimmung, dass ich erst, nachdem ich wirklich alles Erdenkliche getan hatte, zur Akzeptanz des Unausweichlichen finden konnte. Widerstand und Veränderungsbereitschaft sowie Angst und Zuversicht müssen in diesem Kontext keine Gegensätze sein. Aus meiner Erfahrung heraus weiß ich: Alles hat seine Berechtigung und alles hat seine Zeit.

Einsicht: Wut, Angst und Trauer

Erst wenn ein betroffener Mensch einsehen muss, dass eine Nachricht wahr ist und aller Widerstand die Veränderungen nicht abwehren kann, beginnt das Gefühl des Fallens und die emotionale Reise durch ein Tal der Tränen. Wenn uns etwas wirklich Wichtiges genommen wird, haben wir allen Grund und jedes Recht, zu wüten, zu zittern und zu weinen, denn wir sind Menschen und wir sind verletzlich. In dieser Phase trösten Worte oft nicht. Es hilft dann nicht, wenn jemand vielleicht Ähnliches erlebt hat und uns über seinen Umgang damit berichtet. Kein Leid ist wie das andere und kein Außenstehender kann beurteilen, welche Veränderung jemanden wie schlimm trifft. In dieser Phase ist da sein und zuhören die größte Unterstützung. Wer in dieser Zeit andere Menschen an seiner Seite hat, die weder etwas ändern, beschönigen noch manipulieren wollen, hat es gut. Wer einen Menschen hat, der sagt: »Ich bin jetzt da und ich gehe nicht weg. Ich weiß, es tut weh und es wird noch lange wehtun. Irgendwann wird es vielleicht besser«, der hat großes Glück. Wir alle brauchen jemanden, wenn wir fallen, denn diese Phase ist kritisch. Es ist überhaupt nicht gewiss, ob wir zerbrechen oder die Krise bewältigen. Für die kommende Zeit sind Verbitterung, Süchte oder psychische Störungen nicht weniger wahrscheinlich als ein konstruktiver und produktiver Umgang mit der Situation.

In meiner persönlichen Phase der Einsicht habe ich Angst, Trauer und Wut so lange freien Lauf gelassen, bis ich von diesen Gefühlen genug hatte. Obwohl ich schwierig und unzugänglich war, hatte ich glücklicherweise Menschen um mich herum, die für mich da waren, und ohne sie wäre ich gewiss nicht da, wo ich heute bin.

Akzeptanz

Bei einer Reihe von weniger schlimmen, aber dennoch ungünstigen Veränderungen kann es uns möglich sein, uns für die Akzeptanz der Situation zu entscheiden. »Dann ist es eben so und ich mache jetzt das

Beste daraus«, kann dann eine sehr gesunde Haltung sein und uns davor bewahren, uns unnötig an den kleinen Widrigkeiten des Lebens abzuarbeiten.

Bei schwerwiegenden Veränderungen, die uns im Kern erschüttern und emotional sehr aufwühlen, ist Akzeptanz dagegen nichts, wofür wir einfach einen inneren Schalter umlegen könnten. Nur wenn wir ausreichend gewütet, gezittert und geweint haben, kann es uns gelingen, diese Emotionen loszulassen und echte Akzeptanz zuzulassen. Es kann lange dauern, diesen Punkt zu erreichen, denn wir müssen schonungslos ehrlich sein und der Wahrheit ins Gesicht sehen. Wir müssen anerkennen, dass sich unsere Hoffnungen nicht erfüllt haben und unser altes Leben tatsächlich vorbei ist. Dabei hatten wir so viel investiert, um ja nicht am Nullpunkt anzukommen. Wir hatten das aus gutem Grund getan, denn wir konnten nicht wissen, ob wir am Boden liegen bleiben würden oder ob es uns gelingen könnte, wieder etwas aufzubauen. Paradoxerweise können wir jedoch nur dann von vorn anfangen, wenn wir diesen kritischen Wendepunkt erreicht haben. Auch in dieser wichtigen Phase, in der die Akzeptanz als Möglichkeit sichtbar wird, ist es ebenfalls hilfreich, zu wissen, dass andere einem beistehen. Doch diese Phase ist die leiseste und intimste in einem Veränderungsprozess. Am Wendepunkt sind wir ganz bei uns und allein mit Gott.

Ich bin heute noch erstaunt darüber, wie grundlegend positiv sich mein Leben, kurz nachdem ich die finstersten Momente durchlebt habe, verändert hat. Mir ist bewusst, dass dies alles andere als selbstverständlich ist, aber ich weiß heute auch, dass sehr viele Menschen den entscheidenden Moment der Akzeptanz sehr ähnlich erlebt haben und beschreiben.

Ausprobieren

Nach dem Wendepunkt kann der Weg zurück ins Leben beginnen. Wenn wir ganz unten waren und Momente fast ohne Hoffnung erlebt haben, können wir am Anfang dieser Phase bereits aus winzigen Erfolgen große Stärke ziehen. Für mich war nie vor und nie nachher ein Einkauf solch ein Erfolgserlebnis wie mein erster Weg zum Gemüseladen mit dem Blindenlangstock. Wenn wir ganz von vorn anfangen, halten wir nichts mehr für selbstverständlich und können auf diese Weise erstaunlich schnell Zuversicht aufbauen. Voraussetzung hierfür ist allerdings, dass wir auf innere und äußere Ressourcen zugreifen können, die in den anderen Phasen lediglich verschüttet, aber nicht für immer verloren waren. Wenn wir bereits vor einer weitreichenden Veränderung Resilienz aufbauen konnten, haben wir nun in der Phase des Ausprobierens darauf Zugriff.

Für alle Menschen, die andere während einer wesentlichen Veränderung unterstützen wollen, kann die Zeit des Ausprobierens sehr erfüllend sein. Endlich ist der betroffene Mensch bereit, Hilfe anzunehmen, sich in eine positive Richtung zu bewegen, und hat wieder Freude daran, sich weiterzuentwickeln. Selbst Menschen, deren Stärke es nicht ist, andere durch Trauerphasen zu begleiten, können nun wieder eine wichtige Rolle spielen.

In der Phase des Ausprobierens können wir uns noch auf keinen linearen Zuwachs an Kompetenz und Zuversicht verlassen. Unter günstigen Bedingungen werden wir zwar wieder Fortschritt und persönliches Wachstum erleben, aber auch immer wieder Irrtümer, Umwege und Niederlagen. Vorausgesetzt, es kommen keine weiteren größeren negativen Veränderungen für uns hinzu, werden wir trotz aller Rückschläge in dieser Phase aber nicht mehr dramatisch tief fallen und nach einem Schritt ins Leere schnell wieder Tritt fassen können.

Ich habe in dieser Phase so schnell ungeheuer viel Neues gelernt, wurde mit jedem kleinen Erfolg mutiger, zuversichtlicher und entscheidungsfreudiger. Ich hatte erwartet, dass alles mit der Erblindung vorbei sein würde, und daher war es umso beglückender, zu erleben, dass ich noch einmal ganz neu anfangen konnte.

Erkenntnis

Wenn die Phase des Ausprobierens für uns neue Denk-, Verhaltens- und Handlungsoptionen hervorbringen konnte, kann sich die Phase der Erkenntnis anschließen. Dies ist der Moment, um zurückzublicken und zu staunen, wie wir trotz allem so weit kommen konnten. Wir wissen nun, wie viel wieder möglich ist. Auch ist jetzt die Zeit, um zu reflektieren, was zum Gelingen beigetragen hat und was weniger hilfreich für uns war. Manchmal gelingt es uns in dieser Phase, mit Abstand auf unser Erleben zu blicken und dann in unserem Bewältigungsprozess allein oder mit professioneller Hilfe daraus Erkenntnisse für die Zukunft zu ziehen.

Für mich war die Auseinandersetzung mit dem Modell der Phasen der Veränderung eine Inspiration: Nicht nur konnte ich meine Erfahrung nutzen, um das Modell anderen zu vermitteln, ich konnte das Modell auch selbst nutzen, um meinen eigenen Prozess zu verstehen und für mich weiter zu verarbeiten.

Integration

Zunächst gibt es nach einem Ereignis, das uns tief erschüttert, zwei unterschiedliche Positionen in unserem Denken und Handeln: Entweder wir verhalten uns, als sei es uns nie passiert, oder wir verhalten uns, als sei es das Einzige, was uns je passiert ist. Während des gesamten Verarbeitungsprozesses springen wir je nach Situation zwischen diesen beiden Positionen hin und her. Aber welche Position wir auch gerade einnehmen, immer drehen wir uns dabei um uns selbst, versuchen, unser eigenes kleines Ich zu retten. Erst wenn wir den gesamten Veränderungsprozess durchlaufen haben, können wir das Ereignis integrieren und verstehen: Ja, es ist uns tatsächlich passiert, aber es ist nicht das Einzige, was uns passiert ist. Wenn uns ein dramatisches Ereignis persönlich geprägt und verändert hat, wird es nie vorbei sein, sondern uns immer begleiten. Aber es kann gelingen, das Geschehene in unser Sein zu integrieren, und vielleicht gelingt es uns sogar, zu erkennen, dass wir nur die Person werden konnten, die wir jetzt sind, weil es dieses Ereignis in unserem Leben gab und wir die damit einhergehende Veränderung bewältigen mussten. Manchmal können wir die Veränderung dann sogar als Bereicherung betrachten. Möglicherweise schaffen wir es irgendwann, das Geschehen nicht mehr in den Mittelpunkt unseres Lebens zu stellen und unsere Gedanken nicht mehr ständig um uns selbst und unser Schicksal kreisen zu lassen. Wir können uns dann wieder aus ganzem Herzen anderen Menschen und Herausforderungen zuwenden. Vielleicht gelingt es uns sogar, nicht mehr zu fragen, was das Leben für uns tun kann, sondern stattdessen zu fragen, was wir für das Leben tun können.

Der Zauber im Zerbrochenen

Das Leben mutet den meisten von uns Schweres zu und manchmal ist das fast nicht zu ertragen. Das Universum, das Schicksal oder was auch immer ist nicht fair, denn einige trifft es ungleich härter als andere: »De Deibel schiet jümmers up'n grooten Hupen«, heißt es dazu ganz treffend auf Plattdeutsch. Auch scheint das Vermögen, mit Widerständen umzugehen, ungleich verteilt zu sein, denn einige Menschen verlieren im Unglück ihren Lebensmut und andere richten sich nach einer Weile wieder auf. Woran liegt es, dass der eine an einem Ereignis zerbricht, während ein anderer Mensch seinen Weg relativ unbeschadet weiterverfolgt oder sogar daran zu wachsen scheint?

In welchem Maß wir durch ein einschneidendes Ereignis Schaden an Leib und Seele nehmen, hängt zuallererst von dem Ereignis selbst ab. Es steht völlig außer Frage, dass wir traumatische Ereignisse katastrophalen Ausmaßes nicht mit eher alltäglichen Widrigkeiten vergleichen können.

Doch auch bei vergleichbaren Ereignissen und ähnlichen Begleitumständen sind die Bewältigungsstrategien und die Auswirkungen auf das gesamte persönliche Leben von Mensch zu Mensch sehr verschieden. Was können wir selbst tun, um besser gewappnet zu sein, wenn uns die Härten des Lebens treffen? Die Psychologie spricht in diesem Zusammenhang von Resilienz, einer inneren Widerstandskraft, die uns hilft, schwere Zeiten zu überstehen. In den Schriften der großen Religionen, den Volksmärchen unterschiedlicher Kulturen und in der Literatur finden wir unzählige Texte, in denen es um Resilienz geht. Wir hören gern Geschichten, in denen sich ein Leid irgendwann zum Guten wendet. Diese Erzählungen drücken unsere tiefe Sehnsucht aus, dass irgendwann alles gut werden möge, egal wie schlimm es einmal war. Gleichzeitig beschreiben sie die universelle menschliche Erfahrung, dass tatsächlich viel Schlimmes wieder besser oder sogar gut wird.

Ob ich in die Weltliteratur schaue, Forschungsergebnisse studiere oder auf mein eigenes Leben blicke, die wesentlichen Aspekte, die beim Aufbau von Resilienz helfen, ähneln sich: Immer geht es um die Beziehungen zu anderen, um die Beziehung zu sich selbst und um einen Sinn im Leben.

Ich und die Beziehung zu den anderen

Wenn in unserer Kindheit Menschen um uns waren, die uns gernhatten und uns gezeigt haben, dass wir liebenswert sind, dann haben wir von vornherein bessere Chancen, resilient zu werden. Schon die sichere Bindung zu nur einem einzigen Menschen kann selbst in einer insgesamt sehr schwierigen Kindheit einen enorm stärkenden Einfluss haben. Wenn uns zudem verlässliche und liebevolle Erwachsene dabei geholfen haben, unsere Gefühle zu regulieren, schütten wir später in Stresssituationen geringere Mengen des Stresshormons Cortisol aus und sind somit psychisch widerstandsfähiger. Ein gutes soziales Netz und starke Bindungen zu anderen Menschen sind auch im späteren Leben ein wesentlicher Faktor, um Krisen bewältigen zu können. Als einsame Menschen tragen wir ein höheres Risiko, aufgrund schlimmer Ereignisse zu verbittern oder gar daran zu zerbrechen.

Ich und die Beziehung zu mir selbst

Ebenso wichtig für den Aufbau von Resilienz ist eine gute Beziehung zu sich selbst. Wenn wir das Vertrauen in uns haben, es zu schaffen, wird uns das tatsächlich sehr viel eher gelingen, als wenn wir fortwährend an uns selbst zweifeln und uns abwerten. Die Erfahrung, dass sich etwas verändert, wenn wir handeln, trägt dazu bei, in schwierigen Situationen nach Lösungen zu suchen und nicht aufzugeben.

Solche positiven Selbstwirksamkeitserfahrungen entstehen, wenn wir uns immer wieder Herausforderungen stellen und dabei erleben, dass wir stärker sind, als wir zuvor dachten.

Wenn wir eine wohlwollende Beziehung zu uns selbst haben, fällt es uns zudem leichter, Gefühle nicht zu verdrängen und Traurigkeit, Wut und Zorn zuzulassen.

Ich und der Sinn in meinem Leben

Vielleicht gibt es keine stärkere Kraft, die uns schwierigste Zeiten durchstehen hilft, als die Gewissheit, dass unser Leben einen Sinn hat.

Es gelingt uns eher, nach Niederlagen wieder Mut zu fassen, wenn wir unser Dasein als generell sinnvoll erachten. Dabei ist ein realistisches Selbstbild wichtig, um gut einschätzen zu können, ob bestimmte Lebensträume tatsächlich zu uns passen oder ob sie Illusionen sind. Es sind die erreichbaren, erfüllbaren Ziele, die uns die Kraft geben, Durststrecken durchzustehen und nicht aufzugeben.

Der Begriff der »Resilienz« hat seinen Ursprung in der Materialforschung. Hier bezeichnet er Gegenstände, die nach äußerer Einwirkung immer wieder in ihren Ausgangszustand zurückfinden. Diese Analogie mag für die Bewältigung von alltäglichen Widrigkeiten zutreffen, für extreme Ereignisse jedoch nicht. Denn wenn ein Geschehen unsere Grundüberzeugungen zerstört, werden wir nicht wieder in unseren Ausgangszustand zurückkehren können. Wir haben dann erlebt, dass unsere eigenen Bewältigungsstrategien nicht mehr greifen und dass unsere Annahmen über uns und die Welt tief erschüttert wurden. Wir werden verletzt sein, Leid tragen müssen und im besten Fall langsam heilen können. Danach werden wir ein anderer Mensch sein.

Häufiger, als wir meinen, ist es für uns möglich, zwar verändert, doch zugleich stärker aus schweren Zeiten hervorzugehen. Rückblickend erkennen wir oft, dass uns ein Ereignis viel gekostet, uns aber auch in unserer Persönlichkeit bereichert hat.

Die Psychologie spricht hier vom »posttraumatischen Wachstum«. Wenn es uns gelingt, von einer Krise nicht überwältigt zu werden, sondern sie selbst zu bewältigen, kann uns das eine Kraft und eine Zuversicht geben, die wir zuvor nicht kannten. Wir können dann den Mut aufbringen, weder zu verzweifeln noch die Dinge einfach schönzureden. Vielmehr können wir der Wahrheit ins Gesicht sehen und dennoch daran glauben, dass es wieder besser werden kann.

Tiefe Lebenskrisen bergen das Risiko, daran zu zerbrechen oder in Verbitterung, Süchten oder Depressionen zu verharren, aber sie bieten zugleich auch die Chance, zu erkennen, was uns wichtig ist. Wesentliche Fragen drängen sich auf: Was will ich wirklich und was brauche ich? Wofür bin ich bereit, zu kämpfen und Widerstände in Kauf zu nehmen? Wenn wir auf diese Fragen Antworten finden und uns zudem das Leben Gelegenheiten bietet, entsprechend zu handeln, können wir authentischer und glücklicher leben als zuvor. Möglicherweise verschieben sich dann unsere Prioritäten und wir können das Leben an sich mehr schätzen. Unsere Beziehungen verändern sich häufig in Krisen. Wir erleben möglicherweise Trennungen, aber es kann zugleich gelingen, intensivere und erfüllendere Bindungen aufzubauen. Wenn wir akzeptieren, dass das Leben immer und für jeden unsicher ist, kann das zu mehr Wohlwollen und Mitgefühl mit anderen führen. Wir können anerkennen, dass jeder sein Bestes versucht und einige dabei öfter scheitern als andere. Verständnis zu haben, heißt dabei noch lange nicht, alles gutzuheißen.

Wir können uns unserer Ressourcen und Stärken bewusster werden, nachdem wir ein tiefes Tal durchschritten haben und erleben konnten, dass wir das durchstehen konnten. Anschließend können wir unsere Stärken noch gezielter einsetzen, um neue persönliche Ziele in Angriff zu nehmen. Vielleicht konnten wir erleben, dass wir trotz der schlimmen Ereignisse nicht hilflos waren, sondern gerade durch Eigenverantwortung und Selbstbestimmung die Krise bewältigen konnten. Gelingt es uns dann, die ausschließliche Opferperspektive zu verlassen, können wir uns mit dem Schicksal aussöhnen und es wieder selbst in die Hand nehmen. Wir können dann beobachten: Wenn eine Tür zufällt, können sich neue Türen öffnen. Irgendwann werden wir dann bereit sein, neue Chancen und Möglichkeiten zu erkennen und mutig zuzugreifen, wenn uns etwas Gutes zufällt.

Posttraumatisches Wachstum verringert nicht das Leid, aber es macht es leichter, mit den vergangenen Ereignissen einen guten Umgang zu finden und das Leid in unser Leben zu integrieren. Wir können dann vielleicht gelassener mit der Gewissheit leben, dass es immer wieder Widerstände in unserem Leben geben wird und wir häufig vor Problemen stehen werden. Ein immer während es Glück werden wir auf Erden nicht erleben, aber vielleicht haben wir das Glück, das Leben trotz allem als lebenswert zu betrachten.

Brauchen wir vielleicht sogar dramatische Situationen, um zu wachsen? Müssen wir erst Krisen durchlaufen, um bessere Menschen zu werden? Nein, gewiss nicht. Alle Herausforderungen, die wir bewältigen, fördern unsere Entwicklung und sicher müssen sie nicht notwendig negativ oder existenziell für uns sein. In einem langen Leben hat vieles Platz: erste Liebe, Schulabschlüsse, erstes Kind, Abschied von geliebten Menschen, finanzielle Desaster, Weltreisen, beruflicher Erfolg … und alle Ereignisse haben das Potenzial, uns als Menschen wachsen zu lassen. Wir können sowohl aus der Bewältigung von Krisen als auch aus den besten Ereignissen unseres Lebens Kraft ziehen. Alle Herausforderungen, egal ob positiv oder negativ, enthalten ein Element der Ungewissheit. Wir brauchen das Unbekannte, das Unberechenbare und eben auch das Ungewisse, um uns weiterzuentwickeln. Nicht immer können wir uns aussuchen, welche Widerstände uns im Leben begegnen, aber fast immer können wir entscheiden, wie wir langfristig damit umgehen und ob wir daran wachsen wollen.

Auch wenn es uns gelungen ist, Krisen zu bewältigen, daran zu wachsen und mit neuer Kraft weiterzumachen, werden Brüche und Risse in unserem Leben bleiben. Wie gehen wir am besten damit um? Vielleicht so wie in der fernöstlichen Kunst des Kintsugi. In Japan werden zerbrochene Vasen oder Teller mit dem speziellen Urushi-Lack gekittet und die Fugen anschließend mit Goldstaub überzogen. Die geflickten Gegenstände sind dann meist sogar noch schöner und wertvoller als vor ihrem Zerbrechen.

Auch das Schloss, das ich aus Trümmern meines Lebens bauen konnte, hat viele Risse, doch aus einigen dieser Bruchstellen schimmert reichlich Gold.

Epilog

»Ach, menno, bleib endlich da obendrauf!«, schimpfte mein Sohn Emil, als er mit knapp fünf Jahren Gemüse auf eine Scheibe Brot stapelte. Immer wieder fiel sein Sandwichturm um. Eileen beäugte als große Schwester und Zweitklässlerin kritisch seine vergeblichen Bemühungen. »Also das ist ganz dumm, wie du das machst. Wenn ich du wäre, dann würde ich erst das Salatblatt, dann die Käsescheibe, dann die Gurkenscheiben, dann die Tomaten und dann erst die Oliven nehmen«, beriet sie lebenserfahren und hochkompetent ihren Bruder. Emil schwieg eine kurze Weile, blickte dann seine Schwester ernst an und sagte: »Nein, wenn du ich wärst, dann wärest du ja genauso dumm.« Das haute mich um. In meiner Coaching-Ausbildung hatte ich lange gebraucht, um genau das zu verstehen: »Jedes Handeln macht Sinn aus Sicht des Handelnden«, oder anders ausgedrückt: »Wir sehen nur, was wir sehen. Wir sehen nicht, was wir nicht sehen.«

Wenn ich mit meiner heutigen Erfahrung auf mein bisheriges Leben zurückblicke, erscheint mir nicht jede meiner Entscheidungen klug und schon gar nicht vernünftig, doch ich weiß auch, dass ich damals nicht anders denken, fühlen und handeln konnte. Ich bin gespannt, mit welchem Bewusstsein ich viel später auf das Heute blicken werde.

Auf die Frage, ob ich denn gern wieder sehen würde, sagte ich eine Zeit lang: »Wenn jetzt eine gute Fee käme und ich einen Wunsch frei hätte, dann würde ich sagen: … einen Cappuccino bitte.« Das war natürlich provokant und auch trotzig, aber ich habe es so gemeint.

Ich hatte errungen, mich nicht über das vermeintliche Defizit Blindheit zu definieren, und war es satt, dass andere dies immer wieder taten. Ich bin mit meinem Leben sehr glücklich. Ich habe vermutlich nicht häufiger als andere das Gefühl, dass mir etwas fehlt.

Im Volksmund heißt es: Ein Gesunder hat viele Wünsche, ein Kranker dagegen nur einen. Entsprechend glauben die meisten sehenden Menschen, ein erblindeter Mensch wünscht sich nichts sehnlicher, als wieder sehen zu können. Die wenigsten Menschen wissen, dass es genauso traumatisch sein kann, nach langer Zeit wieder sehen zu können, wie blind zu werden.

In der Medizingeschichte gibt es hierfür einige gut belegte Beispiele, wie der Fall eines Mannes, der aufgrund einer geschädigten Hornhaut über Jahrzehnte blind war. Er war emotional sehr stabil und führte ein erfülltes Leben. Als er nach einer Hornhauttransplantation wieder sehen konnte, änderte sich alles für ihn. Es gelang ihm nicht, mit den neuen Bedingungen des Sehens klarzukommen und eine neue sehende Identität aufzubauen. Er verfiel in eine tiefe Depression, an der er schließlich verstarb. Sein Fall inspirierte den irischen Dramatiker Brian Friel zu dem Stück »Molly Sweeney«. Es handelt von der blinden, lebensfrohen Molly, die von ihrem Ehemann und einem ehrgeizigen Arzt zu einer Augenoperation gedrängt wird. Sie zerbricht an dieser dramatischen Verwandlung.

Es ist auch heute noch nicht möglich, Retinitis pigmentosa zu behandeln oder Menschen, die aufgrund von Netzhauterkrankungen erblindet sind, das Sehen wieder zu ermöglichen.

Aber weltweit wird in diesem Bereich intensiv geforscht. Vor einigen Jahren wurden große Hoffnungen auf einen Mikrochip als Sehprothese für erblindete Menschen gesetzt. Damals habe ich einen sehr langen Bericht über eine Frau meines Alters, die ebenfalls an Retinitis pigmentosa erblindet ist, gelesen. Sie hatte sich dazu entschlossen, sich einen solchen Mikrochip einsetzen zu lassen. Sie wusste, dass sie im besten Fall in der Lage sein würde, große schwarze Gegenstände auf einer weißen Tischdecke wahrzunehmen. Selbst im Idealfall würde das Ergebnis wenig mit ihrer in der Vergangenheit erlebten Sehfähigkeit zu tun haben. Dennoch fing sie, ohne es zu wollen an, sich ein glücklicheres Leben mit vollkommenen Sehvermögen vorzustellen. Wie schön wäre es, ihrem geliebten Mann in die Augen zu schauen?

In ihrem Fall brachte die Operation nicht einmal das winzigste Fitzelchen Sehvermögen zurück. Sie musste jedoch den erheblichen Aufwand mehrerer Klinikaufenthalte, körperliche Schmerzen und vor allem die enttäuschten Hoffnungen verarbeiten.

Mich hatte der Bericht sehr bewegt und ich erzählte meiner Familie davon. Der damals achtjährige Emil sagte, ohne zu zögern, in seiner unnachahmlich pragmatischen Art: »Mama, wenn ich blind wäre, dann würde ich mich auf jeden Fall so lassen.« Für meine Kinder ist es normal, dass ich blind bin, und entsprechend unbekümmert ist ihr Umgang damit.

Als Grundschülerin schrieb Eileen gemeinsam mit ihrer Freundin Amelie einen Brief mit meiner Punktschriftmaschine. Die beiden Mädchen setzten sich dann Augenbinden auf und fanden ausgestattet mit Blindenstöcken den Weg zum Briefkasten ihres Klassenkameraden Jonas. Was haben sie ihm geschrieben? War es ein Liebesbrief oder ein Drohbrief? Ich weiß es nicht: Das Briefgeheimnis gilt auch für Blindenschrift.

Heute weiß ich: Blindwerden ist schwerer als Blindsein. Blindwerden ist eine Katastrophe, aber Blindsein ist es nicht. Und doch gibt es manches, was ich wirklich vermisse oder schade finde, nicht tun zu können. Gern würde ich die Babyfotos meiner Kinder oder meine alten Fotoalben anschauen können. Ich würde es genießen, meine Kinder bei Aufführungen auf der Bühne stehen zu sehen. Ich vermisse es, spontan allein auf dem Fahrrad oder auf Inlineskates loszufahren oder einfach in einem Straßencafé zu sitzen und die vorbeischlendernden Menschen zu betrachten.

Was wäre, wenn die medizinische Forschung ein überzeugendes Verfahren hervorbringt, das erblindeten Patienten wie mir ein brauchbares Sehvermögen zurückgeben kann? Wie würde ich mich dann entscheiden?

Ich habe Martin und mich seit 25 Jahren nicht mehr gesehen. Was, wenn wir mir nicht gefallen? Was, wenn ich es nicht gut aushalten kann, Hunderten oder Tausenden Augenpaaren im Publikum entgegenzublicken? Was, wenn ich mich an der Welt nicht mehr sattsehen kann und Hals über Kopf eine lange Weltreise finanzieren muss?

Vielleicht sollte ich mir wünschen, wieder ein klein wenig sehen zu können. Wenn mir das gefällt, dann nehme ich langsam immer ein kleines bisschen mehr dazu. Schritt für Schritt. Das könnte sehr spannend werden.

Aber mein Glück möchte ich nicht noch einmal davon abhängig machen, ob ich sehe oder nicht. Die Erlebnisse, die Erkenntnisse, die

Erfolge und vor allem die Beziehungen zu anderen und zu mir selbst, die ich als blinde Frau gewonnen habe, gebe ich nie wieder her!

Und wenn jetzt gleich eine gute Fee bei mir vorbeikommt und drei Wünsche erfüllt, dann hätte ich immer noch gern erst einmal einen leckeren Cappuccino oder nein, lieber ein Glas spritzigen Champagner. Und dann? Na, dann mal sehen …